개정판

임용고사를 위한

위상수학

김병기 지음

KYOWOO

머리말

이 책은 저자의 위상수학 강의 노트를 바탕으로 10년간의 임용고사 기출문제를 분석하여 중등교원 임용고사를 준비하는 학생들을 위해 쓰여진 것입니다. 따라서 일반위상수학의 많은 내용들 중에서 임용고사에 자주 출제되고 꼭 학습해야 하는 주제들을 엄선하여 구성하였습니다.

위상수학의 추상성으로 인해 이해하기 어려운 개념들을 많은 예를 통해 쉽게 설명하였으며 또한 모든 연습문제의 풀이와 힌트를 수록하여 학생들이 임용고사에 대한 실전능력을 배양하는데 도움이 되도록 하였습니다. 그리고 10장의 호모토피 부분은 대학원에 진학하려는 학생들을 위해 대수적 위상수학의 기본개념들을 소개하였습니다.

날이 갈수록 치열해지는 임용고사의 경쟁률로 인해 임용고시화 되어 가는 중등교원 임용고사 준비에 이 책이 많은 도움이 되리라 확신하며 이 책으로 공부하는 여러분들께 꼭 합격의 영광이 있기를 바랍니다. 끝으로 이 책의 출판을 위해 수고하신 오판근 교우사 사장님과 편집부 선생님들께 깊은 감사를 드립니다.
사랑하는 민주와 창엽 그리고 아내에게 고마움을 전합니다.

2006년 2월
우암골에서 저자 씀

차 례

CHAPTER 1

집합과 함수

이 장에서는 위상수학의 이론을 이해하는데 기초가 되는 집합과 그 연산, 관계, 함수에 대한 개념과 성질을 소개하고자 한다.

1. 집합의 개념

집합이 무엇인지 수학적으로 정의하기는 대단히 어려우므로 다음과 같은 직관적 정의를 받아들이기로 한다. 우리의 직관 또는 사고의 대상으로서 서로 뚜렷이 구분되는 이른바 원소의 전체인 하나의 모임을 **집합**이라고 한다. 원소의 개수를 0과 자연수로 나타낼 수 있는 집합을 **유한집합**이라 하고 유한집합이 아닌 집합을 **무한집합**이라고 한다. 특히 원소가 하나도 존재하지 않는 집합을 공집합이라 하고 ϕ 또는 $\{\ \}$로 나타낸다. a가 집합 A의 원소이면 $a \in A$(a는 A의 원소이다. 또는 a는 A에 속한다)와 같이 나타내고 b가 A의 원소가 아니면 $b \notin A$와 같이 나타낸다.

[정의 1.1] 두 집합 A, B에 대하여 A의 원소와 B의 원소가 같을 때 A와 B는 같다라고 하고 이것을 $A=B$와 같이 나타낸다. 즉 $A=B$는 $\forall x(x\in A \Leftrightarrow x\in B)$임을 뜻한다. 한편 A와 B가 같지 않을 때 이것을 $\boldsymbol{A\neq B}$로 나타낸다.

[정의 1.2] 임의의 집합 A, B에 대하여 A의 모든 원소가 B의 원소일 때 A는 B의 부분집합, B는 A의 초집합이라 하고 이것을 $\boldsymbol{A\subseteq B}$ 또는 $\boldsymbol{B\supseteq A}$와 같이 나타낸다. 따라서 이 정의는 논리적으로 다음을 뜻한다.

$$A\subseteq B \equiv \forall x(x\in A \Rightarrow x\in B)$$

임의의 집합은 분명히 그 자신의 부분집합이고 초집합이다. 두 집합 A, B에 대하여 $A\subseteq B$이고 $A\neq B$일 때 A를 B의 **진부분집합**, B는 A의 **진초집합**이라 하고 이것을 $A\subset B$ 또는 $B\supset A$와 같이 나타낸다. 다시 말하면 A의 모든 원소는 B의 원소이지만 B의 원소 중에는 A의 원소가 아닌 것이 존재할 때 A는 B의 진부분집합이다. 한편 A가 B의 부분집합이 아닐 때 이것을 $A\not\subseteq B$로 나타낸다.

주어진 집합으로부터 새로운 집합을 만들 수 있는 방법으로는 그 집합의 원소 중 일정한 성질을 만족하는 것들을 지정하는 일이다. 대체로 임의의 집합 A와 $x\in A$에 관한 임의의 명제함수 $p(x)$에 대하여 A의 원소로써 $p(x)$가 참인 것으로만 이루어진 집합 $\{x\in A|p(x)\}$이 존재한다. 이와 같은 표현법을 **조건제시법**이라 하고 그 집합의 모든 원소를 나열하여 표현하는 방법을 **원소나열법**이라고 한다.

다음과 같이 수의 집합을 나타내는 특별한 기호들은 앞으로 이 책에서는 물론 수학의 다른 과제에도 빈번히 활용되므로 여기서 익혀둘 필요가 있다.

$$\mathbb{R}=\{x|x\text{는 실수이다}\},\qquad \mathbb{Q}=\{x|x\text{는 유리수이다}\}$$
$$\mathbb{Z}=\{x|x\text{는 정수이다}\},\qquad \mathbb{N}=\{x|x\text{는 자연수이다}\}$$
$$\mathrm{I}=\{x\in\mathbb{R}\,|\,0\leq x\leq 1\},\qquad \mathbb{R}_+=\{x\in\mathbb{R}\,|\,0<x\}$$

이 경우 $\mathbb{N}\subset\mathbb{Z}\subset\mathbb{Q}\subset\mathbb{R}$이고 $\mathbb{N}\subset\mathbb{R}_+\subset\mathbb{R}$임에 유의하여야 한다.

집합 중에는 그 원소가 또한 집합인 것이 있다. 특히 주어진 집합 A의 모든 부분집합이 원소인 집합이 존재한다. 그런 집합을 A의 **멱집합**이라 하고 이것을 $\mathscr{P}(A)$와 같이 나타낸다.

[예 1] $\mathscr{P}(\{a\})=\{\phi, \{a\}\}$, $\mathscr{P}(\phi)=\{\phi\}$
$\mathscr{P}(\{a, b\})=\{\phi, \{a\}, \{b\}, \{a, b\}\}$

[정리 1.3] 원소가 n개인 집합 A의 멱집합 $\mathscr{P}(A)$의 원소는 2^n개다.

증명 $A=\phi$인 경우 분명히 정리는 참이다.

$A \neq \phi$인 경우 $A=\{a_1, a_2, \cdots, a_n\}$으로 놓는다. A의 하나의 원소 a_k에 대하여 A의 각 부분집합으로서는 두 가지 가능성, 즉 a_k가 속하는 경우와 속하지 않는 경우가 있다. 그러므로 A의 부분집합의 수를 구하는 문제는 n개의 빈 칸 □□□…□의 각각에 0, 1 중에서 무작정 하나씩을 택하여 채우는 일로 바꿔 생각할 수 있다. 왜냐하면 이러한 n개의 빈 칸을 채우는 각 경우에 대하여 A의 부분집합 X가 하나씩 정해지기 때문이다. 즉 $a_k \in X$이면, 그리고 그 때에만 k번째의 빈 칸에 1이 나타난다. 그런데 빈 칸을 채울 수 있는 경우는 꼭 서로 다른 2^n가지 있으므로 A의 부분집합의 수는 바로 2^n이다. □

2. 집합의 연산

집합은 합집합, 교집합, 여집합의 세 가지 연산을 가지는 데 이들 연산은 수에서의 덧셈, 곱셈, 뺄셈과 유사하다.

[정의 2.1] 임의의 두 집합 A, B에 대하여 적어도 A, B 어느 한 쪽에 속하는 원소로 이루어진 집합을 A와 B의 **합집합**이라 하고 이것을 $\boldsymbol{A \cup B}$와 같이 나타낸다. 즉

$$A \cup B=\{x | x \in A \text{ 또는 } x \in B\}$$

따라서 $x \notin A \cup B$이기 위한 필요충분조건은 $x \notin A$ 그리고 $x \notin B$이다.

[정의 2.2] 임의의 두집합 A, B에 있어서 A에 속하고 B에도 속하는 원소로 이루어진 집합을 A와 B의 **교집합**이라 하고 이것을 $\boldsymbol{A \cap B}$와 같이 나타낸

다. 즉

$$A \cap B = \{x \mid x \in A \text{ 그리고 } x \in B\}$$

따라서 $x \notin A \cap B$이기 위한 필요충분조건은 $x \notin A$ 또는 $x \notin B$이다. 특히 $A \cap B = \phi$일 때 A와 B는 서로소라고 한다.

[예 1] 집합 I, ℕ, ℤ, ℚ에 대하여 다음을 얻는다.

(1) $\mathrm{I} \cap \mathbb{Z} = \{0, 1\}$, $\mathbb{N} \cap \mathrm{I} = \{1\}$

(2) $\mathbb{Z} \cup \mathbb{Q} = \mathbb{Q}$, $\mathbb{Z} \cap \mathbb{Q} = \mathbb{Z}$.

(3) $\mathrm{I} \cup \mathrm{I} = \mathrm{I}$, $\mathrm{I} \cap \mathrm{I} = \mathrm{I}$

[정리 2.3] 집합 X의 부분집합 A, B, C에 대하여 다음이 성립한다.

(1) 항등법칙 $A \cup \phi = A$, $A \cap X = A$

(2) 멱등법칙 $A \cup A = A$, $A \cap A = A$

(3) 교환법칙 $A \cup B = B \cup A$, $A \cap B = B \cap A$

(4) 결합법칙 $A \cup (B \cup C) = (A \cup B) \cup C$, $A \cap (B \cap C) = (A \cap B) \cap C$

(5) 분배법칙 $A \cap (B \cup C) = (A \cap B) \cup (A \cap C)$, $A \cup (B \cap C) = (A \cup B) \cap (A \cup C)$

증명 (1), (2), (3), (4)의 증명은 독자의 연습문제로 돌린다.

(5) 이것 역시 첫 번째 것만을 증명하고 두 번째 것은 독자의 연습문제로 돌린다.

$$\begin{aligned}
& x \in A \cap (B \cup C) \\
& \quad \Leftrightarrow x \in A \text{이고 } x \in B \cup C \\
& \quad \Leftrightarrow x \in A \text{이고 } (x \in B \text{ 또는 } x \in C) \\
& \quad \Leftrightarrow (x \in A \text{이고 } x \in B) \text{ 또는 } (x \in A \text{이고 } x \in C) \\
& \quad \Leftrightarrow x \in A \cap B \text{ 또는 } x \in A \cap C \\
& \quad \Leftrightarrow x \in (A \cap B) \cup (A \cap C)
\end{aligned}$$

□

[정의 2.4] 집합 A, B에 대하여 A에 속하지만 B에는 속하지 않는 원소들의 집합을 A에 대한 B의 차집합이라 하고 이것을 $\boldsymbol{A-B}$로 나타낸다. 즉 $A-B = \{x \in A \mid x \notin B\}$. 이 정의에서 집합 B가 집합 A의 부분집합이 아니어도 무방하다.

[예 2] 집합 $A=\{a, b, c, d\}$, $B=\{c, d, e, f\}$에 대하여
$A-B=\{a, b, c, d\}-\{c, d, e, f\}=\{a, b\}$,
$A-(A\cap B)=\{a, b, c, d\}-\{c, d\}=\{a, b\}$임을 알 수 있다.

모든 집합의 집합 즉 전체집합은 존재하지 않으나 각 집합은 일시적으로 전체집합 U의 부분집합인 것으로 가정하기로 한다.

[정의 2.5] 집합 A에 대하여 $U-A$를 A의 여집합이라 하고 A^c로 나타낸다. 즉 $A^c=\{x\in U \mid x\notin A\}$.

[예 3] $A-B=A\cap B^c$임을 증명하여 보자.

$x\in A\cap B^c \Leftrightarrow x\in A$이고 $x\in B^c$
$\Leftrightarrow x\in A$이고 $x\notin B$
$\Leftrightarrow x\in A-B$ 이므로 $A-B=A\cap B^c$이다.

[정리 2.6] 임의의 집합 A, B에 대하여 다음이 성립한다.
(1) $(A^c)^c=A$
(2) $\phi^c=U$, $U^c=\phi$
(3) $A\cap A^c=\phi$, $A\cup A^c=U$
(4) $A\subseteq B$이면 그리고 그때에만 $B^c\subseteq A^c$

증명 (1), (2), (3)은 자명하므로 (4)를 증명해 보기로 한다.

$$
\begin{aligned}
A\subseteq B &\equiv (x\in A \Rightarrow x\in B) \\
&\equiv (x\notin B \Rightarrow x\notin A) \\
&\equiv (x\in B^c \Rightarrow x\in A^c) \\
&\equiv B^c\subseteq A^c
\end{aligned}
$$

그러므로 $A\subseteq B\equiv B^c\subseteq A^c$ □

여집합의 성질 중 가장 중요한 것은 바로 드 모르간의 정리이다.

[정리 2.7] 드 모르간의 정리 임의의 두 집합 A, B에 대하여 다음이 성립한다.

(1) $(A \cup B)^c = A^c \cap B^c$ (2) $(A \cap B)^c = A^c \cup B^c$

증명 (1) $x \in (A \cup B)^c \Leftrightarrow x \notin A \cup B$

$\Leftrightarrow x \notin A$이고 $x \notin B$

$\Leftrightarrow x \in A^c$이고 $x \in B^c$

$\Leftrightarrow x \in A^c \cap B^c$

(2) $x \in (A \cap B)^c \Leftrightarrow x \notin A \cap B$

$\Leftrightarrow x \notin A$ 또는 $x \notin B$

$\Leftrightarrow x \in A^c$ 또는 $x \in B^c$

$\Leftrightarrow x \in A^c \cup B^c$ □

[정의 2.8] 집합 Γ에 대하여 각 원소 $\gamma \in \Gamma$에 집합 A_γ가 하나씩 대응할 때 모든 A_γ의 집합을 Γ에 따라 첨수가 매겨진 집합들의 **첨수된 족**이라 하고 이것을

$$\{A_\gamma \mid \gamma \in \Gamma\}$$

로 나타낸다.

이를테면 집합

$$\{1, 2\}, \{2, 4\}, \{3, 6\}, \cdots, \{n, 2n\}$$

들의 족은 자연수의 집합 $\mathbb{N}$에 따라 첨수가 매겨진 집합들의 첨수된 족으로 여길 수 있다. 여기서 각 $n \in \mathbb{N}$에 대하여 $A_n = \{n, 2n\}$으로 첨수된 족을

$$\{\{n, 2n\} \mid n \in \mathbb{N}\}$$

로 나타낼 수 있다.

이제 $\mathscr{F}$가 집합 Γ에 따라 첨수된 족일때의 합집합과 교집합을 정의해 보자.

[정의 2.9] (1) 임의의 첨수된 족 $\mathscr{F}$에 대하여 적당한 $A \in \mathscr{F}$의 원소 전부로 이루어진 집합을 $\mathscr{F}$의 구성원인 집합의 **합집합**이라 하고 이것을 $\bigcup_{A \in \mathscr{F}} A$ 또는 $\cup \mathscr{F}$와 같이 나타낸다. 즉 기호로는 다음과 같다.

$$\bigcup_{A \in \mathscr{F}} A = \{x \in U \mid \text{적당한 } A \in \mathscr{F}\text{에 대하여 } x \in A\}$$

(2) 임의의 첨수된 족 $\mathscr{F}$에 대하여 모든 $A \in \mathscr{F}$에 속하는 원소로 이루어진 집합을 $\mathscr{F}$의 구성원인 집합의 **교집합**이라 하고 이것을 $\bigcap_{A \in \mathscr{F}} A$ 또는 $\cap \mathscr{F}$와 같이 나타낸다. 즉

$$\bigcap_{A \in \mathscr{F}} A = \{x \in U \mid \text{모든 } A \in \mathscr{F}\text{에 대하여 } x \in A\}$$

일정한 개수의 집합들에 있어서 연산에 관한 정리 중 많은 것이 임의의 첨수된 족의 연산에 관한 정리로 일반화될 수 있다. 이를테면 다음은 드 모르간의 정리를 일반화한 것이다.

[정리 2.10] 일반 드 모르간의 정리 임의의 첨수된 족 $\{A_\gamma \mid \gamma \in \Gamma\}$에 대하여 다음이 성립한다.

(1) $\left(\bigcup_{\gamma \in \Gamma} A_\gamma\right)^c = \bigcap_{\gamma \in \Gamma} A_\gamma^C$ (2) $\left(\bigcap_{\gamma \in \Gamma} A_\gamma\right)^c = \bigcup_{\gamma \in \Gamma} A_\gamma^C$

증명 (1) $x \in \left(\bigcup_{\gamma \in \Gamma} A_\gamma\right)^c \Leftrightarrow x \notin \bigcup_{\gamma \in \Gamma} A_\gamma$

$\Leftrightarrow$ 모든 $\gamma \in \Gamma$에 대하여 $x \notin A_\gamma$

$\Leftrightarrow$ 모든 $\gamma \in \Gamma$에 대하여 $x \in A_\gamma^C$

$\Leftrightarrow x \in \bigcap_{\gamma \in \Gamma} A_\gamma^C$

(2) $x \in \left(\bigcap_{\gamma \in \Gamma} A_\gamma\right)^c \Leftrightarrow x \notin \bigcap_{\gamma \in \Gamma} A_\gamma$

$$\Leftrightarrow \text{ 적당한 } \gamma\in\Gamma\text{에 대하여 } x\not\in A_\gamma$$

$$\Leftrightarrow \text{ 적당한 } \gamma\in\Gamma\text{에 대하여 } x\in A_\gamma^C$$

$$\Leftrightarrow x\in\bigcup_{\gamma\in\Gamma}A_\gamma^C \qquad \square$$

[정리 2.11] 일반 분배율 집합 A와 임의의 첨수된 족 $\mathscr{F}=\{B_\gamma|\gamma\in\Gamma\}$에 대하여 다음이 성립한다.

(1) $A\cap(\bigcup_{\gamma\in\Gamma}B_\gamma)=\bigcup_{\gamma\in\Gamma}(A\cap B_\gamma)$ (2) $A\cup(\bigcap_{\gamma\in\Gamma}B_\gamma)=\bigcap_{\gamma\in\Gamma}(A\cup B_\gamma)$

증명 (1) $x\in A\cap(\bigcup_{\gamma\in\Gamma}B_\gamma)\Leftrightarrow x\in A$이고 $x\in\bigcup_{\gamma\in\Gamma}B_\gamma$

$\Leftrightarrow x\in A$이고 적당한 $\gamma\in\Gamma$에 대하여 $x\in B_\gamma$

$\Leftrightarrow$ 적당한 $\gamma\in\Gamma$에 대하여 $x\in A\cap B_\gamma$

$\Leftrightarrow x\in\bigcup_{\gamma\in\Gamma}(A\cap B_\gamma)$

(2) $x\in A\cup(\bigcap_{\gamma\in\Gamma}B_\gamma)\Leftrightarrow x\in A$ 또는 모든 $\gamma\in\Gamma$에 대하여 $x\in B_\gamma$

$\Leftrightarrow$ 모든 $\gamma\in\Gamma$에 대하여 $x\in A$ 또는 $x\in B_\gamma$

$\Leftrightarrow$ 모든 $\gamma\in\Gamma$에 대하여 $x\in A\cup B_\gamma$

$\Leftrightarrow \bigcap_{\gamma\in\Gamma}(A\cup B_\gamma)$ $\square$

이제 독자들 가운데는 집합의 뜻을 분명히 이해한다고 자부할는지 모르지만 처음으로 집합론 과목을 택하는 대부분의 학생들은 "모든 집합의 집합" 또는 이른바 절대적 뜻에서의 "전체집합"을 생각할 때 적어도 직관적으로는 무엇이 잘못인가를 알아차리기 어렵다. 사실 이러한 전체집합은 한 시기(적어도 칸토어가 처음으로 집합론을 창조하던 1895년부터 러셀의 역리가 나타난 1907년까지)에는 당연한 것으로 받아들여졌다. 그러나 영국의 유명한 철학자 러셀(1872~1970)은 1902년 모든 집합의 집합을 허용한다면 모순이 야기된다는 사실을 주장함으로써 수학계에 충격을 주었다. 이러한 그의 주장은 유명한 러셀의 역리로 알려져 있다.

여기서는 다음과 같은 두 보조정리에서 모순을 야기시킴으로써 정리 2.12를 유도한다.

[보조정리 1] 모든 집합의 집합 $\mathscr{U}$가 존재한다고 가정한다. 지금

$$R=\{S\in\mathscr{U}\mid S\notin S\}$$

라고 놓으면 $R\notin R$

증명 결론의 부정 $\sim(R\notin R)$ 즉 $R\in R$이라고 가정한다. 그런데 $R\in\mathscr{U}$이므로 집합 R의 정의에 의하여 $R\notin R$. 이것은 가정 $R\in R$에 모순이다.
따라서 $R\notin R$ □

[보조정리 2] 모든 집합의 집합 $\mathscr{U}$가 존재한다고 가정한다. 지금

$$R=\{S\in\mathscr{U}\mid S\notin S\}$$

라고 놓으면 $R\in R$.

증명 결론 $R\in R$의 부정 $\sim(R\in R)$ 즉 $R\notin R$이라고 가정한다. 그런데 $R\in\mathscr{U}$이므로 집합 R의 정의에 의하여 $R\in R$. 이것은 가정 $R\notin R$에 모순이다.
따라서 $R\in R$ □

[정리 2.12] 모든 집합의 집합은 존재하지 않는다.

증명 보조정리 1과 2로부터 모든 집합의 집합은 존재하지 않는다. 왜냐하면 그러한 집합이 존재한다면 $R\notin R\wedge R\in R$ 즉 모순이 야기되기 때문이다. □

3. 동치관계와 분할

순서쌍들의 집합인 두 집합의 카테시안 곱을 정의하고 집합 위에서의 분할과 동치관계 사이의 연관성을 살펴보기로 하자.

임의의 두 대상 a, b에 대하여 a, b의 순서쌍이라고 부르는 새로운 대상 (a, b)를 구성할 수 있다.

두 순서쌍 (a, b), (c, d)에 대하여 $a=c$이고 $b=d$이면, 그리고 그때에만 (a, b)와 (c, d)는 같다고 말하고 이것을 $(a, b)=(c, d)$와 같이 나타낸다. 이를테면 $x=7$이고 $y=8$이면, 그리고 그때에만 $(x, y)=(7, 8)$.

[정의 3.1] 공집합이 아닌 임의의 두 집합 A, B에 대하여 $x\in A$, $y\in B$의 순서쌍 (x, y)의 집합을 A와 B의 카테시안 곱이라 하고 이것을 $A\times B$로 나타낸다. 즉 기호로는 다음과 같다.

$$A\times B=\{(x, y)\mid x\in A\wedge y\in B\}$$

순서쌍 (a, b)에 있어서 a, b를 각각 첫째 좌표, 둘째 좌표라고 한다.

[예 1] $A=\{a, b, c\}$, $B=\{1, 2\}$에 대하여 $A\times B$와 $B\times A$를 각각 구하면

$$A\times B=\{(a, 1), (a, 2), (b, 1), (b, 2), (c, 1), (c, 2)\},$$
$$B\times A=\{(1, a), (1, b), (1, c), (2, a), (2, b), (2, c)\}$$

따라서 일반적으로 $A\times B\neq B\times A$임을 알 수 있다.

[정리 3.2] 임의의 세 집합 A, B, C에 대하여 다음이 성립한다.

(1) $A\times(B\cap C)=(A\times B)\cap(A\times C)$.

(2) $A\times(B\cup C)=(A\times B)\cup(A\times C)$.

(3) $A\times(B-C)=(A\times B)-(A\times C)$

증명 (1) $(x, y)\in A\times(B\cap C) \Leftrightarrow x\in A$이고 $y\in B\cap C$

$\Leftrightarrow x\in A$이고 $(y\in B$이고 $y\in C)$

$\Leftrightarrow (x\in A$이고 $y\in B)$이고 $(x\in A$이고 $y\in C)$

$\Leftrightarrow (x, y)\in A\times B$이고 $(x, y)\in A\times C$

$\Leftrightarrow (x, y)\in(A\times B)\cap(A\times C)$

(2) $(x, y)\in A\times(B\cup C) \Leftrightarrow x\in A$이고 $y\in B\cup C$

$\Leftrightarrow x\in A$이고 $(y\in B$ 또는 $y\in C)$

$\Leftrightarrow (x\in A$이고 $y\in B)$ 또는 $(x\in A$이고 $y\in C)$

$$\Leftrightarrow (x, y) \in A \times B \text{ 또는 } (x, y) \in A \times C$$
$$\Leftrightarrow (x, y) \in (A \times B) \cup (A \times C)$$

(3) $(x, y) \in A \times (B - C) \Leftrightarrow x \in A$이고 $y \in B - C$

$\Leftrightarrow x \in A$이고 $(y \in B$이고 $y \notin C)$

$\Leftrightarrow (x \in A$이고 $y \in B)$이고 $(x \in A$이고 $y \notin C)$

$\Leftrightarrow (x, y) \in A \times B$이고 $(x, y) \notin A \times C$

$\Leftrightarrow (x, y) \in (A \times B) - (A \times C)$ □

주어진 두 집합 A, B(서로 같더라도 무방함)에 대하여 A의 원소 a가 관계 $\mathscr{R}$에 따라 B의 원소 b와 관계될 때 카테시안 곱 $A \times B$의 순서쌍 (a, b)에 관한 명제를 하나 만들 수 있다.

> **[정의 3.3]** 집합 A에서 집합 B로의 관계 $\mathscr{R}$은 카테시안 곱 $A \times B$의 하나의 부분집합을 뜻한다. 관례상 $(a, b) \in \mathscr{R}$를 $\boldsymbol{a\mathscr{R}b}$와 같이 나타내고 이 기호를 "$a$는 $\mathscr{R}$에 따라 b와 관계된다."라고 읽는다.

흔히 두 집합 A, B가 모두 X와 같은 경우 "X에서 X로의 관계 $\mathscr{R}$"이라고 하는 대신 "X에서의 관계 $\mathscr{R}$"이라고 한다. 이를테면 지역 X의 주민 a가 b의 남편일 때 …의 남편임의 관계 $\mathscr{R}$의 순서쌍 (a, b)로서 생각할 수 있다. 이 경우 $a\mathscr{R}b$ 또는 $(a, b) \in \mathscr{R}$을 "a는 b의 남편이다"로 읽으면 된다.

> **[정의 3.4]** 집합 X에서의 관계 $\mathscr{R}$에 대하여 다음과 같이 말한다.
> (1) 임의의 $x \in X$에 대하여 $x\mathscr{R}x$이면, 그리고 그때에만 $\mathscr{R}$은 **반사적**이다.
> (2) $x\mathscr{R}y \Longrightarrow y\mathscr{R}x$이면, 그리고 그때에만 $\mathscr{R}$은 **대칭적**이다.
> (3) $x\mathscr{R}y \wedge y\mathscr{R}z \Longrightarrow x\mathscr{R}z$이면, 그리고 그때에만 $\mathscr{R}$은 **추이적**이다.
> $\mathscr{R}$이 반사적, 대칭적, 추이적이면, 그리고 그때에만 $\mathscr{R}$은 **동치관계**이다.

실수의 집합 $\mathbb{R}$에서의 "상등관계 $=$"는 분명히 $\mathbb{R}$에서의 하나의 동치관계이다. 또한 색깔이 칠해진 공의 집합 X에 대하여 a와 b가 같은 색이면, 그리고 그때에만 a는 $\mathscr{R}$에 따라 b에 관계될 때 $\mathscr{R}$은 동치관계이다.

> **[정의 3.5]** 집합 $X(X \neq \phi)$의 임의의 부분집합 A, B, C에 대하여 다음이 성립할 때 집합 $\mathscr{P}$를 X의 분할이라고 한다.
>
> (1) A, $B \in \mathscr{P}$이고 $A \neq B$이면 $A \cap B = \phi$ (2) $\bigcup_{C \in \mathscr{P}} C = X$
>
> 여기서 A, B, C는 모두 공집합이 아니다.

쉽게 말하면 집합 X를 서로 소인 부분집합(공집합이 아님)들로 "쪼개 놓은 것"이 X의 분할이다.

공집합이 아닌 집합의 분할과 그 집합 위의 동치관계 사이에는 대단히 밀접한 관련이 있다. 그 관련을 이해하려면 우선 다음과 같은 정의부터 익혀야 한다.

> **[정의 3.6]** 집합 $X(X \neq \phi)$ 위의 동치관계 하나를 $\mathscr{E}$라고 할 때 각 $x \in X$에 대하여
>
> $$x/\mathscr{E} = \{y \in X \mid y \mathscr{E} x\}$$
>
> 로 정의된 집합을 x에 따른 **동치류**라고 한다. 또, 이 같은 X 위에서의 동치류의 집합을 $\boldsymbol{X/\mathscr{E}}$와 같이 나타낸다. 즉 $X/\mathscr{E} = \{x/\mathscr{E} \mid x \in X\}$. 이 기호를 "$X$법 $\mathscr{E}$"라고 읽는다.

집합 X 위의 하나의 동치관계에 따라 집합 X의 분할이 대응되어짐을 다음 정리에서 알 수 있다.

> **[정리 3.7]** 집합 $X(X \neq \phi)$ 위의 동치관계 하나를 $\mathscr{E}$라고 하면 $X/\mathscr{E}$는 X의 분할이다.

증명 동치관계 $\mathscr{E}$는 반사적이므로 각 $x \in X$에 대하여 $x \mathscr{E} x$. 따라서 정의 3.6에 따라 $x \in x/\mathscr{E}$. 그러므로 $x/\mathscr{E} \neq \phi$. 따라서 $X/\mathscr{E} = \{x/\mathscr{E} \mid x \in X\}$는 X의 공집합이 아닌 부분집합의 족이다.

다음에는 $x/\mathscr{E} \neq y/\mathscr{E} \Rightarrow x/\mathscr{E} \cap y/\mathscr{E} = \phi$인 것을 보이기 위해 그 대우 $x/\mathscr{E} \cap y/\mathscr{E} \neq \phi \Rightarrow x/\mathscr{E} = y/\mathscr{E}$임을 증명하자. $x/\mathscr{E} \cap y/\mathscr{E} \neq \phi$이면 $z \in x/\mathscr{E}$이고 $z \in y/\mathscr{E}$인 z가 존재한다. 그러면 $z \mathscr{E} x$이고 $z \mathscr{E} y$이다. $\mathscr{E}$는 대칭적이므로 $x \mathscr{E} z$이고 $z \mathscr{E} y$가 되

고 $\mathscr{E}$는 추이적이므로 $x\mathscr{E}y$가 성립한다. 이제 $x\mathscr{E}y \Rightarrow x/\mathscr{E}=y/\mathscr{E}$임을 보이면 된다. 지금 $x\mathscr{E}y$라고 가정하면

$$
\begin{aligned}
z\in x/\mathscr{E} &\Rightarrow z\mathscr{E}x && \text{정의 3.6}\\
z\mathscr{E}x\wedge x\mathscr{E}y &\Rightarrow z\mathscr{E}y && \mathscr{E}\text{는 추이적이다.}\\
&\Rightarrow z\in y/\mathscr{E} && \text{정의 3.6}
\end{aligned}
$$

그러므로 $\qquad z\in x/\mathscr{E} \Rightarrow z\in y/\mathscr{E}$

여기서 z는 집합 X의 임의의 원소이므로 $x/\mathscr{E}\subseteq y/\mathscr{E}$. 마찬가지로 $y/\mathscr{E}\subseteq x/\mathscr{E}$. 따라서 $x/\mathscr{E}=y/\mathscr{E}$.

끝으로 $\bigcup_{x\in X} x/\mathscr{E}=X$인 것을 밝히면 된다. 그런데 임의의 $x\in X$에 대하여 $x\in x/\mathscr{E}$이므로 $X\subseteq \bigcup_{x\in X} x/\mathscr{E}$. 한편 $\bigcup_{x\in X} x/\mathscr{E}\subseteq X$이므로 성립한다. □

[예 2] $X=\{a, b, c, d\}$이고 집합 X 위의 동치관계 $\mathscr{E}$가 다음과 같이 주어져 있다.

$$\mathscr{E}=\{(a, a), (b, b), (c, c), (d, d), (a, b), (b, a\}$$

그러면 $a/\mathscr{E}=\{a, b\}=b/\mathscr{E}$, $c/\mathscr{E}=\{c\}$, $d/\mathscr{E}=\{d\}$이므로
X의 분할 $X/\mathscr{E}=\{a/\mathscr{E}, b/\mathscr{E}, c/\mathscr{E}, d/\mathscr{E}\}=\{\{a, b\}, \{c\}, \{d\}\}$이다.

4. 함 수

함수란 집합(정의역)의 각 원소 x에 또 하나의 집합(공역)의 원소 y가 하나씩 대응하는 규칙으로 정의해 왔다. 그러나 규칙의 뜻이 다소 애매하므로 관계를 이용하여 함수를 엄밀히 정의해 보기로 한다.

[정의 4.1] 공집합이 아닌 두 집합 X, Y에 대하여 X에서 Y로의 함수란 하나의 세 짝(f, X, Y)를 뜻한다. 여기서 f는 다음을 만족하는 X에서 Y로의 관계이다.
(1) $\mathrm{Dom}(f)=X$
(2) $(x, y)\in f$이고 $(x, z)\in f$이면 $y=z$

함수를 나타내는 기호로서 (f, X, Y) 대신 $\boldsymbol{f : X \to Y}$로 나타내거나 $(x, y) \in f$ 대신으로는 $\boldsymbol{y = f(x)}$와 같이 쓰도록 할 것이다.

함수 $f : X \to Y$에 대하여 $y = f(x)$일 때 y를 f에 따른 x에서의 함수값(또는 상)이라고 하고, x는 f에 따른 y의 역상(또는 원상)이라고 한다.

또 집합 Y를 f의 공역이라고 하며 일반적으로 함수의 치역 $\{f(x) \mid x \in X\}$과 같지 않다.

[정리 4.2] 두 함수 $f : X \to Y$, $g : X \to Y$가 주어졌을 때 다음이 성립한다.

$$\text{임의의 } x \in X \text{에 대해 } f(x) = g(x) \Leftrightarrow f = g$$

증명 $(\Rightarrow)$ $(x, y) \in f \Leftrightarrow y = f(x) \Leftrightarrow y = g(x) \Leftrightarrow (x, y) \in g$

따라서 $f = g$이다.

$(\Leftarrow)$ $x \in X$에 대하여 $y = f(x) \Leftrightarrow (x, y) \in f \Leftrightarrow (x, y) \in g \Leftrightarrow y = g(x)$

따라서 $f(x) = g(x)$이다. □

이제 수학에서 자주 사용하는 특별한 함수들을 정의해 두자.

[예 1] 집합 $X(X \neq \phi)$의 부분집합 A에 대한 순서쌍의 집합

$$\{(x, y) \mid x \in A \text{이면 } y = 1, \ x \notin A \text{이면 } y = 0\}$$

에 따라 X에서 $\{0, 1\}$로의 하나의 함수가 생긴다. 이 함수를 X에서의 A의 특성함수라 하고 이것을 그리스 문자 χ(chi: '카이'라고 읽는다)에 첨자 A를 적어 χ_A로 나타낸다. 다시 말해서 $\chi_A : X \to \{0, 1\}$은 다음과 같이 정의된 함수이다.

$$\chi_A(x) = \begin{cases} 1, & x \in A \\ 0, & x \in X - A \end{cases}$$

[예 2] 집합 X 위의 대각관계 $\Delta_X = \{(x, x) \mid x \in X\}$는 X에서 그 자신으로의 함수이다.

이 함수 Δ_x를 특히 강조하기 위하여 별다른 기호 $1_X : X \to X$를 쓰기로 한다. 그리고 모든 $x \in X$에 대하여 $1_X(x) = x$. 이 경우의 1_X를 다름아닌 집합 X 위의 항등함수라고 한다.

[예 3] 두 집합 X, Y가 각각 공집합이 아닌 집합일 때 Y의 일정한 원소 b에 대한 순서쌍의 집합

$$C_b = \{(x, b) \mid x \in X\}$$

는 집합 X에서 집합 Y로의 하나의 관계이다. 이 관계에 따라 임의의 $x \in X$에 대하여 $C_b(x) = b$로 정의된 함수 $C_b : X \to Y$가 생긴다. 이 함수 C_b를 상수함수라고 한다.

[정의 4.3] 주어진 두 함수 $f : A \to C$, $g : B \to D$에 대하여 $A \cap B$의 임의의 원소 x에 대하여 $f(x) = g(x)$일 때 f와 g의 합 $\boldsymbol{f \cup g}$은 다음과 같이 정의된 함수 h와 같다.

$$h = f \cup g : A \cup B \to C \cup D$$

여기서 $$h(x) = \begin{cases} f(x), & x \in A \text{일 때} \\ g(x), & x \in B \text{일 때} \end{cases}$$

함수 $f : X \to Y$에 대하여 x, y가 각각 집합 X, Y의 원소로서 $y = f(x)$일 때 y는 x의 상이고 x는 f에 따른 y의 역상임을 알고 있다.

원소에 관한 이 개념을 다음과 같이 자연스럽게 부분집합으로 확장할 수 있다.

[정의 4.4] 함수 $f : X \to Y$에 대하여 A, B가 각각 X, Y의 부분집합일 때

(1) 각 $x \in A$의 상 $f(x)$의 집합을 f에 따른 A의 상이라 하고 이것을 $\boldsymbol{f(A)}$로 나타낸다.

(2) 각 $y \in B$의 역상의 집합을 f에 따른 B의 역상이라 하고 이것을 $\boldsymbol{f^{-1}(B)}$로 나타낸다.

즉, $f(A) = \{f(x) \mid x \in A\}$, $f^{-1}(B) = \{x \in X \mid f(x) \in B\}$

[정리 4.5] 함수 $f: X \to Y$에 대하여 다음이 성립한다.

(1) $f(\phi)=\phi$

(2) 임의의 $x \in X$에 대해 $f(\{x\})=\{f(x)\}$

(3) $A \subseteq B \subseteq X$이면 $f(A) \subseteq f(B)$

(4) $C \subseteq D \subseteq Y$이면 $f^{-1}(C) \subseteq f^{-1}(D)$

증명 (1)과 (2)는 명백하다.

(3) $y \in f(A)$이면 $y=f(x)$인 $x \in A$가 존재한다.
$A \subseteq B$이므로 $x \in B$이고 $y=f(x)$이므로 $y \in f(B)$

(4) $x \in f^{-1}(C) \Rightarrow f(x) \in C \Rightarrow f(x) \in D \Rightarrow x \in f^{-1}(D)$ □

[정리 4.6] 함수 $f: X \to Y$에 있어서 정의역 X의 부분집합들의 족 $\{A_\gamma \mid \gamma \in \Gamma\}$에 대하여 다음이 성립한다.

(1) $f(\bigcup_{\gamma \in \Gamma} A_\gamma) = \bigcup_{\gamma \in \Gamma} f(A_\gamma)$ (2) $f(\bigcap_{\gamma \in \Gamma} A_\gamma) \subseteq \bigcap_{\gamma \in \Gamma} f(A_\gamma)$

증명 (1) $y \in f(\bigcup_{\gamma \in \Gamma} A_\gamma) \Leftrightarrow$ 적당한 $x \in \bigcup_{\gamma \in \Gamma} A_\gamma$에 대하여 $y=f(x)$

$\Leftrightarrow$ 적당한 $\gamma \in \Gamma$에 대하여 $x \in A_\gamma$가 존재함으로써 $y = f(x)$

$\Leftrightarrow$ 적당한 $\gamma \in \Gamma$에 대하여 $y \in f(A_\gamma)$

$\Leftrightarrow y \in \bigcup_{\gamma \in \Gamma} f(A_\gamma)$

(2) 각 $\gamma \in \Gamma$에 대하여 $\bigcap_{\gamma \in \Gamma} A_\gamma \subseteq A_\gamma$이므로 정리 4.5(3)에 따라

$$f(\bigcap_{\gamma \in \Gamma} A_\gamma) \subseteq f(A_\gamma)$$

따라서 $$f(\bigcap_{\gamma \in \Gamma} A_\gamma) \subseteq \bigcap_{\gamma \in \Gamma} f(A_\gamma)$$ □

[예 4] $X=\{a, b\}$, $Y=\{c\}$, $\Gamma=\{1, 2\}$, $A_1=\{a\}$, $A_2=\{b\}$, 상수함수 $f: X \to Y$, $f(a)=f(b)=c$ 에 대하여 $f(A_1 \cap A_2)=f(\phi)=\phi$ 즉

$f(A_1 \cap A_2)=\phi$. 한편 $f(A_1)\cap f(A_2)=\{c\}\cap\{c\}=\{c\}$ 곧

$f(A_1)\cap f(A_2)=\{c\}$. 따라서 $f(A_1\cap A_2)\neq f(A_1)\cap f(A_2)$.

대체로 함수 f에 대하여 다음과 같이 등식이 성립하지 않는다.

$$f(\bigcap_{\gamma\in\Gamma} A_\gamma)\neq\bigcap_{\gamma\in\Gamma} f(A_\gamma)$$

[정리 4.7] 함수 $f:X\to Y$에 있어서 공역 Y의 부분집합들의 족 $\{B_\gamma \mid \gamma\in\Gamma\}$에 대하여 다음이 성립한다.

(1) $f^{-1}(\bigcup_{\gamma\in\Gamma} B_\gamma)=\bigcup_{\gamma\in\Gamma} f^{-1}(B_\gamma)$ (2) $f^{-1}(\bigcap_{\gamma\in\Gamma} B_\gamma)=\bigcap_{\gamma\in\Gamma} f^{-1}(B_\gamma)$

증명 (1) $x\in f^{-1}(\bigcup_{\gamma\in\Gamma} B_\gamma) \Leftrightarrow f(x)\in\bigcup_{\gamma\in\Gamma} B_\gamma$

$\Leftrightarrow$ 적당한 $\gamma\in\Gamma$에 대하여 $f(x)\in B_\gamma$

$\Leftrightarrow$ 적당한 $\gamma\in\Gamma$에 대하여 $x\in f^{-1}(B_\gamma)$

$\Leftrightarrow x\in\bigcup_{\gamma\in\Gamma} f^{-1}(B_\gamma)$

(2) $x\in f^{-1}(\bigcap_{\gamma\in\Gamma} B_\gamma) \Leftrightarrow f(x)\in\bigcap_{\gamma\in\Gamma} B_\gamma$

$\Leftrightarrow$ 모든 $\gamma\in\Gamma$에 대하여 $f(x)\in B_\gamma$

$\Leftrightarrow$ 모든 $\gamma\in\Gamma$에 대하여 $x\in f^{-1}(B_\gamma)$

$\Leftrightarrow x\in\bigcap_{\gamma\in\Gamma} f^{-1}(B_\gamma)$ □

[정리 4.8] 함수 $f:X\to Y$에 있어서 집합 Y의 임의의 부분집합의 B, C에 대하여 다음이 성립한다.

$$f^{-1}(B-C)=f^{-1}(B)-f^{-1}(C)$$

증명 $x\in f^{-1}(B-C) \Leftrightarrow f(x)\in B-C$

$\Leftrightarrow f(x)\in B$이고 $f(x)\notin C$

$\Leftrightarrow x\in f^{-1}(B)$이고 $x\notin f^{-1}(C)$

$\Leftrightarrow x\in f^{-1}(B)-f^{-1}(C)$ □

[정의 4.9] (1) 함수 $f:X \to Y$에 있어서 $x_1, x_2 \in X$에 대하여 $f(x_1)=f(x_2)$이면 $x_1=x_2$일 때, 이 함수를 **단사적** 또는 **일대일**이라고 한다. 단사적 함수를 간단히 **단사**라고 부른다.

따라서 대우법칙에 의해 $x_1 \neq x_2 \Rightarrow f(x_1) \neq f(x_2)$이면 함수 f는 단사이다.

(2) 함수 $f:X \to Y$에 있어서 임의의 $y \in Y$에 대하여 적어도 하나의 $x \in X$가 존재함으로써 $y=f(x)$일 때 이 함수를 **전사적** 또는 **위로**라고 한다. 전사적 함수를 간단히 **전사**라고 부른다. 다시 말하면 함수 $f:X \to Y$에 대하여 $f(X)=Y$이면, 그리고 그때에만 이 함수는 전사이다.

(3) 함수 $f:X \to Y$가 단사적이고 전사적일 때 이 함수를 **전단사적**이라고 한다. 전단사적 함수를 간단히 **전단사** 또는 **일대일대응**이라고 부른다.

[정리 4.10] 주어진 함수 $f:X \to Y$가 단사이면 그 정의역 X의 부분집합 족 $\{A_\gamma \mid \gamma \in \Gamma\}$에 대하여 다음이 성립한다.

$$f\left(\bigcap_{\gamma \in \Gamma} A_\gamma\right) = \bigcap_{\gamma \in \Gamma} f(A_\gamma)$$

증명

$$y \in \bigcap_{\gamma \in \Gamma} f(A_\gamma) \Leftrightarrow \text{모든 } \gamma \in \Gamma \text{에 대하여 } y \in f(A_r)$$

$$\Leftrightarrow \text{모든 } \gamma \in \Gamma \text{에 대하여 } \exists x_\gamma \in A_\gamma,\ y=f(x_\gamma)$$

가정에서 f는 단사이므로 이들 $x_\gamma \in A_\gamma$는 모두 같다. 그것을 x_0라고 놓으면

$$y \in \bigcap_{\gamma \in \Gamma} f(A_\gamma) \Leftrightarrow \text{모든 } \gamma \in \Gamma \text{에 대하여 } \exists x_0 \in A_\gamma,\ y=f(x_0)$$

$$\Leftrightarrow \exists x_0 \in \bigcap_{\gamma \in \Gamma} A_\gamma,\ y=f(x_0)$$

$$\Leftrightarrow y \in f\left(\bigcap_{\gamma \in \Gamma} A_\gamma\right)$$

□

함수 $f:X \to Y$가 전단사이면 $f^{-1}:Y \to X$도 전다사임을 알 수 있다. 이때 f^{-1}를 f의 **역함수**라고 부른다.

지금 두 함수 $f:X \to Y$, $g:Y \to Z$에 대하여 함수 g의 정의역이 함수 f의 공역과 같을 때 이 두 함수를 결합한 함수를 생각할 수 있다.

[정의 4.11] 두 함수 $f:X \to Y$, $g:Y \to Z$가 주어졌을 때 각 $x \in X$에 대하여 $(g \circ f)(x) = g(f(x))$로 정의된 함수 $g \circ f : X \to Z$를 f와 g의 **합성함수**라고 한다.

[예 5] 각 $x \in \mathbb{R}$에 대하여

$$f(x) = x+1, \quad g(x) = x^2$$

으로 정의된 함수 $f : \mathbb{R} \to \mathbb{R}$, $g : \mathbb{R} \to \mathbb{R}$에 대하여 합성함수 $(g \circ f)(x)$, $(f \circ g)(x)$를 구해 보자.

$$(g \circ f)(x) = g(f(x)) = g(x+1) = (x+1)^2 = x^2+2x+1$$

즉 $(g \circ f)(x) = x^2+2x+1$

한편 $(f \circ g)(x) = f(g(x)) = f(x^2) = x^2+1$

즉 $(f \circ g)(x) = x^2+1$

이 경우 $x=0$이면 $x^2+2x+1 = x^2+1$

그러나 $x \neq 0$이면 $x^2+2x+1 \neq x^2+1$

따라서 예 5의 결과는 $g \circ f \neq f \circ g$임을 말해주고 있다. 대체로 두 함수의 합성함수에 있어서는 교환법칙이 성립하지 않는다.

[정리 4.12] 합성함수에 대하여 결합법칙이 성립한다. 즉

$$f:X \to Y, \quad g:Y \to Z, \quad h:Z \to W$$

에 대하여

$$(h \circ g) \circ f = h \circ (g \circ f)$$

증명 모든 $x \in X$에 대하여

$$((h \circ g) \circ f)(x) = (h \circ g)(f(x)) = h(g(f(x)))\text{이고}$$
$$(h \circ (g \circ f))(x) = h((g \circ f)(x)) = h(g(f(x)))\text{이다.}$$

따라서 $(h \circ g) \circ f = h \circ (g \circ f)$ □

[정리 4.13] 함수 $f: X \to Y$에 대하여 다음이 성립한다.
(1) 함수 $g: Y \to X$가 존재함으로써 $g \circ f = 1_X$($1_X: X \to X$는 항등함수이다)이면 $f: X \to Y$는 단사이다.
(2) 함수 $h: Y \to X$가 존재함으로써 $f \circ h = 1_Y$이면 $f: X \to Y$는 전사이다.

증명 (1) 임의의 x_1, $x_2 \in X$에 대하여 $f(x_1) = f(x_2)$라고 가정하면

$$\begin{aligned} x_1 = 1_X(x_1) &= (g \circ f)(x_1) = g(f(x_1)) \\ &= g(f(x_2)) = (g \circ f)(x_2) \\ &= 1_X(x_2) = x_2 \end{aligned}$$

(2) 가정에 따라 각 $y \in Y$에 대하여 $x = h(y)$인 $x \in X$가 존재함으로써

$$f(x) = f(h(y)) = (f \circ h)(y) = 1_Y(y) = y$$

따라서 $y = f(x)$ □

연습문제 (1)

1. 집합 A의 부분집합 B에 대하여 $\mathscr{P}(A:B)=\{X \mid B \subseteq X \subseteq A\}$라고 하자.

(1) $A=\{a, b, c, d, e\}$, $B=\{a, b\}$일 때 집합 $\mathscr{P}(A:B)$를 원소나열법으로 나타내어라.

(2) n개의 원소를 지닌 집합 A의 부분집합 B의 원소는 m개$(n \geq m)$일 때 집합 $\mathscr{P}(A:B)$의 원소의 수를 구하여라.

2. $A \subseteq B$이면 $\mathscr{P}(A) \subseteq \mathscr{P}(B)$임을 증명하여라.

3. 임의의 두 집합 A, B에 대하여 $(A-B)\cup(B-A)=(A\cup B)-(A\cap B)$가 성립함을 증명하여라.

4. 임의의 네 집합 A, B, C, D에 대하여 $(A\times C)\cap(B\times D)=(A\cap B)\times(C\cap D)$가 성립함을 증명하여라.

5. $A=\{a, b, c\}$, $\mathscr{R}=\{(a, a), (b, b), (c, c), (a, b), (b, a), (c, a), (a, c)\}$일 때 $\mathscr{R}$은 추이적이 아님을 보여라.

6. 집합 X, Y의 원소가 각각 m, n이면 X에서 Y로의 함수는 몇 개 있는가?

7. 함수 $f: X \to Y$에 대하여 $A \subseteq X$, $B \subseteq Y$일 때 다음이 성립함을 증명하여라.

(1) $A \subseteq f^{-1}(f(A))$

(2) $f(f^{-1}(B)) \subseteq B$

8. X, Y는 각각 m, n개의 원소를 가진 집합이고 $m \leq n$일 때 단사함수 $f: X \to Y$는 몇 개 있는가?

9. X, Y는 n개의 원소를 가진 집합일 때 전단사함수 $f: X \to Y$는 몇 개 있는가?

10. 함수 $f: X \to Y$에 대하여 $A \subseteq X$, $B \subseteq Y$일 때 다음이 성립함을 증명하여라.

(1) f가 단사이면 $f^{-1}(f(A))=A$

(2) f가 전사이면 $f(f^{-1}(B))=B$

11. 함수 $f : X \to Y$가 단사이고 A, B가 집합 X의 부분집합이면 $f(A-B)=f(A)-f(B)$임을 증명하여라.

12. 전단사함수 $f : X \to Y$와 그 역함수 $f^{-1} : Y \to X$에 대하여 $f^{-1} \circ f = 1_X$, $f \circ f^{-1} = 1_Y$임을 증명하여라.

13. 두 함수 $f : X \to Y$, $g : Y \to Z$에 대하여 다음을 증명하여라.

(1) f와 g가 단사이면 $g \circ f : X \to Z$도 단사이다.

(2) f와 g가 전사이면 $g \circ f : X \to Z$도 전사이다.

14. 함수 $f : X \to Y$와 $g : Y \to Z$가 전단사이면 $g \circ f : X \to Y$도 전단사이다. 이때 $(g \circ f)^{-1} = f^{-1} \circ g^{-1}$임을 증명하여라.

CHAPTER

2 가산집합과 비가산집합

무한집합에 관한 데데킨트(Dedekind)의 정의를 이용하여 무한집합과 유한집합의 성질을 논하며 무한집합중 셀 수 있는 집합(가산집합)과 셀 수 없는 집합(비가산집합)의 성질과 예를 다루어 본다.

1. 무한집합

자연수의 집합 $\mathbb{N}$은 무한집합이고 그 일부인 짝수의 집합을 $\mathbb{N}_e$라고 하면 $\mathbb{N}$과 그것의 진부분집합 $\mathbb{N}_e$ 사이에 일대일 대응이 존재한다. 이것은 유한집합에서는 성립하지 않는 무한집합만이 갖는 고유의 성질이다.

[정의 1.1] 주어진 집합 $X(X \neq \phi)$에 대하여 그 진부분집합 Y가 존재함으로써 X와 Y 사이에 일대일 대응이 존재할 때 X를 **무한집합**이라고 한다. 한편 무한집합이 아닌 집합을 **유한집합**이라고 한다.

다시 말하면 집합 X에 대하여 적당한 단사 $f: X \to X$가 존재함으로써 $f(X)$가 X의 진부분집합이면 그리고 그때에만 X는 무한집합이다.

[예 1] ϕ와 단집합은 유한집합이다. 왜냐하면 ϕ는 진부분집합을 갖지 않으므로 무한집합이 아니다. 단집합 $\{a\}$의 진부분집합은 ϕ뿐이고 ϕ와 $\{a\}$ 사이에는 일대일 대응이 존재하지 않으므로 $\{a\}$는 무한집합이 아니다.

[정리 1.2] (1) 임의의 무한집합의 초집합은 무한집합이다.
(2) 임의의 유한집합의 부분집합은 유한집합이다.

증명 (1) 임의의 무한집합을 X라 하고 그 초집합을 Y 즉 $X \subseteq Y$라고 놓는다. 정의 1.1에 따라 단사 $f: X \to X$가 존재함으로써 $f(X) \neq X$. 지금 함수 $g: Y \to Y$를

$$g(y) = \begin{cases} f(y) & ,y \in X \\ y & ,y \in (Y-X) \end{cases}$$

로 정의하면 이 함수는 단사이고 $g(Y) \neq Y$. 이것의 증명은 독자에게 맡긴다. 그러므로 정의 1.1에 따라 Y는 무한집합이다.

(2) 임의의 유한집합을 Y라 하고 그 부분집합을 X 즉 $X \subseteq Y$라고 놓는다. X가 유한집합임을 보이기 위하여 이를 부정함으로써 X가 무한집합이라고 가정한다. 그러면 (1)에 따라 집합 Y는 무한집합이다. 이것은 Y가 유한집합이라는 가정에 모순이다. 따라서 X는 유한집합이다. □

[정리 1.3] 일대일 대응 $g: X \to Y$에 대하여 정의역 X가 무한집합이면 공역 Y도 무한집합이다.

증명 X는 무한집합이므로 정의 1.1에 따라 단사 $f: X \to X$가 존재함으로써 $f(X) \neq X$. 또한 가정에서 $g: X \to Y$는 일대일 대응이므로 $g^{-1}: Y \to X$도 일대일 대응이다. 여기서 다음과 같은 단사들의 그림을 얻는다.

그런데 단사들의 합성

$$h = g \circ f \circ g^{-1} \text{ 곧 } h: Y \to Y$$

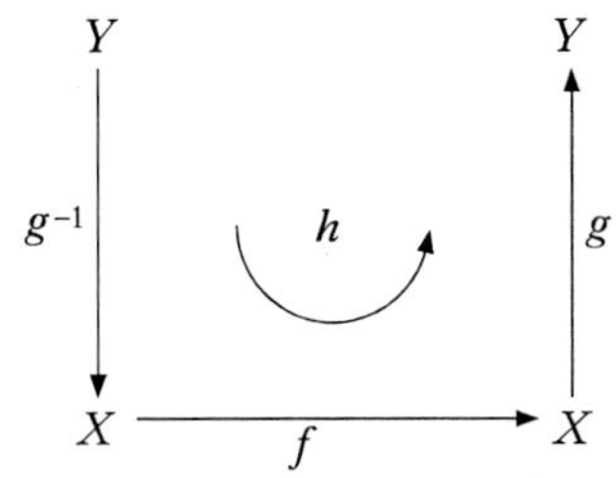

〈그림 1.1〉

도 단사이다. 그리고

$$h(Y)=(g\circ f\circ g^{-1})(Y)=(g\circ f)(g^{-1}(Y))$$
$$=(g\circ f)(X)=g(f(X))$$

한편 $f(X)\neq X$이고 g는 일대일 대응이므로 $g(f(X))\neq Y$
따라서

$$h(Y)\neq Y$$

그러므로 Y는 무한집합이다. □

[따름정리] 일대일 대응 $g:X\to Y$에 대하여 정의역 X가 유한집합이면 공역 Y도 유한집합이다.

증명 Y를 무한집합이라고 가정하면 $g^{-1}:Y\to X$도 일대일 대응이므로 정리 1.3에 의해 X도 무한집합이다. 이것은 X가 유한집합이라는 것에 모순이다. □

[정리 1.4] 무한집합 X의 임의의 원소 x_0에 대하여 $X-\{x_0\}$은 무한집합이다.

증명 정의 1.1에 따라 단사 $f:X\to X$가 존재함으로써 $f(X)\neq X$. 이제 두 경우 (1) $x_0\in f(X)$, (2) $x_0\in[X-f(X)]$의 각각에 대하여 다음과 같은 단사 $g:X-\{x_0\}\to X-\{x_0\}$, $g(X-\{x_0\})\neq X-\{x_0\}$를 얻도록 한다.

경우 1 $x_0 \in f(X)$

적당한 $x_1 \in X$이 존재함으로써 $f(x_1) = x_0$.

지금 함수 $g : X-\{x_0\} \rightarrow X-\{x_0\}$를

$$g(x) = \begin{cases} f(x) & ,x \neq x_1 \\ x_2 & ,x = x_1 \in X - \{x_0\} \end{cases}$$

와 같이 정의한다. 여기서 x_2는 공집합이 아닌 집합 $X - f(X)$의 임의로 고정된 원소이다. 그러면 함수 g는 단사이고

$$g(X-\{x_0\}) = f(X-\{x_0,\ x_1\}) \cup \{x_2\} \neq X-\{x_0\}$$

즉 $g(X-\{x_0\}) \neq X-\{x_0\}$이므로 $X-\{x_0\}$은 무한집합이다.

경우 2 $x_0 \in X - f(X)$

함수 $g : X-\{x_0\} \rightarrow X-\{x_0\}$를 다음과 같이 정의한다.

$$\text{각 } x \in X-\{x_0\}\text{에 대하여 } g(x) = f(x)$$

여기서 $f : X \rightarrow X$가 단사이므로 $g : X-\{x_0\} \rightarrow X-\{x_0\}$도 단사이다. 결국

$$\begin{aligned} g(X-\{x_0\}) &= f(X) - \{f(x_0)\} \\ &\neq X - \{x_0\} \end{aligned}$$

즉 $g(X-\{x_0\}) \neq X-\{x_0\}$이므로 $X-\{x_0\}$은 무한집합이다.

이상으로 어느 경우에도 $X-\{x_0\}$은 무한집합이다. □

앞으로는 임의의 $k \in \mathbb{N}$에 대하여 1부터 k까지의 자연수의 집합을 $\mathbb{N}_k$로 나타낸다. 즉 $\mathbb{N}_k = \{1, 2, 3, \cdots, k\}$.

[정리 1.5] 각 $k \in \mathbb{N}$에 대하여 $\mathbb{N}_k$는 유한집합이다.

증명 이것을 수학적 귀납법으로 증명한다.

$k=1$일 때 예 1에 따라 위의 주장은 참이다. 이제 적당한 자연수 k에 대하여 $\mathbb{N}_k$는 유한집합이라고 가정한다. 지금 집합 $\mathbb{N}_{k+1}$ 즉 $\mathbb{N}_k \cup \{k+1\}$이 무한집합

이라면 정리 1.4에 따라 $\mathbb{N}_{k+1}-\{k+1\}$ 곧 $\mathbb{N}_k$도 무한집합이다. 이것은 $\mathbb{N}_k$가 유한집합이라는 가정에 모순이다. 그러므로 $\mathbb{N}_k$가 유한집합이면 $\mathbb{N}_{k+1}$도 유한집합이다. 따라서 수학적 귀납법에 의하여 각 $k \in \mathbb{N}$에 대하여 $\mathbb{N}_k$는 유한집합이다. □

[정리 1.6] 집합 X에 있어서 $X=\phi$ 또는 X와 적당한 $\mathbb{N}_k$ 사이에 일대일 대응이 존재하면, 그리고 그때에만 X는 유한집합이다.

증명 $X=\phi$ 또는 X와 적당한 $\mathbb{N}_k$ 사이에 일대일 대응이 존재하면 X가 유한집합임은 명백하다.

한편 이것의 역도 참임을 밝히기 위하여 그 역의 대우 즉 공집합이 아닌 집합 X와 임의의 $\mathbb{N}_k$ 사이에 일대일 대응이 존재하지 않으면 X는 무한집합인 것을 보이도록 한다.

지금 집합 X에서 택한 하나의 원소를 x_1이라고 하면 $X-\{x_1\}$은 공집합이 아니다. 왜냐하면 $X-\{x_1\}=\phi$ 즉 $X=\{x_1\}$이면 이 X와 $\mathbb{N}_1$ 사이에는 일대일 대응이 존재하기 때문이다. 그러나 이것은 X에 대한 가정에 모순이다. 같은 방법으로 $X-\{x_1\}$에서 원소 x_2를 택할 수 있다.

이러한 방법을 계속함으로써 X의 원소 $x_1, x_2, \cdots, x_k$를 택하였다고 하자. 그러면 $X-\{x_1, x_2, \cdots, x_k\}$는 공집합이 아니다. 왜냐하면 $X-\{x_1, x_2, \cdots, x_k\}=\phi$이면 $X=\{x_1, x_2, \cdots, x_k\}$와 $\mathbb{N}_k$ 사이에는 일대일 대응이 존재함으로써 역시 X에 대한 가정에 모순이기 때문이다. 그러므로 항상 $X-\{x_1, x_2, \cdots, x_k\}$에서 원소 x_{k+1}을 택할 수 있다. 따라서 수학적 귀납법에 따라 각 자연수 n에 대한 X의 진부분집합 $\{x_1, x_2, \cdots, x_n\}$이 존재한다. 여기서 각 자연수 n에 대하여 X에서 택한 x_n의 집합을 Y라고 놓는다.

지금 각 $k \in \mathbb{N}$에 대한 함수 $f: Y \to Y-\{x_1\}$를 $f(x_k)=x_{k+1}$로 정의하면 이 함수는 집합 Y와 그 진부분집합 $Y-\{x_1\}$ 사이의 일대일 대응에 지나지 않는다. 그러므로 정의 1.1에 따라 Y는 무한집합이다. 여기서 X는 Y의 초집합이므로 정리 1.2에 따라 X는 무한집합이다. □

2. 집합의 대등성

두 유한집합 X, Y에 있어서 일대일 대응 $f: X \to Y$가 존재하면, 그리고 그때에만 X와 Y는 같은 수의 원소를 지닌다. 그러나 X, Y가 무한집합이면 "같은 수의 원소"라는 표현이 유한집합의 경우처럼 쉽게 이해할 수 없을지 모르지만 일대일 대응 관계가 있는 한 두 집합의 크기는 같다고 할 수 있다.

[정의 2.1] 두 집합 X, Y에 대하여 일대일 대응 $f: X \to Y$가 존재할 때 X와 Y는 대등하다고 말하고 이것을 $X \sim Y$로 나타낸다.

[예 1] '대등하다'라는 관계는 집합들의 족 위의 동치관계이다. 왜냐하면 항등함수 $1_X: X \to X$는 일대일 대응이므로 $X \sim X$.

또 $X \sim Y$이면 일대일 대응 $f: X \to Y$가 존재하고 $f^{-1}: Y \to X$도 일대일 대응이므로 $Y \sim X$. 끝으로 $X \sim Y$이고 $Y \sim Z$이면 일대일 대응 $f: X \to Y$와 일대일 대응 $g: Y \to Z$가 존재한다. 그러면 합성함수 $g \circ f: X \to Z$도 일대일 대응이므로 $X \sim Z$.

다음 예 2에서 기호 $(0, 1)$, $(-1, 1)$은 각각 순서쌍이 아니라 실수의 개구간이다.

[예 2] 다음이 성립함을 보여라.

(1) $(0, 1) \sim (-1, 1)$ (2) $(-1, 1) \sim \mathbb{R}$, $(0, 1) \sim \mathbb{R}$

증명 (1) $f(x) = 2x - 1$로 주어진 함수 $f: (0, 1) \to (-1, 1)$는 일대일 대응이다. 그러므로 $(0, 1) \sim (-1, 1)$

(2) $g(x) = \tan(\pi x/2)$로 주어진 삼각함수 $g: (-1, 1) \to \mathbb{R}$은 일대일 대응이다. 그러므로 $(-1, 1) \sim \mathbb{R}$.

대등 관계 ~은 추이적이므로 $(0, 1) \sim (-1, 1)$, $(-1, 1) \sim \mathbb{R}$로부터 $(0, 1) \sim \mathbb{R}$ □

[정리 2.2] 집합 X, Y, Z와 W에 대하여 $X \cap Z = \phi = Y \cap W$이고 $f : X \sim Y$, $g : Z \sim W$이면 다음이 성립한다.

$$f \cup g : (X \cup Z) \sim (Y \cup W)$$

증명 함수 $f : X \to Y$, $g : Z \to W$에 대하여 $X \cap Z = \phi$이므로 함수 $f \cup g : (X \cup Z) \to (Y \cup W)$를 다음과 같이 정의하자.

$$(f \cup g)(x) = \begin{cases} f(x) & , x \in X \\ g(x) & , x \in Z \end{cases}$$

그러면 f와 g가 일대일 대응이므로 $f \cup g$도 일대일 대응이 된다. □

[정리 2.3] 집합 X, Y, Z와 W에 대하여 $X \sim Y$, $Z \sim W$이면 다음이 성립한다.

$$X \times Z \sim Y \times W$$

증명 $f : X \sim Y$, $g : Z \sim W$라 놓고 각 $(x, z) \in X \times Z$에 대하여

$$(f \times g)(x, z) = (f(x), g(z))$$

로 정의된 함수 $f \times g : X \times Z \to Y \times W$ 는 일대일 대응이다.
우선 $(f \times g)(x_1, z_1) = (f \times g)(x_2, z_2)$라고 하면

$$(f(x_1), g(z_1)) = (f(x_2), g(z_2))$$

이므로 $f(x_1) = f(x_2)$이고 $g(z_1) = g(z_2)$이다. f와 g가 단사이므로 $x_1 = x_2$이고 $z_1 = z_2$이다. 따라서 $(x_1, z_1) = (x_2, z_2)$. 그러므로 $f \times g$는 단사이다. 이제 임의의 $(y, w) \in Y \times W$에 대해 $y \in Y$이고 $w \in W$이다. f와 g가 전사이므로 $f(x) = y$, $g(z) = w$인 $x \in X$와 $z \in Z$가 존재한다. 그러면 $(x, z) \in X \times Z$가 존재하여

$$(f \times g)(x, z) = (f(x), g(z)) = (y, w)$$

이므로 $f \times g$는 전사이다. □

무한집합 $\mathbb{Z}$, $\mathbb{Q}$, $\mathbb{R}$은 모두 집합 $\mathbb{N}$의 초집합임을 감안할 때 "가장 작은" 무한집합은 $\mathbb{N}$이거나 $\mathbb{N}$과 대등한 임의의 집합일 것으로 여겨진다.

[정의 2.4] 집합 X에 있어서 $X \sim \mathbb{N}$일 때 X를 가부번 집합이라고 한다. 그리고 유한집합 또는 가부번 집합을 모두 가산 집합이라고 한다.

집합 X가 가부번 집합일 때 일대일 대응 $f : \mathbb{N} \sim X$ 가 존재한다. 지금

$$f(1)=x_1,\ f(2)=x_2,\ f(3)=x_3,\ \cdots,\ f(k)=x_k,\ \cdots$$

이라고 놓아 집합 X를 $\{x_1, x_2, x_3, \cdots, x_k, \cdots\}$와 같이 나타낼 수 있다.

우리는 이 시점에서 "가산"이란 용어에 대하여 좀더 설명하고자 한다. 먼저 유한집합에 있어서 그 원소들을 셀 수 있다는 것이 이론적으로 가능하므로 이 경우의 "가산"은 적절히 쓰여진 용어라고 본다. 한편 가부번 집합 $X=\{x_1, x_2, x_3, \cdots\}$에서는 비록 그 모든 원소들을 직접 셀 수는 없을지라도 번호를 붙일 수 있으므로 셀수 있는 무한집합으로 받아들여도 무방하다고 본다.

[정리 2.5] 임의의 가부번 집합의 부분집합으로서 무한집합인 것은 역시 가부번 집합이다.

증명 가부번 집합을 $X=\{x_1, x_2, x_3, \cdots\}$으로 놓고 X의 무한부분집합의 하나를 Y라고 한다. 지금 Y의 원소 중 그 첨자가 가장 작은 것을 n_1 즉 $x_{n_1} \in Y$이라 놓는다. 다음에 집합 $Y-\{x_{n_1}\}$의 원소 중 첨자가 가장 작은 것을 n_2 즉 $x_{n_2} \in Y-\{x_{n_1}\}$. 이와 같이 $x_{n_{k-1}} \in Y$를 정의한 뒤 원소 $x_{n_k} \in Y-\{x_{n_1}, x_{n_2}, \cdots, x_{n_{k-1}}\}$를 택하되 그 첨자 n_k는 가장 작은 경우이다. 여기서 Y는 무한집합이므로 각 $k \in \mathbb{N}$에 대한 $x_{n_k} \in Y$는 항상 존재한다. 그러므로 각 $k \in \mathbb{N}$에 대하여 $Y-\{x_{n_1}, x_{n_2}, \cdots, x_{n_{k-1}}\} \neq \phi$. 따라서 각 $k \in \mathbb{N}$에 $f(k)=x_{n_k}$로서 정의되는 일대일 대응 $f : \mathbb{N} \sim Y$를 얻는다. 그러므로 Y는 가부번 집합이다. □

[따름정리] 가산 집합의 각 부분집합은 가산 집합이다.

증명 X를 가산 집합, $Y \subseteq X$라고 놓자. 만일 Y가 유한집합이면 Y가 가산 집합임은 명백하다. 만일 Y가 무한이라면 X가 가부번 집합이 되어 정리 2.5에 의해 Y가 가부번 집합이므로 Y는 가산 집합이다. □

3. 가부번 집합

무한집합들 중 크기에 있어서 가장 작은 것이 바로 가부번 집합이다. 이제 가부번 집합의 성질을 알아보기로 한다.

짝수인 자연수의 집합 $\mathbb{N}_e$와 홀수인 자연수의 집합 $\mathbb{N}_0$는 각각 가부번 집합이다. 이 두 집합의 합집합 $\mathbb{N}_e \cup \mathbb{N}_0 (= \mathbb{N})$은 가부번 집합이므로 다음 정리를 짐작할 수 있다.

[정리 3.1] 임의의 가부번 집합 A, B에 대하여 $A \cup B$는 가부번 집합이다.

증명 다음 두 경우로 나누어 증명을 한다.

경우 1 $A \cap B = \phi$

$A \sim \mathbb{N}$, $\mathbb{N} \sim \mathbb{N}_0$이므로 $A \sim \mathbb{N}_0$. 마찬가지로 $B \sim \mathbb{N}_e$. 따라서 정리 2.2에 따라 $(A \cup B) \sim (\mathbb{N}_e \cup \mathbb{N}_0)$. 여기서 $\mathbb{N}_e \cup \mathbb{N}_0 = \mathbb{N}$ 그러므로 $A \cup B \sim \mathbb{N}$. 따라서 $A \cup B$는 가부번 집합이다.

경우 2 $A \cap B \neq \phi$

$C = B - A$라고 놓으면 $A \cup C = A \cup B$, $A \cap C = \phi$. 여기서 집합 $C \subseteq B$는 유한집합 또는 가부번 집합이다. 여기서 집합 C가 유한집합이면 $A \cup C$는 가부번 집합이다. 한편 C가 가부번 집합이면 경우 1에 따라 $A \cup C$ 곧 $A \cup B$는 가부번 집합이다. □

[따름정리] 가부번 집합 A_1, A_2, A_n에 대하여 $\bigcup_{k=1}^{n} A_k$는 가부번 집합이다.

[예 1] 정수의 집합 $\mathbb{Z}$는 가부번 집합이다.

[정리 3.2] 집합 $\mathrm{N}\times\mathrm{N}$은 가부번 집합이다.

증명 함수 $f:\mathrm{N}\times\mathrm{N}\to\mathrm{N}$을 각$(j,\ k)\in\mathrm{N}\times\mathrm{N}$에 대하여

$$f(j,\ k)=2^j3^k$$

로 정의하면 f는 단사이다. 그러므로

$$\mathrm{N}\times\mathrm{N}\sim f(\mathrm{N}\times\mathrm{N})\ \text{여기서}\ f(\mathrm{N}\times\mathrm{N})\subseteq\mathrm{N}$$

한편 $\mathrm{N}\times\mathrm{N}$은 무한집합이므로 $f(\mathrm{N}\times\mathrm{N})$도 무한집합이다. 따라서 $f(\mathrm{N}\times\mathrm{N})$이 가부번 집합이므로 $\mathrm{N}\times\mathrm{N}$도 가부번 집합이다. □

[따름정리] 각 $k\in\mathrm{N}$에 대하여 A_k는 가부번 집합으로서 모든 $j,\ k\in\mathrm{N}$에 대하여 $A_j\cap A_k=\phi(j\neq k)$이면 $\bigcup_{k\in\mathrm{N}}A_k$는 가부번 집합이다.

증명 각 $k\in\mathrm{N}$에 대하여 함수 $f_k:\mathrm{N}\to\mathrm{N}\times\{k\}$를 $\forall_{j\in\mathrm{N}}f_k(j)=(j,\ k)$로 정의하면 이 함수는 일대일 대응이다. 즉 $\mathrm{N}\sim\mathrm{N}\times\{k\}$. 여기서 각 $k\in\mathrm{N}$에 대하여 $A_k\sim\mathrm{N}$, $\mathrm{N}\sim\mathrm{N}\times\{k\}$이므로 $A_k\sim\mathrm{N}\times\{k\}$. 따라서 $\bigcup_{k\in\mathrm{N}}A_k\sim\bigcup_{k\in\mathrm{N}}\mathrm{N}\times\{k\}$. 한편 $\bigcup_{k\in\mathrm{N}}\mathrm{N}\times\{k\}$는 가부번 집합$\mathrm{N}\times\mathrm{N}$과 대등하다. 따라서 $\bigcup_{k\in\mathrm{N}}A_k$는 가부번 집합이다. □

[정리 3.3] 유리수의 집합 $\mathbb{Q}$는 가부번 집합이다.

증명 각 유리수를 p/q와 같이 한 가지로 나타낸다. 여기서 $p\in\mathbb{Z}$, $q\in\mathrm{N}$이고 p와 q의 최대공약수는 1이다. 지금 $\mathbb{Q}_+=\{p/q\mid p/q>0\}$, $\mathbb{Q}_-=\{-p/q\mid p/q\in\mathbb{Q}_+\}$로 놓으면 $\mathbb{Q}=\mathbb{Q}_+\cup\{0\}\cup\mathbb{Q}_-$. 물론 $\mathbb{Q}_+\sim\mathbb{Q}_-$.

따라서 $\mathbb{Q}$가 가부번 집합인 것을 밝히려면 $\mathbb{Q}_+$가 가부번 집합인 것을 지적하면 충분하다. 여기서 함수 $f:\mathbb{Q}_+\to\mathrm{N}\times\mathrm{N}$를 $f(p/q)=(p,\ q)$로 정의하면 이 함수는 단사이다. 따라서 $\mathbb{Q}_+\sim f(\mathbb{Q}_+)$. 한편 $f(\mathbb{Q}_+)\subseteq\mathrm{N}\times\mathrm{N}$. 또 $\mathbb{Q}_+$는 무

한집합 $\mathbb{N}$의 초집합이므로 무한집합이다. 그러므로 $f(\mathbb{Q}_+)$는 가부번 집합 $\mathbb{N} \times \mathbb{N}$의 무한부분집합이므로 가부번 집합이다. 결국 $\mathbb{Q}_+$는 가부번 집합이다.
□

[정리 3.4] 임의의 무한집합에 대하여 그 부분집합으로서 가부번 집합인 것이 존재한다.

증명 임의의 주어진 무한집합을 X라고 놓으면 $X \neq \phi$. 지금 X에서 하나의 원소(이것을 x_1이라고 부른다)를 택한다. 다음에 집합 $X-\{x_1\}$에서 택한 하나의 원소를 x_2라고 한다. 마찬가지로 공집합이 아닌 집합 $X-\{x_1, x_2\}$에서 하나의 원소 x_3을 택한다. 이와 같이 원소 x_{k-1}를 정한 다음 집합 $X-\{x_1, x_2, \cdots, x_{k-1}\}$의 원소 하나를 x_k라면 각 $k \in \mathbb{N}$에 대한 x_k가 존재한다. 왜냐하면 X는 무한집합이므로 $X-\{x_1, x_2, \cdots, x_{k-1}\} \neq \phi$이기 때문이다. 여기서 집합 $\{x_k | k \in \mathbb{N}\}$은 X의 부분집합으로서 가부번 집합이다. □

4. 비가산집합

지금까지 보아 온 무한집합은 모두 가부번 집합이었으므로 독자는 모든 무한집합이 그러할 것으로 속단할지도 모른다. 짐작하건대 게오르그 칸토어는 집합론을 처음 발전시킬 때 모든 무한집합이 가부번 집합임을 증명하려고 노력하였을 것으로 여겨진다. 그런 칸토어는 무한집합으로서 비가산 집합인 것이 존재한다는 사실을 깨닫자 자신도 크게 놀랐다고 한다.

가부번 집합이 아닌 무한집합을 **비가산 집합**이라고 부른다.

[정리 4.1] 실수의 개단위구간 (0, 1)은 무한집합으로서 비가산 집합이다.

증명 먼저 각 수 x, $0<x<1$을 $0.x_1x_2x_3\cdots$와 같은 꼴의 소수로 전개한다. 여기서 각 $n \in \mathbb{N}$에 대하여 $x_n \in \{0, 1, 2, \cdots, 9\}$. 이를테면 $1/3=0.333\cdots$, $\sqrt{2}/2=0.707106\cdots$. 이 경우 유한소수로 전개된 수도 무한소수 한 가지로 나타내기 위

하여 유한소수의 마지막 숫자에서 1을 줄이고 숫자 9를 따라 적도록 한다. 이를테면 유한소수 1/4=0.25는 0.25000…이 아니라 0.24999…로 나타낸다. 이러한 약속하에 구간 (0, 1)의 두 수는 각각의 소수전개에 있어서 대응하는 숫자들이 같으면, 그리고 그때에만 이 두 수는 같다. 그러므로 $x=0.x_1x_2x_3\cdots$, $y=0.y_1y_2y_3\cdots$에 대하여 소수점 아래 k째 자리에서 $x_k \neq y_k$이면 $x \neq y$. 이같은 사실은 위 정리의 증명에서 주요한 근거가 된다.

이제 (0, 1)이 가부번 집합이라고 가정한다. 그러면 일대일 대응 $f : \mathbb{N} \sim (0, 1)$이 존재함으로써 (0, 1)의 모든 원소를 다음과 같이 나열할 수 있다.

$$\begin{aligned} f(1) &= 0.a_{11}a_{12}a_{13}\cdots \\ f(2) &= 0.a_{21}a_{22}a_{23}\cdots \\ f(3) &= 0.a_{31}a_{32}a_{33}\cdots \\ &\ \ \vdots \\ f(k) &= 0.a_{k1}a_{k2}a_{k3}\cdots \\ &\ \ \vdots \end{aligned}$$

여기서 각 a_{jk}에 대하여 $a_{jk} \in \{0, 1, 2, \cdots, 9\}$. 이와 같이 나열한 $f(k)$ 중에서 찾을 수 없는 하나의 수 $z \in (0, 1)$을 다음과 같이 구성하여 (0, 1)이 가부번 집합이란 가정에 모순을 일으킴으로써 (0, 1)이 비가부번 집합인 것을 밝히려고 한다. 즉 각 $k \in \mathbb{N}$에 대하여 $a_{kk} \neq 5$이면 $z_k=5$로, $a_{kk}=5$이면 $z_k=1$로 놓는다. 이 경우 분명히 $z=0.z_1z_2z_3\cdots$은 $0<z<1$인 수이므로 $z \in (0, 1)$. 그러나 $z_1 \neq a_{11}$이므로 $z \neq f(1)$, $z_2 \neq a_{22}$이므로 $z \neq f(2)$, $\cdots$, 대체로 모든 $k \in N$에 대하여 $z_k \neq a_{kk}$이므로 $z \neq f(k)$. 따라서 $z \notin f(\mathbb{N})$. 그런데 가정에 따라 $f(\mathbb{N})=(0, 1)$. 그러므로 $z \notin (0, 1)$. 이것은 $z \in (0, 1)$에 모순이다. 이로써 증명이 끝난다. □

[정리 4.2] 실수의 집합 $\mathbb{R}$은 무한집합으로서 비가산 집합이다.

증명 $(0, 1) \sim \mathbb{R}$이고 (0, 1)은 비가산 집합이므로 이집합과 대등한 $\mathbb{R}$도 비가산 집합이다. □

[정리 4.3] 무리수의 집합은 비가산 집합이다.

증명 무리수의 집합 $\mathbb{R}-\mathbb{Q}$는 무한집합 $\left\{\frac{\sqrt{2}}{n} \mid n\in\mathbb{N}\right\}$을 포함하므로 무한집합이다. 이제 $\mathbb{R}-\mathbb{Q}$가 가산 집합이라고 가정하면 $\mathbb{R}-\mathbb{Q}$는 가부번 집합이 되고 유리수의 집합 $\mathbb{Q}$도 가부번 집합이므로 합집합 $(\mathbb{R}-\mathbb{Q})\cup\mathbb{Q}=\mathbb{R}$이 가부번 집합이 되어 모순이다. 따라서 무리수의 집합은 비가산 집합이다. □

정리 4.1의 증명법은 칸토어의 **대각법**(diagonal method)이라고 부른다.

연습문제 (2)

1. 세 집합 $\mathbb{Z}$, $\mathbb{Q}$, $\mathbb{R}$은 모두 무한집합임을 증명하여라.

2. A가 무한집합이면 $A \times A$도 무한집합임을 증명하여라.

3. 두 집합 X, Y에 대하여 $(X-Y) \sim (Y-X)$이면 $X \sim Y$임을 증명하여라.

4. 가부번 집합 X와 유한집합 Y에 대하여 $X \cup Y$는 가부번 집합임을 증명하여라.

5. 공집합이 아닌 집합 A에 대하여 A로부터 집합 $\{0, 1\}$로의 모든 함수의 집합을 2^A라고 할 때 $\mathscr{P}(A) \sim 2^A$임을 증명하여라.

6. 카테시언 평면에서 중심의 좌표와 반지름의 길이가 모두 유리수인 원 전체의 집합은 가부번 집합임을 증명하여라.

7. 0과 1 사이의 모든 유리수의 집합은 가부번 집합임을 증명하여라.

8. 0과 1 사이의 모든 무리수의 집합은 비가산 집합임을 증명하여라.

9. A와 B가 대등한 집합일 때 A가 비가산 집합이면 B도 비가산 집합임을 증명하여라.

10. 평면에서 원 전체가 이루는 집합은 비가산 집합임을 증명하여라.

CHAPTER 3

위상공간

위상공간의 개념은 실수공간과 유클리드 공간의 연구와 이 공간들 상에서의 연속함수에 대한 연구로부터 비롯되었다. 역사적으로 프레셰(Fréchet, 1878~1973)가 유클리드 공간의 거리개념을 일반화하기 위한 시도를 하였으며, 하우스도르프(Hausdorff, 1868~1942)가 근방의 개념을 사용하여 위상공간을 최초로 정의하였다.

이 장에서는 거리 개념을 추상화한 위상을 개집합을 이용하여 정의하고, 위상공간과 밀접한 관련이 있는 기본개념들을 소개하고자 한다.

1. 위 상

[정의 1.1] X를 공집합이 아닌 집합이라고 하자. X의 부분집합들의 집합족 $\mathscr{T}(\subset 2^X)$가 다음 세 가지 조건을 만족할 때, $\mathscr{T}$를 X 위의 위상(topology)이라 한다.

(1) $X, \phi \in \mathscr{T}$

(2) $\forall_\alpha, U_\alpha \in \mathscr{T}$이면 $\bigcup_\alpha U_\alpha \in \mathscr{T}$이다. (임의의 개의 합집합)

(3) $U_1, U_2 \in \mathscr{T}$이면 $U_1 \cap U_2 \in \mathscr{T}$이다. (유한개의 교집합)

이때 $\mathscr{T}$의 원소를 개집합(open set)이라 정의하고 $(X, \mathscr{T})$를 위상공간(topological space)이라 한다.

[예 1] (1) $X=\{a, b, c, d\}$일 때 다음 집합족들이 X 위의 위상이 되는지 살펴보자.

$$\mathscr{T}_1=\{X, \phi\}$$
$$\mathscr{T}_2=\{X, \phi, \{b\}, \{a, b\}, \{b, c\}, \{a, b, c\}\}$$
$$\mathscr{T}_3=\{X, \phi, \{a\}, \{b, c\}, \{d\}, \{a, b, c\}, \{b, c, d\}\}$$
$$\mathscr{T}_4=\{X, \phi, \{a\}, \{c, d\}, \{a, c, d\}, \{a, b, d\}\}$$
$$\mathscr{T}_5=2^X$$

$\mathscr{T}_1$, $\mathscr{T}_2$, $\mathscr{T}_5$는 세 가지 조건을 모두 만족하므로 X 위의 위상이다.

$\mathscr{T}_3$는 $\{a\}, \{d\} \in \mathscr{T}_3$이나 $\{a\} \cup \{d\} = \{a, d\} \notin \mathscr{T}_3$이므로 X의 위상이 아니다.

$\mathscr{T}_4$는 $\{a, c, d\}, \{a, b, d\} \in \mathscr{T}_4$이나 $\{a, c, d\} \cap \{a, b, d\} = \{a, d\} \notin \mathscr{T}_4$이므로 X의 위상이 아니다.

(2) 위상공간 $(X, \mathscr{T}_2)$에서 $\{a, b\}$는 개집합이나 $(X, \mathscr{T}_1)$에서는 개집합이 아니다. 한편, $\{a, b, c\}$는 $(X, \mathscr{T}_2)$와 $(X, \mathscr{T}_5)$에서 개집합이다.

따라서 한 집합 X에 여러 가지 위상이 존재할 수 있으며, X에 위상이 주어지면 X의 부분집합이 개집합인지 아닌지가 결정되어진다는 것을 알 수 있다.

(3) $\mathscr{T}_1=\mathscr{I}=\{X, \phi\}$는 X 위의 최소의 위상으로 비이산위상(indiscrete topology)이라 하고 $(X, \mathscr{I})$를 비이산공간(indiscrete space)이라고 한다.

$\mathscr{T}_5=\mathscr{D}=2^X$는 X 위의 최대의 위상으로 이산위상(discrete topology)이라 하고 $(X, \mathscr{D})$를 이산공간(discrete space)이라고 한다.

[예 2] (1) $C_f=\{X-F\mid F$는 유한 집합$\}\cup\{\phi\}$는 X의 위상이 된다. C_f를 X의 여유한위상(cofinite topology)이라고 부르고, $(X,\ C_f)$는 여유한공간(cofinite space)이라고 한다. 여기서 실제로 C_f가 X의 위상이 되는 것을 알아보라.
(2) $C_c=\{X-C\mid C$는 가산 집합$\}\cup\{\phi\}$는 X의 위상이 된다. C_c를 X의 여가산위상(cocountable topology)이라고 부르며, $(X,\ C_c)$는 여가산공간(cocountable space)이라고 한다.

[예 3] 위상의 정의 (3)에서 유한개의 개집합들을 교집합하지 않고 무한개의 개집합들을 교집합하면 개집합이 아닐 수 있다. 자연수의 집합 $\mathbb{N}$에 여유한 위상이 주어졌다고 하자. $\mathbb{N}$의 각 원소 n에 대하여 $U_n=\{1,\ n+i\mid i=1,\ 2,\ 3,\ \cdots\}$은 개집합이다. 그러나 $\bigcap_{n=1}^{\infty}U_n=\{1\}$은 개집합이 아니다. 이러한 점에서 위상을 정의할 때 교집합의 경우는 유한개로 한정한다.

[정의 1.2] $\mathcal{T}$와 $\mathcal{T}'$이 집합 X상의 두 위상이라 할 때 $\mathcal{T}\subset\mathcal{T}'$이면 "$\mathcal{T}'$이 $\mathcal{T}$보다 크다(larger, finer)"라 하고 "$\mathcal{T}$가 $\mathcal{T}'$보다 작다(smaller, coarser)"라고 한다.

[정리 1.3] $\{\mathcal{T}_i\mid i\in I\}$가 집합 X상의 위상들의 임의의 모임일 때 $\bigcap_{i\in I}\mathcal{T}_i$는 역시 X상의 한 위상이다.

증명 (1) 각 $i\in I$에 대하여 $X,\ \phi\in\mathcal{T}_i$이므로 $X,\ \phi\in\bigcap_{i\in I}\mathcal{T}_i$이다.
(2) 만약 $\forall_\alpha,\ U_\alpha\in\bigcap_{i\in I}\mathcal{T}_i$이면 각 $i\in I$에 대해, $U_\alpha\in\mathcal{T}_i$이고 $\mathcal{T}_i$가 위상이므로 $\bigcup_\alpha U_\alpha\in\mathcal{T}_i$이다. 따라서 $\bigcup_\alpha U_\alpha\in\bigcap_{i\in I}\mathcal{T}_i$이다.
(3) $U_1,\ U_2\in\bigcap_{i\in I}\mathcal{T}_i$이면 각 $i\in I$에 대해, $U_1,\ U_2\in\mathcal{T}_i$이고 $\mathcal{T}_i$가 위상이므로 $U_1\cap U_2\in\mathcal{T}_i$이다. 따라서 $U_1\cap U_2\in\bigcap_{i\in I}\mathcal{T}_i$이다. □

[예 4] 정리 1.3과 달리 위상들의 합집합 $\bigcup_{i\in I}\mathcal{T}_i$는 일반적으로 위상이 아니다.
(1) $\mathcal{T}_1=\{X,\ \phi,\ \{a\}\}$, $\mathcal{T}_2=\{X,\ \phi,\ \{b\}\}$는 $X=\{a,\ b,\ c\}$상의 위상들이다.

그러나 $\mathscr{T}_1 \cup \mathscr{T}_2 = \{X, \phi, \{a\}, \{b\}\}$는 집합 X상이 위상이 아니다. 왜냐하면 $\{a\}, \{b\} \in \mathscr{T}_1 \cup \mathscr{T}_2$이지만 $\{a\} \cup \{b\} = \{a, b\} \notin \mathscr{T}_1 \cup \mathscr{T}_2$이기 때문이다.

(2) $\mathscr{T}_1 = \{X, \phi, \{a\}, \{a, b\}\}$, $\mathscr{T}_2 = \{X, \phi, \{b\}, \{b, c\}\}$는 $X = \{a, b, c\}$상의 위상들이다. $\mathscr{T}_1 \cup \mathscr{T}_2 = \{X, \phi, \{a\}, \{b\}, \{a, b\}, \{b, c\}\}$도 역시 X상의 위상이다.

위상의 정의에서 조건 (1), (2), (3)은 다음의 두 조건과 동치이다.

(1′) $\mathscr{T}$의 임의의 원소들의 합집합이 $\mathscr{T}$에 속한다.
(2′) $\mathscr{T}$의 임의의 유한개의 원소들의 교집합이 $\mathscr{T}$에 속한다.

왜냐하면 $\bigcup_{\alpha \in \phi} U_\alpha = \phi$이므로 $\phi \in \mathscr{T}$이고, $\bigcap_{\alpha \in \phi} U_\alpha = X$이므로 $X \in \mathscr{T}$이기 때문이다.

[정의 1.4] $(X, \mathscr{T})$는 위상공간이고, A는 X의 부분 집합이다. A의 여집합 $X - A$가 개집합일 때, A를 **폐집합**(closed set)이라고 한다.

[예 5] 집합 $X = \{a, b, c, d, e\}$ 위에 위상

$$\mathscr{T} = \{X, \phi, \{a\}, \{c, d\}, \{a, c, d\}, \{b, c, d, e\}\}$$

가 주어졌다고 하자.

X의 폐집합들은 $\phi, X, \{b, c, d, e\}, \{a, b, e\}, \{b, e\}, \{a\}$이다. 즉 $\mathscr{T}$의 원소들의 여집합이 폐집합이다. 여기서 $X, \phi, \{a\}, \{b, c, d, e\}$ 등은 개집합인 동시에 폐집합이며 $\{c, e\}, \{a, b, d\}$ 등은 개집합도 폐집합도 아니다.

<주의> 이제부터 부분집합의 기호를 '$\subseteq$'과 '$\subset$'을 혼용하여 사용하며 진부분집합을 '$\subsetneq$'로 나타낸다.

2. 기저와 부분기저

한 집합에 위상을 주어 위상공간으로서 구조화 하고자 할 때는 개집합을 정의해 주어야 한다. 그러나 모든 개집합을 전부 열거하는 방법은 번거롭기 때문에 그 중 일부만으로 위상을 생성할 수 있으면 보다 더 용이할 것이다. 이러한 방법은 기저만으로 벡타공간을 나타내는 것과 같은 이치이다. 이 절에서는 개집합 중에서 기본이 되는 기저를 정의하고 위상과 기저의 관계를 알아보고자 한다. 먼저 위상이 주어졌을 때 그 위상을 생성하는 기저의 조건을 알아보자.

[정의 2.1] $(X, \mathscr{T})$는 위상공간이고 $\mathscr{B}\subset\mathscr{T}$이다. $\mathscr{B}$가 다음 조건을 만족할 때 $\mathscr{B}$를 위상 $\mathscr{T}$의 기저(base)라고 한다.
임의의 $U\in\mathscr{T}$에 대하여 $U=\bigcup_{\alpha} B_\alpha,\ B_\alpha\in\mathscr{B}$

[예 1] $X=\{a, b, c, d, e\}$일 때 $\mathscr{T}=\{X, \phi, \{a, b\}, \{b, c\}, \{a, b, c\}, \{b\}\}$는 X상의 위상이다. 이때 $\mathscr{B}=\{X, \{a, b\}, \{b, c\}, \{b\}\}$는 위상 $\mathscr{T}$의 기저임을 알 수 있다.

[정리 2.2] $\mathscr{B}$가 위상공간 $(X, \mathscr{T})$의 기저일때, U가 X상의 개집합일 필요충분조건은 U의 각 원소 x에 대하여 $x\in B\subset U$인 $\mathscr{B}$의 원소 B가 존재하는 것이다.

증명 x를 개집합 U의 원소라고 하면 $\mathscr{B}$는 위상 $\mathscr{T}$의 기저이므로 $U=\bigcup_{\alpha} B_\alpha,\ B_\alpha\in\mathscr{B}$이다. 따라서 $x\in B\subset U$인 $\mathscr{B}$의 원소 B가 존재한다.

역으로, U의 각 원소 x에 대하여 $x\in B_x\subset U$인 $\mathscr{B}$의 원소 B_x가 존재한다고 하면 $U=\bigcup_{x\in U} B_x$이고 B_x는 개집합이므로 U는 X상의 개집합이다. □

[참고] (1) 정리 2.2에 의해 위상의 기저가 될 조건을 다음과 같이 나타낼 수 있다.

$\mathscr{B}$가 위상공간 $(X, \mathscr{T})$의 기저
⇔ 임의의 $U\in\mathscr{T}$에 대하여 $U=\bigcup_{\alpha} B_\alpha,\ B_\alpha\in\mathscr{B}$
⇔ x를 가지는 임의의 개집합 U에 대하여 $\exists B\in\mathscr{B} : x\in B\subset U$

(2) 물론 위상 $\mathscr{T}$ 자신이 $\mathscr{T}$의 기저임은 명백하다.

(3) $\mathscr{B} \subset \mathscr{T}$이므로 기저의 원소는 모두 개집합이다.

[예 2] 이산공간 $(X, \mathscr{D})$에서 $\mathscr{B} = \{\{x\} \mid x \in X\}$는 이산위상 $\mathscr{D}$의 기저가 된다. 따라서 $\mathscr{B} \subset \mathscr{B}'$인 모든 $\mathscr{B}'$도 기저이다. 그러므로 하나의 위상에 대한 기저는 여러 개 있을 수 있음을 알 수 있다. 특히 $\mathscr{B}$가 이산위상 $\mathscr{D}$를 생성하는 최소의 기저임도 알 수 있다.

이제 집합 X에 위상이 주어지지 않았을 때 하나의 위상을 생성할 수 있는 기저의 조건은 무엇일까 하는 의문이 생긴다. 일반적으로 X의 부분집합들의 적당한 모임 $\mathscr{B}$가 항상 위상을 생성하는 것은 아니다.

예를 들면 X는 어떤 위상이 주어져도 개집합이므로 X는 $\mathscr{B}$의 원소들의 합집합으로 나타낼 수 있어야 한다. 만일 우리가 위상을 생성할 수 있는 기저 $\mathscr{B}$의 조건을 찾는다면 집합 X에 위상을 직접 주지 않고 기저만으로 X를 위상공간화 할 수 있으므로 매우 편리하다고 할 수 있다.

[정리 2.3] X는 공집합이 아닌 집합이고 $\mathscr{B} \subset 2^X$이다. $\mathscr{B}$가 X상의 한 위상 $\mathscr{T}$의 기저이기 위한 필요충분조건은 다음의 두 조건을 만족하는 것이다.

(1) $X = \bigcup_{\alpha} B_\alpha,\ B_\alpha \in \mathscr{B}$

($\Leftrightarrow$ 각 $x \in X$에 대해 $x \in B$인 기저의 원소 B가 존재한다.)

(2) $B_1, B_2 \in \mathscr{B}$이고 $x \in B_1 \cap B_2$이면 $x \in B_3 \subset B_1 \cap B_2$인 $\mathscr{B}$의 원소 B_3가 존재한다.

이때, $\mathscr{T}$를 기저 $\mathscr{B}$가 생성하는 위상이라고 한다.

증명 $\mathscr{B}$를 어떤 위상 $\mathscr{T}$의 기저라고 하자.

(1) X 자신은 X상의 개집합이므로 기저의 정의에 의해 $X = \bigcup_{\alpha} B_\alpha,\ B_\alpha \in B$이다.

(2) $B_1, B_2 \in \mathscr{B}$이고 $x \in B_1 \cap B_2$이면 $B_1 \cap B_2$는 X상의 개집합이므로 기저의 정의에 의해 $x \in B_3 \subset B_1 \cap B_2$인 $\mathscr{B}$의 원소 B_3가 존재한다.

역으로, $\mathscr{B}$가 (1)과 (2)를 만족한다고 가정하자.

$\mathscr{T} = \{U \mid U$의 각 원소 x에 대해, $x \in B \subset U$인 $\mathscr{B}$의 원소 B가 존재한다$\}$

라고 두고 이제 $\mathscr{T}$가 위상임을 보이면 $\mathscr{B}$는 위상 $\mathscr{T}$의 기저가 된다.

(i) 조건 (1)에 의해 $X \in \mathscr{T}$이고 각 $x \in \phi$에 대하여 $x \in B \subset \phi$인 $\mathscr{B}$의 원소가 존재한다가 참이므로 $\phi \in \mathscr{T}$이다.

(ii) $\forall_\alpha$, $U_\alpha \in \mathscr{T}$이고 $x \in \bigcup_\alpha U_\alpha$라고 하자. 그러면 $x \in U_{\alpha_0}$인 U_{α_0}가 존재하고 $U_{\alpha_0} \in \mathscr{T}$이므로 $x \in B \subset U_{\alpha_0}$인 $\mathscr{B}$의 원소 B가 존재한다. 따라서 $x \in B \subset \bigcup_\alpha U_\alpha$이고 $\bigcup_\alpha U_\alpha \in \mathscr{T}$이다.

(iii) U_1, $U_2 \in \mathscr{T}$이고 $x \in U_1 \cap U_2$라고 하자. 그러면 $x \in U_1$이고 $U_1 \in \mathscr{T}$이므로 $\mathscr{T}$의 정의에 의해 $x \in B_1 \subset U_1$인 $\mathscr{B}$의 원소 B_1이 존재한다. 같은 이유로 $x \in B_2 \subset U_2$인 $\mathscr{B}$의 원소 B_2가 존재한다. 따라서 $x \in B_1 \cap B_2 \subset U_1 \cap U_2$이고 조건 (2)에 의해 $x \in B_3 \subset B_1 \cap B_2 \subset U_1 \cap U_2$인 $\mathscr{B}$의 원소 B_3가 존재한다. 그러므로 $U_1 \cap U_2 \in \mathscr{T}$이다. □

[예 3] 집합 $X=\{a, b, c\}$에 대하여 $\mathscr{B}_1=\{\{a\}, \{b\}\}$, $\mathscr{B}_2=\{\{a, b\}, \{b, c\}\}$, $\mathscr{B}_3=\{\{a\}, \{a, b\},\{a, c\}\}$라고 두면, $\mathscr{B}_1$은 조건 (1)을 만족하지 않으므로 기저가 아니며 $\mathscr{B}_2$도 조건 (2)를 만족하지 않으므로 역시 기저가 아니다. 그러나 $\mathscr{B}_3$는 두 조건을 모두 만족하므로 기저이다. 따라서 $\mathscr{B}_3$는 X위의 위상 $\mathscr{T}$를 생성한다. $\mathscr{B}_3$가 생성하는 위상 $\mathscr{T}=\{\phi, \{a\} \{a, b\}, \{a, c\}, X\}$이다.

두 위상에 대한 각각의 기저가 주어질 때 위상의 대소관계를 규정하기 위하여 다음 정리를 이용한다.

[정리 2.4] $\mathscr{B}$와 $\mathscr{B}'$을 집합 X상의 위상 $\mathscr{T}$와 $\mathscr{T}'$의 기저라 하면 다음 (1), (2)는 서로 동치이다.

(1) 위상 $\mathscr{T}'$이 위상 $\mathscr{T}$보다 크다. ($\mathscr{T} \subset \mathscr{T}'$)

(2) 임의의 $x \in X$와 x를 포함하는 각 $B \in \mathscr{B}$에 대하여 $x \in B' \subset B$를 만족하는 $B' \in \mathscr{B}'$이 존재한다.

증명 (1) ⇒ (2). $x \in X$이고 $x \in B$ ($B \in \mathscr{B}$)라 하자.
그러면 $B \in \mathscr{T}$이고 (1)에 의해

$$x \in B \in \mathscr{T} \subset \mathscr{T}'$$

이고 결국 $x \in B \in \mathscr{T}'$이다. $\mathscr{B}'$이 $\mathscr{T}'$의 기저이므로

$$x \in B' \subset B$$

를 만족하는 $B' \in \mathscr{B}'$이 존재한다.

(2) ⇒ (1). 임의의 원소 $U \in \mathscr{T}$에 대해 $U \in \mathscr{T}'$임을 보이자. $x \in U$라 하면 $\mathscr{B}$가 $\mathscr{T}$의 기저이므로

$$x \in B \subset U$$

를 만족하는 $B \in \mathscr{B}$가 존재한다. 그러면 조건 (2)에 의하여

$$x \in B' \subset B$$

를 만족하는 $B' \in \mathscr{B}'$이 존재하므로 $x \in B' \subset U$이다. 따라서 $U \in \mathscr{T}'$이다. □

우리는 여기서 하나의 의문이 제기된다. 그것은 기저 $\mathscr{B}$에 의하여 생성되는 위상 $\mathscr{T}$는 $\mathscr{B}$의 원소들의 임의의 합집합들의 모임으로 설명할 수 있지만 만일 집합들의 모임이 주어질 때 임의의 합집합을 한 경우와 같이 이 집합들의 유한 교집합을 취할 경우 어떻게 될까? 이 의문은 위상에 대한 **부분기저**의 개념을 유도하게 된다.

> **[정의 2.5]** $(X, \mathscr{T})$는 위상공간이고, $\mathscr{S} \subseteq \mathscr{T}$이다. $\mathscr{S}$의 임의의 유한개의 원소들의 교집합들을 모아놓은 집합이 $\mathscr{T}$의 기저가 될 때, $\mathscr{S}$를 $\mathscr{T}$의 **부분기저**(subbase)라고 한다.

즉, 임의의 기저의 원소 B를 택하면 $B = S_1 \cap S_2 \cap \cdots \cap S_k$, $S_k \in \mathscr{S}$로 나타낼 수 있다.

[예 4] $X = \{a, b, c, d, e\}$상에 위상 $\mathscr{T} = \{X, \phi, \{b\}, \{a, b\}, \{b, c, d, e\}\}$가 주어졌을 때, 이 위상에 대한 최소의 기저는 $\mathscr{B} = \{\{b\}, \{a, b\}, \{b, c, d, e\}\}$이다. 따라서 위상 $\mathscr{T}$의 한 부분기저는 $\mathscr{S} = \{\{a, b\}, \{b, c, d, e\}\}$이다. 한편, 부분기저 $\mathscr{S}$의 임의의 원소는 자기 자신 1개(유한개)의 교집합이므로 당연히 기저 $\mathscr{B}$의 원소가 된다. 따라서 부분기저의 원소는 모두 개집합이며 $\mathscr{S} \subseteq \mathscr{B} \subseteq \mathscr{T}$이다.

집합 X의 부분집합들의 집합 $\mathscr{B}$가 정리 2.3의 두 가지 조건을 만족하면 X의 위상을 생성하는 기저가 됨을 알고 있다. 그러면 집합 X에 위상이 주어지지 않았을 때 X의 부분집합들의 집합 $\mathscr{S}$가 X의 위상을 생성할 수 있는 부분기저가 될 조건은 무엇일까?

[정리 2.6] $\mathscr{S}(\neq \phi)$가 집합 X의 부분집합들의 집합이면 $\mathscr{S}$는 X의 어떤 위상 $\mathscr{T}$를 생성하는 부분기저가 된다.
이 때 $\mathscr{T}$를 부분기저 $\mathscr{S}$가 생성하는 위상이라고 한다.

증명 $\mathscr{S}$의 임의의 유한개의 원소들의 교집합으로 이루어진 집합이 X의 위상을 생성하는 기저가 됨을 보이면 된다. 즉,

$$\mathscr{B} = \{S_1 \cap S_2 \cap \cdots \cap S_k \mid i=1,\ 2,\ \cdots,\ k,\ S_i \in \mathscr{S}\}$$

가 X의 어떤 위상 $\mathscr{T}$를 생성하는 기저가 됨을 보이기 위해 $\mathscr{B}$가 정리 2.3의 두 조건을 만족함을 보이면 된다.

(1) $X = \bigcap_{\alpha \in \phi} S_\alpha$이므로 $X \in \mathscr{B}$이다. 따라서 X는 $\mathscr{B}$의 원소 1개의 합집합으로 나타낼 수 있다.

(2) $B_1,\ B_2 \in \mathscr{B}$이고 $x \in B_1 \cap B_2$라고 하면 B_1과 B_2는 S의 원소 유한개의 교집합이므로 $B_1 \cap B_2$ 역시 S의 원소 유한개의 교집합이다. 따라서 $B_3 = B_1 \cap B_2$라고 두면 $B_3 \in \mathscr{B}$이고 조건을 만족한다. □

[예 5] (1) $X=\{a,\ b,\ c,\ d\}$이고 $\mathscr{S}=\{\{a\},\ \{b,\ c\},\ \{c,\ d\}\}$일 때 $\mathscr{S}$가 생성하는 X의 위상 $\mathscr{T}$를 구해보자. 먼저 $\mathscr{S}$는 부분기저이므로(기저가 아니다!) 기저 $\mathscr{B}$를 구하면,

$$\mathscr{B} = \{X,\ \{a\},\ \{b,\ c\},\ \{c,\ d\},\ \{c\},\ \phi\}$$

이다. 이제 $\mathscr{S}$가 생성하는 위상 $\mathscr{T}$를 구하면,

$$\mathscr{T} = \{X,\ \phi,\ \{a\},\ \{c\},\ \{b,\ c\},\ \{c,\ d\},\ \{a,\ c\},\ \{a,\ b,\ c\},\ \{a,\ c,\ d\},\ \{b,\ c,\ d\}\}$$

이다.

(2) $\mathscr{S}$: 부분기저 ⟶ $\mathscr{B}$: 기저 ⟶ $\mathscr{T}$: 위상

↑ 유한개의 교집합 ↑ 임의의 개의 합집합

[정리 2.7] 부분기저 $\mathscr{S}$에 의해 생성된 집합 X의 위상 $\mathscr{T}$는 $\mathscr{S}$를 포함하는 X의 모든 위상들의 교집합이다. 따라서 $\mathscr{T}$는 $\mathscr{S}$를 포함하는 최소의 위상이다.

증명 $\mathscr{S}$를 포함하는 X의 모든 위상들의 교집합을 $\mathscr{T}^*$라고 하면 $\mathscr{T}^*$도 X의 위상이다. 먼저, $\mathscr{S} \subseteq \mathscr{T}$이므로 $\mathscr{T}^* \subseteq \mathscr{T}$이다.

$\mathscr{T}$의 임의의 원소는 $\mathscr{S}$의 유한개의 원소의 교집합들에 대한 임의의 개의 합집합으로 나타낼 수 있으므로 $\mathscr{T}^*$의 원소가 된다. 왜냐하면 $\mathscr{S} \subseteq \mathscr{T}^*$이고 $\mathscr{T}^*$도 X의 위상이기 때문이다. 따라서 $\mathscr{T} \subseteq \mathscr{T}^*$이므로 $\mathscr{T} = \mathscr{T}^*$이다. □

3. 부분공간

집합에 위상을 주면 위상공간이 되므로 부분집합에 특별한 위상을 준 부분위상공간을 생각할 수 있다.

[정의 3.1] $(X, \mathscr{T})$를 위상공간이라 하고 $Y(\neq \phi)$를 X의 임의의 부분집합이라 하자. Y의 부분집합들의 모임 $\mathscr{T}_Y$를

$$\mathscr{T}_Y = \{U \cap Y \mid U \in \mathscr{T}\}$$

라 하면 $\mathscr{T}_Y$가 Y상의 위상이 됨을 쉽게 알 수 있다. 이 때 $\mathscr{T}_Y$를 Y상의 부분위상(subspace topology) 또는 상대위상(relative topology)이라 하며 이 때 $(Y, \mathscr{T}_Y)$를 $(X, \mathscr{T})$의 부분공간(subspace)이라 한다. 간단히 Y를 X의 부분공간이라고도 한다.

[정리 3.2] 위상공간 $(X, \mathscr{T})$에서 $Y \subseteq X$일 때 $\mathscr{T}_Y = \{U \cap Y | U \in \mathscr{T}\}$는 Y상의 위상이다.

증명 (1) $X, \phi \in \mathscr{T}$이고 $X \cap Y = Y, \phi \cap Y = \phi$이므로 $Y, \phi \in \mathscr{T}_Y$이다.

(2) $\forall_\alpha, U_\alpha \cap Y \in \mathscr{T}_Y$라고 하자. 그러면

$\bigcup_\alpha (U_\alpha \cap Y) = (\bigcup_\alpha U_\alpha) \cap Y$이고 $\bigcup_\alpha U_\alpha \in \mathscr{T}$이므로 $\bigcup_\alpha (U_\alpha \cap Y) \in \mathscr{T}_Y$이다.

(3) $U_1 \cap Y, U_2 \cap Y \in \mathscr{T}_Y$라고 하자. 그러면

$(U_1 \cap Y) \cap (U_2 \cap Y) = (U_1 \cap U_2) \cap Y$이고 $U_1 \cap U_2 \in \mathscr{T}$이므로

$(U_1 \cap Y) \cap (U_2 \cap Y) \in \mathscr{T}_Y$이다. □

[예 1] $X = \{a, b, c, d, e\}$상의 위상 $\mathscr{T} = \{X, \phi, \{a\}, \{c, d\}, \{a, c, d\}, \{b, c, d, e\}\}$와 X의 부분집합 $Y = \{a, d, e\}$가 주어졌을 때 Y상의 부분위상 $\mathscr{T}_Y$를 구하면

$$\mathscr{T}_Y = \{U \cap Y | U \in \mathscr{T}\} = \{Y, \phi, \{a\}, \{d\}, \{a, d\}, \{d, e\}\}$$

이다.

[정리 3.3] $\mathscr{B}$가 위상공간 $(X, \mathscr{T})$의 기저이고 $Y \subseteq X$일 때 $\mathscr{B}_Y = \{B \cap Y | B \in \mathscr{B}\}$는 Y상의 부분위상 $\mathscr{T}_Y$의 기저이다.

증명 $U \cap Y \in \mathscr{T}_Y$이고 $y \in U \cap Y$라고 하자. 그러면 $y \in U \in \mathscr{T}$이고 $\mathscr{B}$가 $\mathscr{T}$의 기저이므로 $y \in B \subset U$인 $B \in \mathscr{B}$가 존재한다. 따라서 $y \in B \cap Y \subset U \cap Y$이므로 $\mathscr{B}_Y$는 $\mathscr{T}_Y$의 기저이다. □

<주의> 위상공간 $(X, \mathscr{T})$와 부분공간 $(Y, \mathscr{T}_Y)$에서 $A \subseteq Y$일 때 A가 X상에서 개집합인지 부분공간 Y상에서 개집합인지를 구별해 주어야 한다. 예 1에서 보듯이 $\{a\}$는 X와 Y 모두에서 개집합이지만 $\{a, d\}$는 Y에서 개집합이나 X에서는 개집합이 아니다.

[정리 3.4] $(Y, \mathscr{T}_Y)$가 위상공간 $(X, \mathscr{T})$의 부분공간이고 $A \subseteq Y$일 때 A가 Y에서 폐집합이기 위한 필요충분조건은 $A = F \cap Y$인 X상의 폐집합 F가 존재하는 것이다.

증명 A가 Y에서 폐집합이면 $Y - A$는 Y에서 개집합이므로 $Y - A = U \cap Y$인 X상의 개집합 U가 존재한다.

$$A = Y - (U \cap Y) = Y \cap (U \cap Y)^c = Y \cap (U^c \cup Y^c) = U^c \cap Y$$

이므로 $U^c = F$라고 두면 F는 $A = F \cap Y$인 X상의 폐집합이다. 역으로, F를 $A = F \cap Y$인 X상의 폐집합이라고 하면 $U = F^c$는 X에서 개집합이다.

$$Y - A = Y - (F \cap Y) = Y \cap (F \cap Y)^c = Y \cap (F^c \cup Y^c) = Y \cap F^c = Y \cap U$$

이므로 $Y - A$는 Y에서 개집합이다. 따라서 A는 Y에서 폐집합이다. □

[정리 3.5] Y가 위상공간 X의 부분공간이고 $A \subset Y$이면 다음이 성립한다.
(1) A가 Y에서 개집합이고 Y가 X에서 개집합이면 A는 X에서 개집합이다.
(2) A가 Y에서 폐집합이고 Y가 X에서 폐집합이면 A는 X에서 폐집합이다.

증명 (1) A가 Y에서 개집합이므로 $A = U \cap Y$인 X에서 개집합 U가 존재한다. 또한 Y가 X에서 개집합이다. 따라서 A는 X에서 개집합이다.
(2) 정리 3.4를 이용하여 (1)과 같은 방법으로 증명된다. □

4. 극한점과 폐포

위상공간 X의 부분집합 A가 폐집합이기 위한 필요충분조건은 A의 여집합 $X - A$가 개집합이 되는 것임을 알고 있다.

이 절에서는 폐집합과 밀접한 관련이 있는 극한점과 폐포의 개념을 소개 하고자 한다. 먼저 폐집합들의 임의의 개의 교집합과 유한개의 합집합이 다시 폐집합이 됨을 알아보자.

[정리 4.1] X가 위상공간이라 하자. 그러면 다음이 성립한다.

(1) ϕ, X는 폐집합이다.

(2) $\forall_\alpha$, A_α가 폐집합이면 $\bigcap_\alpha A_\alpha$는 폐집합이다.

(3) $A_1, A_2, \cdots, A_n$가 폐집합이면 $\bigcup_{i=1}^{n} A_i$는 폐집합이다.

증명 (1) $\phi^c = X$, $X^c = \phi$이고 X, ϕ는 개집합이므로 ϕ, X는 폐집합이다.

(2) $X - \bigcap_\alpha A_\alpha = \bigcup_\alpha (X - A_\alpha)$이고 $\forall_\alpha$, $X - A_\alpha$가 개집합이므로 $\bigcup_\alpha (X - A_\alpha)$는 개집합이다. 따라서 $\bigcap_\alpha A_\alpha$는 폐집합이다.

(3) $X - \bigcup_{i=1}^{n} A_i = \bigcap_{i=1}^{n} (X - A_i)$이고 각 $X - A_i$가 개집합이므로 $\bigcap_{i=1}^{n} (X - A_i)$는 개집합이다. 따라서 $\bigcup_{i=1}^{n} A_i$는 폐집합이다. □

[정의 4.2] $(X, \mathscr{T})$는 위상공간이고 $p \in X$, $A \subseteq X$라고 하자. p를 가지는 임의의 개집합 U에 대하여, $(U - \{p\}) \cap A \neq \phi$일 때 p를 A의 **극한점**(limit point, accumulation point, cluster point)이라고 한다. A의 모든 극한점들의 집합을 A의 **도집합**(derived set)이라 하고 A'으로 나타낸다.

[예 1] 집합 $X = \{a, b, c, d, e\}$의 한 위상이

$$\mathscr{T} = \{X, \phi, \{a\}, \{c, d\}, \{a, c, d\}, \{b, c, d, e\}\}$$

이고 $A = \{a, b, c\}$를 X의 부분집합이라 하면 이 때 $b \in X$는 A의 극한점이다. 왜냐하면 b를 가지는 개집합은 X와 $\{b, c, d, e\}$뿐이며

$$(X - \{b\}) \cap A \neq \phi\text{이고 } (\{b, c, d, e\} - \{b\}) \cap A \neq \phi$$

이기 때문이다. 한편 $a \in X$는 A의 극한점이 아니다. 왜냐하면 a를 가지는 개집합은 $\{a\}$, $\{a, c, d\}$ 그리고 X인데

$$(\{a, c, d\} - \{a\}) \cap A \neq \phi\text{이고 } (X - \{a\}) \cap A \neq \phi$$

이지만 $(\{a\}-\{a\})\cap A=\phi$ 이므로 a는 극한점이 아니다. 같은 방법으로 d와 e도 A의 극한점들이다. 그러므로 $A'=\{b, d, e\}$이다.

[예 2] (1) 이산공간 $(X, \mathscr{D})$에서 임의의 부분집합 A의 도집합은 ϕ이다. 왜냐하면 임의의 $x\in X$에 대하여 $U=\{x\}$라고 두면 U는 x를 가지는 개집합이고 $(U-\{x\})\cap A=\phi\cap A=\phi$ 이기 때문이다.

(2) 비이산공간 $(X, \mathscr{I})$에서 두 개 이상의 원소를 갖는 부분집합 A의 도집합은 X이다. 왜냐하면 임의의 $x\in X$에 대하여 x를 가지는 개집합 U는 X뿐이고 $(X-\{x\})\cap A\neq\phi$ 이므로 $x\in A'$이다. 따라서 $A'=X$이다. 만일 A가 단집합 $\{x\}$이면 $A'=X-\{x\}$이다.

위의 예에서 보듯이 일반적으로 A의 도집합 A'은 A의 부분집합이 아니다.

[정리 4.3] 위상공간 X의 부분집합 A가 폐집합이 되기 위한 필요충분조건은 A가 A의 모든 극한점을 포함하는 것이다. 즉

$$A: \text{폐집합} \Longleftrightarrow A'\subseteq A$$

증명 ($\Rightarrow$) A가 폐집합일 때 $A'\subseteq A$임을 보이기 위해 $p\not\in A$이면 $p\not\in A'$임을 보이면 된다. $p\not\in A$이면 $p\in X-A$이고 A가 폐집합이므로 $X-A$는 개집합이다. 이제 p를 가지는 개집합 $U=X-A$라고 하면 $(U-\{p\})\cap A\subseteq U\cap A=(X-A)\cap A=\phi$ 이므로 $(U-\{p\})\cap A=\phi$ 이다. 따라서 $p\not\in A'$이다.

($\Leftarrow$) $A'\subseteq A$라고 할 때 $X-A$가 개집합임을 보이자. $p\in X-A$이면 $p\not\in A$이고 $A'\subseteq A$이므로 $p\not\in A'$이다. 따라서 p를 가지는 개집합 U_p가 존재하여 $(U_p-\{p\})\cap A=\phi$ 이다. 한편 $(U_p-\{p\})\cap A=U_p\cap A(\because\ p\not\in A)$이고 $U_p\cap A=\phi$ 이므로 $U_p\subseteq A^c=X-A$ 이다. 따라서 $X-A=\bigcup_{p\in X-A}U_p$이므로 $X-A$는 개집합이다. □

[정리 4.4] $A\subseteq B$이면 $A'\subseteq B'$이다.

증명 $p\in A'$라고 하면 p를 가지는 임의의 개집합 U에 대하여 $(U-\{p\})\cap A\neq\phi$ 이다.

그런데 $A \subseteq B$이므로 $(U-\{p\}) \cap B \neq \phi$이다. 따라서 p는 B의 극한점이므로 $p \in B'$이다. □

[정의 4.5] A가 위상공간 X의 부분집합이라고 하자. A를 포함하는 모든 폐집합들의 교집합을 A의 **폐포**(closure)라 하며 $\overline{A}$로 나타낸다. 즉 $\overline{A} = \bigcap_{\alpha} F_\alpha$, $\forall_\alpha$, $A \subseteq F_\alpha$이고 F_α는 폐집합이다.

[정리 4.6] 위상공간 X의 한 부분집합 A에 대하여

(1) $\overline{A}$는 폐집합이다.

(2) F가 A를 포함하는 폐집합이면 $A \subset \overline{A} \subset F$이다.

(3) A가 폐집합이기 위한 필요충분조건은 $A = \overline{A}$이다.

증명 (1) $\overline{A}$는 폐집합들의 임의의 개의 교집합이므로 정리 4.1에 의해 폐집합이다.

(2) 정의에 의해 $\overline{A}$는 A를 포함하는 최소의 폐집합이므로 성립한다.

(3) A가 폐집합이면 (2)에 의하여 $A \subset \overline{A} \subset A$이므로 $A = \overline{A}$이다. 또 $A = \overline{A}$이면 $\overline{A}$가 폐집합이므로 A도 폐집합이다. □

폐포의 기본적인 성질은 다음과 같다.

[정리 4.7] A, B를 위상공간 X의 부분집합들이라고 하면 다음이 성립한다.

(1) $\overline{\phi} = \phi$, $\overline{X} = X$

(2) $A \subset \overline{A}$

(3) $A \subset B$이면 $\overline{A} \subset \overline{B}$이다.

(4) $\overline{A \cup B} = \overline{A} \cup \overline{B}$

(5) $\overline{A} = \overline{\overline{A}}$

증명 (1)과 (2)는 폐포의 정의로부터 명백하다.

(3) $A \subset B \subset \overline{B}$이므로 $\overline{B}$는 A를 포함하는 폐집합이고 $\overline{A}$는 A를 포함하는 최소의 폐집합이므로 $\overline{A} \subset \overline{B}$이다.

(4) $A \subset \overline{A}$, $B \subset \overline{B}$이므로 $A \cup B \subset \overline{A} \cup \overline{B}$이다. $\overline{A}$와 $\overline{B}$가 폐집합이므로 정리

4.1에 의하여 $\overline{A}\cup\overline{B}$도 폐집합이다. 따라서

$$A\cup B\subset\overline{A\cup B}\subset\overline{A}\cup\overline{B}$$

이다. 한편 $A\subset A\cup B$이고 $B\subset A\cup B$이므로 (3)에 의해 $\overline{A}\subset\overline{A\cup B}$이고 $\overline{B}\subset\overline{A\cup B}$이다. 고로 $\overline{A}\cup\overline{B}\subset\overline{A\cup B}$가 성립한다. 따라서 $\overline{A}\cup\overline{B}=\overline{A\cup B}$이다.

(5) $\overline{A}$가 폐집합이므로 정리 4.6에 의하여 $\overline{A}=\overline{\overline{A}}$이다. □

[예 3] 집합 $X=\{a, b, c, d, e\}$이고 $\mathscr{T}=\{X, \phi, \{a\}, \{c, d\}, \{a, c, d\}, \{b, c, d, e\}\}$일 때 위상공간 $(X, \mathscr{T})$에서 폐집합은

$$\phi,\ X,\ \{b, c, d, e\},\ \{a, b, e\},\ \{b, e\},\ \{a\}$$

이다. 따라서 $\overline{\{b\}}=\{b, e\}$, $\overline{\{a, c\}}=X$, $\overline{\{b, d\}}=\{b, c, d, e\}$이다.

[정리 4.8] A가 위상공간 X의 부분집합일 때 다음이 성립한다.
$x\in\overline{A} \Longleftrightarrow x$를 가지는 임의의 개집합 U에 대하여, $U\cap A\neq\phi$이다.

증명 $x\notin\overline{A} \Longleftrightarrow U\cap A=\phi$ 인 x를 가지는 개집합 U가 존재한다 임을 보이면 된다.

($\Rightarrow$) $x\notin\overline{A}$이면 $x\in X-\overline{A}$이고 $\overline{A}$는 폐집합이므로 $X-\overline{A}$는 개집합이다.
$U=X-\overline{A}$라고 두면 U는 x를 가지는 개집합이고
$U\cap A=(X-\overline{A})\cap A\subseteq(X-A)\cap A=\phi$ 이므로 $U\cap A=\phi$이다.

($\Leftarrow$) $U\cap A=\phi$ 인 x를 가지는 개집합 U가 존재한다고 하자. 그러면
$A\subseteq U^c=X-U$이고 $X-U$는 폐집합이므로 $\overline{A}\subseteq X-U$이다.
따라서 $x\notin X-U$이므로 $x\notin\overline{A}$이다. □

[정리 4.9] A가 위상공간 X의 부분집합이면 $A'\subseteq\overline{A}$이다.

증명 $x\in A'$이면 x를 가지는 임의의 개집합 U에 대하여 $(U-\{x\})\cap A\neq\phi$이다.
$(U-\{x\})\cap A\subseteq U\cap A$ 이므로 $U\cap A\neq\phi$ 이다. 따라서 $x\in\overline{A}$이다. □

[정리 4.10] A를 위상공간 X의 부분집합이라고 하자. 그러면 $\overline{A}=A\cup A'$이다.

증명 $A\subseteq\overline{A}$이고 $A'\subseteq\overline{A}$이므로 $A\cup A'\subseteq\overline{A}$이다.

$\overline{A}\subset A\cup A'$임을 보이기 위해 $x\not\in A\cup A'$이면 $x\not\in\overline{A}$임을 보이면 된다.

$x\not\in A\cup A'$이면 $x\not\in A'$이므로 $(U-\{x\})\cap A=\phi$ 인 x를 가지는 개집합 U가 존재한다. 또 $x\not\in A$이므로 $(U-\{x\})\cap A=U\cap A$이다.

따라서 $U\cap A=\phi$ 인 x를 가지는 개집합 U가 존재하므로 $x\not\in\overline{A}$이다. □

[정의 4.11] D를 위상공간 X의 한 부분집합이라 하자. $\overline{D}=X$일 때 D를 X의 조밀부분집합(dense subset of X)이라 한다.

예 3에서 보면 X의 부분집합 $\{a, c\}$의 폐포는 $\overline{\{a, c\}}=X$이므로 $\{a, c\}$는 X의 조밀부분집합이다.

[정리 4.12] Y가 위상공간 X의 부분공간이라 하자. 그리고 $A\subset Y$이고 $\overline{A}$를 X 내에서 A의 폐포라 하면 Y 내에서 A의 폐포는 $\overline{A}\cap Y$이다(이를 $\overline{A_Y}=\overline{A}\cap Y$로 표기한다).

증명 Y에서의 A의 폐포를 $\overline{A_Y}$라 하자. $\overline{A}$가 X에서 폐집합이므로 정리 3.4에 의하여 $\overline{A}\cap Y$는 Y에서 폐집합이다. $\overline{A}\cap Y$가 A를 포함하고 $\overline{A_Y}$는 A를 포함하는 Y에서의 최소의 폐집합이므로 $\overline{A_Y}\subset\overline{A}\cap Y$이다.

역으로 $\overline{A_Y}$는 Y에서 폐집합임을 알고 있다. 그러므로 정리 3.4에 의하여 $\overline{A_Y}=F\cap Y$를 만족하는 X에서의 폐집합 F가 존재한다. 그러면 F는 A를 포함하는 폐집합이다. 따라서 $\overline{A}$의 정의에 의하여 $\overline{A}\subset F$이므로 $\overline{A}\cap Y\subset F\cap Y=\overline{A_Y}$이다.

□

5. 내점, 외점, 경계점

[정의 5.1] (1) A를 위상공간 X의 한 부분집합이라고 하자. A에 포함되는 모든 개집합들의 합집합을 A의 **내부**(interior)라 하며 $\mathrm{int}(A)$로 나타낸다.

즉 $\mathrm{int}(A)=\bigcup_{\alpha} G_\alpha$, $\forall_\alpha$, $G_\alpha \subset A$이고 G_α는 개집합이다.

또, $x\in \mathrm{int}(A)$인 x를 A의 **내점**(interior point)이라 한다. 따라서 $x\in \mathrm{int}(A)$ $\Leftrightarrow$ $x\in G_{\alpha_0} \subset A$인 개집합 G_{α_0}가 존재한다 이다.

(2) $\mathrm{int}(X-A)$를 A의 **외부**(exterior)라고 정의하며, $\mathrm{ext}(A)$로 쓴다. $\mathrm{ext}(A)$의 임의의 점을 A의 **외점**(exterior point)이라고 부른다.

(3) $X-(\mathrm{int}(A)\cup \mathrm{ext}(A))$를 A의 **경계**(boundary)라고 정의하고, $b(A)$로 쓴다. $b(A)$의 임의의 점을 A의 **경계점**(boundary point)이라고 부른다. 즉, A의 내점도 외점도 아닌 점이 A의 경계점이다.

$\mathrm{int}(A)$는 A에 포함되는 모든 개집합들의 합집합이므로 A에 포함되는 최대의 개집합임을 알 수 있다.

[정리 5.2] 위상공간 X의 한 부분집합 A에 대하여

(1) $\mathrm{int}(A)$는 개집합이다.

(2) G가 A에 포함되는 개집합이면 $G\subset \mathrm{int}(A)\subset A$이다.

(3) A가 개집합이기 위한 필요충분조건은 $A=\mathrm{int}(A)$이다.

증명 (1)과 (2)는 정의로부터 명백하다. (3)을 확인하자. A가 개집합이면 (2)에 의하여 $A\subset \mathrm{int}(A)\subset A$이므로 $A=\mathrm{int}(A)$이다. 또 $A=\mathrm{int}(A)$이면 $\mathrm{int}(A)$가 개집합이므로 A도 개집합이다. □

내부의 기본적인 성질은 다음과 같다.

[정리 5.3] A, B를 위상공간 X의 부분집합들이라고 하면 다음이 성립한다.

(1) $\text{int}(\phi)=\phi$, $\text{int}(X)=X$
(2) $\text{int}(A)\subset A$
(3) $A\subset B$이면 $\text{int}(A)\subset\text{int}(B)$이다.
(4) $\text{int}(A\cap B)=\text{int}(A)\cap\text{int}(B)$
(5) $\text{int}(\text{int}A)=\text{int}(A)$

증명 (1)과 (2)는 내부의 정의로부터 명백하다.

(3) $\text{int}(A)\subset A\subset B$이므로 $\text{int}(A)$는 B에 포함되는 개집합이고 $\text{int}(B)$는 B에 포함되는 최대의 개집합이므로 $\text{int}(A)\subset\text{int}(B)$이다.

(4) $A\cap B\subset A$이므로 (3)에 의해 $\text{int}(A\cap B)\subset\text{int}(A)$이다. 같은 이유로 $\text{int}(A\cap B)\subset\text{int}(B)$이므로 $\text{int}(A\cap B)\subset\text{int}(A)\cap\text{int}(B)$이다. 한편, $\text{int}(A)\subset A$, $\text{int}(B)\subset B$이므로 $\text{int}(A)\cap\text{int}(B)\subset A\cap B$이다. 따라서, $\text{int}(A)\cap\text{int}(B)$는 $\mathrm{A}\cap\mathrm{B}$에 포함되는 개집합이고 $\text{int}(A\cap B)$는 $A\cap B$에 포함되는 최대의 개집합이므로 $\text{int}(A)\cap\text{int}(B)\subset\text{int}(A\cap B)$이다.

(5) $\text{int}(A)$가 개집합이므로 정리 5.2 (3)에 의해 성립한다. □

[예 1] 집합 $X=\{a, b, c, d, e\}$의 위상을

$$\mathscr{T}=\{X, \phi, \{a\}, \{c, d\}, \{a, c, d\}, \{b, c, d, e\}\}$$

라 하고 $A=\{b, c, d\}$를 X의 부분집합이라 하자. 그러면 $\text{int}(A)=\{c, d\}$이다. 왜냐하면, $\{c, d\}$가 A에 포함되는 가장 큰 개집합이기 때문이다. 따라서 점 b는 A의 내점이 되지 못한다. 그리고 $\text{ext}(A)=\{a\}$이다. 왜냐하면 $X-A=\{a, e\}$이고 $\text{ext}(A)=\text{int}(X-A)$이므로 $\{a, e\}$에 포함되는 최대의 개집합은 $\{a\}$이기 때문이다.

또한 $b(A)$는 정의에 의하여 $b(A)=X-(\{c, d\}\cup\{a\})=X-\{a, c, d\}=\{b, e\}$이다.

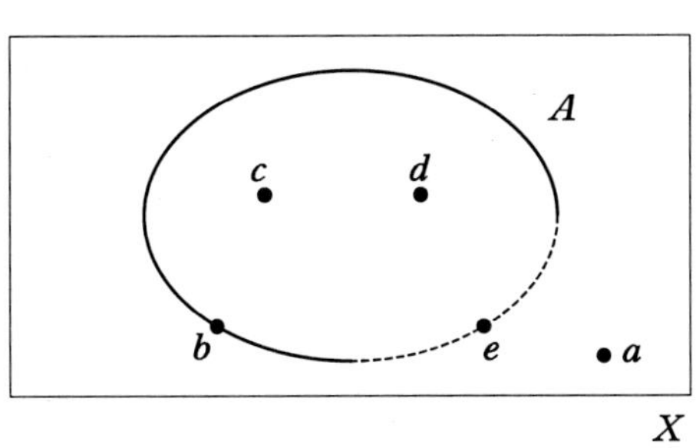

〈그림 3.1〉

[정리 5.4] 위상공간 X의 부분집합 A에 대하여 다음이 성립한다.

$$\overline{A}=\text{int}\,(A)\cup b(A)$$

증명 먼저 $\overline{A}\subset\text{int}\,(A)\cup b(A)$임을 보이기 위해 $p\notin\text{int}\,(A)\cup b(A)$라고 가정하면 $p\notin\text{int}\,(A)$이고 $p\notin b(A)$이다. $b(A)=X-(\text{int}\,(A)\cup\text{ext}\,(A))$이므로 $p\in\text{ext}\,(A)=\text{int}\,(X-A)$이다. 따라서 $p\in G\subset X-A$인 개집합 G가 존재한다. 즉, $G\cap A=\phi$인 p를 가지는 개집합이 존재하므로 $p\notin\overline{A}$이다.

역으로, $\text{int}\,(A)\cup b(A)\subset\overline{A}$임을 보이기 위해 $p\notin\overline{A}$라고 가정하면 $p\in G$이고 $G\cap A=\phi$인 개집합 G가 존재한다. 따라서 $p\in G\subset X-A$이므로 $p\in\text{int}\,(X-A)=\text{ext}\,(A)$이다.

한편 $\text{int}\,(A)\subset A\subset\overline{A}$이므로 $p\notin\text{int}\,(A)$이고, $b(A)=X-(\text{int}\,(A)\cup\text{ext}\,(A))$이므로 $p\notin b(A)$이다. 그러므로 $p\notin\text{int}\,(A)\cup b(A)$이다. □

[정의 5.5] 위상공간 X의 부분집합 N과 X의 원소 x에 대하여 $x\in U\subset N$인 개집합 U가 존재하면 N을 x의 근방(neighborhood)이라 한다. 특히 x의 근방 N이 개집합이면 x의 개근방이라고 한다. x의 근방들로 이루어진 집합을 $\mathcal{N}_x$라고 쓰고 x의 근방계라고 부른다.

[정리 5.6] 위상공간 X의 점 x의 근방계 $\mathcal{N}_x$에 대해 다음이 성립한다.

(1) $\mathcal{N}_x$는 공집합이 아니며 $\mathcal{N}_x$의 모든 원소는 x를 가진다.

(2) $\mathcal{N}_x$의 임의의 두 원소의 교집합은 다시 $\mathcal{N}_x$에 속한다.

(3) $\mathcal{N}_x$의 원소를 포함하는 모든 집합은 역시 $\mathcal{N}_x$에 속한다.

(4) $\mathcal{N}_x$의 임의의 원소는 적당한 집합 U를 부분집합으로 갖는데, 이때 U는 $\mathcal{N}_x$의 원소이며 U의 모든 원소의 근방이 된다.

증명 생략 □

[예 2] 집합 $X=\{a, b, c, d\}$ 위에 위상

$$\mathscr{T}=\{X, \phi, \{a\}, \{a, b\}, \{a, c, d\}\}$$

가 주어졌다. $\{a\}$가 a를 갖는 개집합이므로 X의 부분집합 중에서 a를 갖는 모든 집합은 a의 근방이다. 따라서 a의 근방계의 원소의 개수는 8개이다. b를 갖는 가장 작은 개집합은 $\{a, b\}$이다. 따라서 $\{a, b\}$를 포함하는 X의 부분집합은 4개이므로 b의 근방계의 원소의 개수는 4개이다. c를 갖는 가장 작은 개집합은 $\{a, c, d\}$이다. 따라서 $\{\{a, c, d\}, X\}$가 c의 근방계이다. c의 경우와 마찬가지로 $\{\{a, c, d\}, X\}$는 d의 근방계이다.

6. 보통위상공간 R

위상공간의 많은 개념들은 사실 실수의 성질에 그 기원을 두고 있으며 R 자체도 하나의 중요한 위상공간이다.

[정의 6.1] (1) 실수 R상에서 모든 개구간들의 모임을 $\mathscr{B}$라고 하자. 즉

$$\mathscr{B}=\{(a, b) \mid a, b \in R\}$$

이 때 $\mathscr{B}$에 의하여 생성되는 위상을 R에서의 보통위상(usual topology, standard topology)이라 하며 $\mathscr{U}$로 표시하고 $(R, \mathscr{U})$를 보통위상공간이라고 한다.

(2) 실수 R상에서 모든 반개구간 $[a, b)=\{x \mid a \le x < b\}$들의 모임을 $\mathscr{B}_1$라고 하자. 즉

$$\mathscr{B}_1=\{[a, b) \mid a, b \in R\}$$

이 때 $\mathscr{B}_1$에 의하여 생성되는 위상을 R에서의 하한위상(lower limit topology)이라 하며 하한위상이 주어진 실수 R_l을 하한위상공간이라 한다.

(3) 실수 R 상에 모든 반개구간 $(a, b]=\{x \mid a < x \le b\}$들의 모임을 $\mathscr{B}_2$라고 하

자. 즉

$$\mathscr{B}_2=\{(a,\ b]\,|\,a,\ b\in R\}$$

이 때 $\mathscr{B}_2$에 의하여 생성되는 위상을 R에서의 상한위상(upper limit topology)이라 하며 상한위상이 주어진 실수 R을 상한위상공간이라 한다.

위의 정의에서 $\mathscr{B}$, $\mathscr{B}_1$, $\mathscr{B}_2$가 모두 기저가 됨을 알아보라. 앞으로 특별한 언급이 없으면 실수 R은 보통위상을 가지는 것으로 한다.

[참고] (1) 보통위상공간 $(R,\ \mathscr{U})$의 부분집합을 A라고 하면 다음이 성립한다.

A : 개집합 $\Longleftrightarrow$ 각 점 $x\in A$에 대하여 $x\in(a,\ b)\subset A$인 개구간 $(a,\ b)$가 존재한다.

(2) 자연수 $n(\geq 2)$에 대해 보통위상공간 $\boldsymbol{R}^n$은 제4장에서 다루기로 한다.

[정리 6.2] 실수 R 상의 보통위상을 $\mathscr{U}$, 하한위상을 $\mathscr{T}_l$, 상한위상은 $\mathscr{T}_u$라고 할때 다음이 성립한다.

(1) $\mathscr{U}\subset\mathscr{T}_l$이고 $\mathscr{U}\neq\mathscr{T}_l$이다.

(2) $\mathscr{U}\subset\mathscr{T}_u$이고 $\mathscr{U}\neq\mathscr{T}_u$이다.

증명 (1) 임의의 $x\in\boldsymbol{R}$와 $x\in(a,\ b)$인 보통위상 $\mathscr{U}$의 기저의 원소 $(a,\ b)$에 대하여 $x\in[x,\ b)\subset(a,\ b)$인 하한위상 $\mathscr{T}_l$의 기저의 원소 $[x,\ b)$가 존재하므로 정리 2.4에 의해 $\mathscr{U}\subset\mathscr{T}_l$이다. 그러나 $[0,\ 1)\in\mathscr{T}_l$이나 $[0,\ 1)\notin\mathscr{U}$이므로 $\mathscr{U}\neq\mathscr{T}_l$이다.

(2) (1)과 같은 방법으로 증명된다. □

[예 1] 보통위상 $\mathscr{U}$를 갖는 실수 R에서 반직선들의 모임

$$\mathscr{S}=\{(a,\ \infty),\ (-\infty,\ b)\,|\,a,\ b\in R\}$$

는 R에서의 보통위상 $\mathscr{U}$에 대한 부분기저가 된다. 왜냐하면 $a<b$일 때 $(a,\ \infty)\cap(-\infty,\ b)=(a,\ b)$이고 이는 보통위상 $\mathscr{U}$에 대한 기저의 원소이

기 때문이다.

이제 일반위상공간의 중요한 개념들을 보통위상공간 R에 적용해 보기로 한다.

[예 2] 보통위상공간 $(R, \mathscr{U})$가 주어져 있다.

(1) 개구간 (a, b)는 기저의 원소이므로 개집합이며 반직선 (a, ∞)와 $(-\infty, b)$는 부분기저의 원소이므로 역시 개집합이다.

(2) $[a, b)$, $[a, \infty)$는 a가 내점이 아니므로 개집합이 아니며 $(a, b]$, $(-\infty, b]$는 b가 내점이 아니므로 역시 개집합이 아니다.

(3) $(0, 2)\cup(3, \infty)$, $(-\infty, 1)\cup(2, 5)$, $(-3, 1)\cup(4, 7)$은 모두 두 개집합의 합집합이므로 개집합이다.

(4) 폐구간 $[a, b]$는 폐집합이다. 왜냐하면 $[a, b]^c=(-\infty, a)\cup(b, \infty)$는 개집합이기 때문이다.

(5) 단집합 $\{a\}$는 폐집합이다. 왜냐하면 $\{a\}^c=(-\infty, a)\cup(a, \infty)$는 개집합이기 때문이다. 따라서 실수 R의 임의의 유한 부분집합 A는 모두 폐집합이다.

[예 3] 보통위상공간 $(R, \mathscr{U})$와 부분공간 $Y=[0, 1]\cup(2, 3)$이 주어져 있다.

(1) 부분집합 $[0, 1]$과 $(2, 3)$은 Y에서 개집합이다. 왜냐하면 R에서의 개집합 $\left(-\frac{1}{2}, \frac{3}{2}\right)$에 대하여 $\left(-\frac{1}{2}, \frac{3}{2}\right)\cap Y=[0, 1]$이고 R에서의 개집합 $\left(\frac{3}{2}, \frac{7}{2}\right)$에 대하여 $\left(\frac{3}{2}, \frac{7}{2}\right)\cap Y=(2, 3)$이기 때문이다. 특히 $(2, 3)$은 이 경우 Y와 R에서 동시에 개집합이지만 $[0, 1]$은 Y에서는 개집합이나 R에서는 폐집합이다.

(2) $(2, 3)$과 $[0, 1]$은 모두 Y에서 개집합이지만 폐집합이기도 하다. 왜냐하면 Y에서 $(2, 3)^c=[0, 1]$이고 $[0, 1]^c=(2, 3)$이므로 개집합 $(2, 3)$과 $[0, 1]$의 여집합 $[0, 1]$과 $(2, 3)$은 폐집합이기 때문이다.

(3) $\left[0, \frac{1}{3}\right)=\left(-1, \frac{1}{3}\right)\cap Y$이고 $\left(\frac{3}{4}, 1\right]=\left(\frac{3}{4}, \frac{3}{2}\right)\cap Y$이므로 $\left[0, \frac{1}{3}\right)$, $\left(\frac{3}{4}, 1\right]$은 부분공간 Y에서 개집합이다.

[예 4] 보통위상공간 $(R, \mathscr{U})$가 주어져 있다.

(1) $A=(0, 1)$의 도집합 $A'=[0, 1]$이다. 왜냐하면 임의의 양수 δ에 대해 각 점 $x\in[0, 1]$을 가지는 개구간 $U=(x-\delta, x+\delta)$가 $(U-\{x\})\cap A\neq\phi$를 만족하므로 x는 A의 극한점이다. 또한 임의의 $x\in[0, 1]^c$에 대해 $[0, 1]^c$는 개집합이고 $([0, 1]^c-\{x\})\cap A=\phi$이므로 x는 A의 극한점이 아니다. 여기서 $0, 1\not\in A$이므로 A의 극한점은 A에 속할 수도 아닐 수도 있음을 알 수 있다.

(2) $A=\left\{\frac{1}{n} \mid n\in N\right\}$의 도집합 $A'=\{0\}$이다. 왜냐하면 임의의 양수 δ에 대해 0를 가지는 개구간 $U=(-\delta, \delta)$라고 하자. 그러면 $\delta>0$이므로 $0<\frac{1}{n_0}<\delta$인 자연수 n_0가 존재한다. 따라서 $\frac{1}{n_0}\in U$이고 $(U-\{0\})\cap A\neq\phi$ ($\because$ $\frac{1}{n_0}$을 가지고 있다)이므로 0은 A의 극한점이다. 또한 0 이외의 어떠한 점도 A의 극한점이 될 수 없음을 알 수 있다. 여기서 극한점 $0\not\in A$이므로 A는 폐집합이 아니다.

(3) 정수의 집합 Z의 도집합 $\mathbf{Z}'=\phi$이다. 왜냐하면 임의의 $x\in R$에 대하여 $(U-\{x\})\cap\mathbf{Z}=\phi$인 개구간 U가 존재하기 때문이다. 마찬가지로 유리수의 집합 Q의 도집합 $Q'=R$임을 알 수 있다.

[예 5] 보통위상공간 $(R, \mathscr{U})$가 주어져 있다.

(1) $A=(0, 1)$의 폐포 $\overline{A}=[0, 1]$이다. 왜냐하면 $(0, 1)$을 포함하는 최소의 폐집합이 $[0, 1]$이기 때문이다.

(2) $A=\left\{\frac{1}{n} \mid n\in N\right\}$의 폐포 $\overline{A}=A\cup\{0\}$이다. 왜냐하면 $A'=\{0\}$이고 $\overline{A}=A\cup A'$이기 때문이다.

같은 방법으로 유리수의 집합 Q의 폐포 $\overline{Q}=Q\cup Q'=Q\cup R=R$이고 정수의 집합 Z의 폐포 $\overline{\mathbf{Z}}=Z\cup Z'=Z\cup\phi=Z$이다.

따라서 유리수의 집합 Q는 보통위상공간 $(R, \mathscr{U})$의 조밀부분집합이고 정수의 집합 Z는 폐집합이나 유리수의 집합 Q는 폐집합이 아니다.

이제 내점, 외점, 경계점의 개념을 보통위상공간 $(R, \mathscr{U})$에 적용해 보자.

[예 6] (1) 구간 A가 $[a, b]$, (a, b), $(a, b]$, $[a, b)$ 중 어느 하나라고 하면 $\text{int}(A)=(a, b)$이고 $\text{ext}(A)=(-\infty, a)\cup(b, \infty)$이다. 따라서 $b(A)=\{a, b\}$가 된다.

(2) 유리수의 집합 Q의 내부 $\text{int}(Q)=\phi$이다. 왜냐하면 임의의 $q\in Q$에 대하여 q를 가지는 모든 개구간 $(q-\delta, q+\delta)\not\subset Q$이기 때문에 q는 Q의 내점이 아니다. 같은 이유로 $\text{ext}(Q)=\text{int}(R-Q)=\phi$이고 따라서 $b(Q)=R-(\text{int}(Q))\cup\text{ext}(Q))=R-(\phi\cup\phi)=R$이다. 한편 $\text{int}(Q)\neq Q$이므로 Q는 개집합이 아니다.

> **[정의 6.3]** 위상공간 X의 부분집합 A에 대하여 $\text{int}(\overline{A})=\phi$이면 A는 어디서도 조밀하지 않다(nowhere dense)라고 한다.

[예 7] 보통위상공간 $(R, \mathscr{U})$에서 $A=\left\{\frac{1}{n}\,|\,n\in N\right\}$은 어디서도 조밀하지 않다. 왜냐하면 $\text{int}(\overline{A})=\text{int}(A\cup\{0\})=\phi$이기 때문이다.

> **[정의 6.4]** p는 위상공간 X의 한 점이고 $\mathscr{B}_p=\{B_p\,|\,p\in B_p,\ B_p\text{는 개집합}\}$이다. 이때 p를 포함하는 임의의 개집합 U에 대해 $p\in B_p\subset U$인 $B_p\in\mathscr{B}_p$가 존재하면 $\mathscr{B}_p$를 p점에서의 국소기저(local base)라고 한다.

[예 8] (1) 이산공간 $(X, \mathscr{D})$에서 $x\in X$일 때 $\mathscr{B}_x=\{\{x\}\}$는 점 x에서의 한 국소기저이다.

(2) 보통위상공간 $(R, \mathscr{U})$에서 $a\in \boldsymbol{R}$일 때 $\mathscr{B}_a=\{(a-\delta, a+\delta)\,|\,\forall\delta>0\}$는 점 a에서의 국소기저이다.

> **[정의 6.5]** $(X, \mathscr{T})$는 위상공간이고 $\langle a_n | n\in N\rangle$은 X의 점들로 이루어진 수열이다. 이 때 X의 점 p를 포함하는 임의의 개집합 U에 대하여, 적당한 자연수 $n_0\in N$가 존재하여 $n>n_0$이면 $a_n\in U$일 때 수열 $\langle a_n\rangle$은 p로 **수렴한다**(converge)고 하고 p를 수열 $\langle a_n\rangle$의 극한(limit)이라고 부른다.

보통위상공간 $(R, \mathscr{U})$의 수렴하는 수열은 오직 한 개의 극한을 가진다는 사실은 이미 잘 알려진 것이다. 그러나 일반위상공간에서 수렴하는 수열은 두 개 이상의 극한을 가질 수 있다. 다음의 예는 두 개 이상의 점으로 수렴하는 수열들에 관한 것이다.

[예 9] (1) $\langle a_n \rangle$은 비이산 공간 $(X, \mathscr{I})$의 수열이다. X의 점 a를 갖는 개집합은 X 밖에 없고, X는 수열 $\langle a_n \rangle$의 모든 항을 가지므로, $\langle a_n \rangle$은 X의 모든 점으로 수렴한다. 예를 들어서, 수열 $\langle 1, 2, 3, \cdots \rangle$은 보통위상공간 $(R, \mathscr{U})$에서는 수렴하지 않지만, 비이산 공간 $(R, \mathscr{I})$에서는 모든 실수로 수렴한다. 또한, 수열 $\langle 1, 1/2, 1/3, \cdots \rangle$은 보통위상공간 $(R, \mathscr{U})$에서는 0으로만 수렴하지만, 비이산공간 $(R, \mathscr{I})$에서는 모든 실수로 수렴한다.

(2) $\langle a_n \rangle$은 이산공간 $(X, \mathscr{D})$의 수열이다. $\{a\}$가 X의 점 a를 포함하는 개집합이므로 $\langle a_n \rangle$이 수렴하기 위해서는 유한개를 제외한 모든 항이 a이어야 한다. 즉 $\langle a_1, a_2, \cdots, a_n, a, a, a, \cdots \rangle$의 형태인 수열만 a로 수렴한다.

연습문제 (3)

1. 집합 X 위의 여유한 위상 $C_f=\{X-F|F$는 유한집합$\}\cup\{\phi\}$가 실제로 위상이 됨을 보여라.

2. 공집합이 아닌 집합 X와 위상공간 $(Y, \mathscr{T})$에 대하여 함수 $f: X \to Y$가 주어져 있다. 이때 $\mathscr{T}^*=\{f^{-1}(G)|G\in\mathscr{T}\}$가 X위의 위상이 됨을 보여라.

3. 위상공간 $(X, \mathscr{T})$와 공집합이 아닌 집합 Y에 대하여 함수 $f: X \to Y$가 전단사일 때 $\mathscr{T}^*=\{f(G)|G\in\mathscr{T}\}$가 Y위의 위상이 됨을 보여라.

4. N이 자연수의 집합일 때 $\mathscr{T}=\{U\subset N|n\in U$일 때 $m|n$이면 $m\in U\}$가 N위의 위상임을 보여라.

5. R이 실수의 집합이고 $p\notin R$일때 $R^*=R\cup\{p\}$라고 하면 $\mathscr{T}=2^R\cup\{R^*-A|A$는 R의 유한부분집합$\}$가 R^* 위의 위상이 됨을 보여라.

6. 집합 $X=[-1, 1]$일때 $\mathscr{T}=\{U\subset X|0\notin U\}\cup\{U\subset X|(-1, 1)\subset U\}$가 X 위의 위상임을 보여라.

7. 집합 $X=\{a, b, c\}$ 위에 두 개의 위상 $\mathscr{T}_1=\{X, \phi, \{a, b\}\}$과 $\mathscr{T}_2=\{X, \phi, \{b, c\}\}$가 주어졌 있을 때 다음에 답하라.

(1) $\mathscr{T}_1$과 $\mathscr{T}_2$에 포함되는 가장 큰 위상을 구하라.

(2) $\mathscr{T}_1$과 $\mathscr{T}_2$를 포함하는 가장 작은 위상을 구하라.

8. 집합 $X=\{a, b, c, d, e\}$이고 $\mathscr{S}=\{\{a, b, c\}, \{c, d\}, \{d, e\}\}$일 때 $\mathscr{S}$가 생성하는 X위의 위상 $\mathscr{T}$를 구하라.

9. $X=\{a, b, c, d, e\}$ 위에 위상 $\mathscr{T}=\{X, \phi, \{a\}, \{c, d\}, \{a, c, d\}, \{b, c, d, e\}\}$가 주어져 있다. 이때 위상 $\mathscr{T}$를 생성하는 기저 중에서 원소의 개수가 가장 작은 기저 $\mathscr{B}$를 구하라.

10. 보통위상공간 $(R, \mathscr{U})$의 부분집합 N 위의 부분위상 $\mathscr{T}_N$을 구하라.

11. 보통위상공간 $(R, \mathscr{U})$의 부분공간인 유리수의 집합 Q에서 집합 $A=\{x\in Q|$

$x^2 < 3\}$는 부분공간 Q에서 개집합인 동시에 폐집합임을 보여라.

12. 집합 $X = \{a, b, c, d, e\}$에 위상 $\mathscr{T}$가 다음과 같이 주어져 있다.

$\mathscr{T} = \{X, \phi, \{a\}, \{a, b\}, \{a, c, d\}, \{a, b, e\}, \{a, b, c, d\}\}$

(1) $A = \{a\}$는 X의 조밀부분집합인지 아닌지를 밝혀라.

(2) $A = \{c, d, e\}$일 때 A의 도집합 A'을 구하라.

(3) $A = \{a, b, c\}$일 때 A위의 부분위상 $\mathscr{T}_A$를 구하라.

(4) $A = \{a, b, c\}$일 때 $\text{int}(A)$와 $b(A)$를 구하라.

13. 위상공간 X의 부분집합 A, B에 대하여 $\overline{A \cap B} \subset \overline{A} \cap \overline{B}$임을 보이고 등식이 성립하지 않는 예를 들어라.

14. 위상공간 X의 부분집합 A, B에 대하여 $\overline{A} - \overline{B} \subset \overline{A - B}$임을 증명하라.

15. 실수의 집합 R에 대해 $S = \{R - \{p\} \mid p \in R\}$가 주어져 있다.

(1) S를 부분기저로 갖는 R위의 위상 $\mathscr{T}$를 구하라.

(2) 위상공간 $(R, \mathscr{T})$에서 자연수의 집합 N의 도집합 N'을 구하라.

16. R을 실수의 집합, Q를 유리수의 집합, Z를 정수의 집합이라 할 때 R 위에 여러 가지 위상을 줄 수 있다. 이때 다음 각각의 공간에서 Q의 폐포 $\overline{Q}$와 Z의 폐포 $\overline{\mathbf{Z}}$를 구하라.

(1) 보통위상공간 $(R, \mathscr{U})$

(2) 이산공간 $(R, \mathscr{D})$

(3) 비이산공간 $(R, \mathscr{I})$

(4) 여유한 공간 (R, C_f)

(5) 여가산 공간 (R, C_c)

17. 자연수의 집합 N위에 위상 $\mathscr{T}$가 다음과 같이 주어져 있다.

$\mathscr{T} = \{E_n \mid n \in N\} \cup \{\phi\}$, 단, $E_n = \{n, n+1, n+2, \cdots\}$

(1) $\mathscr{T}$가 N위의 위상임을 보여라.

(2) 자연수 4를 가지는 개집합을 모두 구하라.

(3) $A = \{4, 13, 28, 37\}$일 때 A의 도집합을 구하라.

(4) $A = \{7, 24, 47, 85\}$일 때 A의 폐포를 구하라.

(5) $A = \{3, 7, 8, 9, 10, \cdots\}$일 때 A의 내부를 구하라.

18. 보통위상공간 $(R, \mathscr{U})$에서 집합 $K=\{0\}\cup\left\{\frac{1}{n}\,|\,n\in N\right\}$가 개집합인지 폐집합인지를 설명하라.

19. 실수의 집합 R 위에 위상 $\mathscr{T}=\{R, \phi\}\cup\{(a, \infty)\,|\,a\in R\}$가 주어져 있을 때 다음을 구하여라.

(1) $A=[0, 2)$일 때 $\overline{A}$, A', $\text{int}(A)$, $b(A)$를 모두 구하라.

(2) 자연수의 집합 N에 대하여 $\overline{N}$, N', $\text{int}(N)$, $b(N)$을 구하고 N이 R에서 조밀한지 아닌지를 밝혀라.

20. 이산공간 $(R, \mathscr{D})$에서 정수의 집합 Z의 도집합을 구하여라.

21. 여유한 공간 (R, C_f)에서 자연수의 집합 N이 개집합인지 폐집합인지를 밝혀라.

22. 보통위상공간 $(R, \mathscr{U})$의 부분공간 $Y=[1, 2]\cup(3, 4]$가 주어져 있다.

(1) $\left[1, \frac{3}{2}\right)$은 Y에서 개집합인가 폐집합인가?

(2) $\left(3, \frac{7}{2}\right)$의 폐포를 Y에서 구하라.

(3) $\{2\}$는 Y에서 개집합인가 폐집합인가?

(4) Y는 R에서 개집합인가 폐집합인가?

23. 비이산공간 $(X, \mathscr{I})$에서 $A\neq\phi$이면 A는 조밀부분집합임을 보여라.

24. 보통위상공간 $(R, \mathscr{U})$에서 $A=\left\{\frac{1}{2}, \frac{2}{3}, \frac{3}{4}, \ldots, \frac{n-1}{n}, \ldots\right\}$일 때 A', $\overline{A}$, $\text{int}(A)$를 구하라.

25. A가 개집합이면 $A\cap\overline{B}\subset\overline{A\cap B}$임을 보여라.

26. 비이산공간 $(X, \mathscr{I})$의 임의의 부분집합 A의 도집합을 구하여라.

27. A, B가 위상공간 X의 부분집합일때 $(A\cup B)'=A'\cup B'$임을 보여라.

28. 위상공간$(X, \mathscr{T})$와 $(X, \mathscr{T}^*)$에 대하여 $\mathscr{T}\subset\mathscr{T}^*$일 필요충분조건이 $(X, \mathscr{T}^*)$에서의 $\overline{A}\subset(X, \mathscr{T})$에서의 $\overline{A}$임을 증명하라.

29. 위상공간 X의 부분집합 A에 대해 A가 폐집합일 필요충분조건이 $b(A) \subset A$임을 증명하라.

30. 정수의 집합 Z위에 여유한 위상 C_f가 주어져 있을 때 서로 다른 정수 a_n들로 이루어진 수열 $\langle a_n \rangle$은 임의의 정수 m에 수렴함을 보여라.

31. D가 위상공간 X의 조밀부분집합이고 G가 개집합이면 $\overline{G \cap D} = \overline{G}$임을 보여라.

CHAPTER

4 연속함수와 위상동형

연속함수는 위상수학의 핵심개념으로 해석학에서 다룬 실함수의 연속성에서 비롯되어 거리공간의 연속성으로 확장된 후 위상공간에서의 연속성의 개념으로 일반화되었다. 위상동형은 두 위상공간이 서로 동형인지 아닌지를 밝히고자 하는 위상수학의 분류문제에 관한 것으로 연속함수를 이용하여 정의된다.

1. 연속함수

위상공간에서 함수의 연속성은 함수 그 자체뿐 아니라 정의역과 공역에 주어진 위상에 의해 결정되어진다.

> **[정의 1.1]** $(X, \mathscr{T}_X)$와 $(Y, \mathscr{T}_Y)$는 위상공간이다.
> 함수 $f : (X, \mathscr{T}_X) \to (Y, \mathscr{T}_Y)$가 임의의 $H \in \mathscr{T}_Y$에 대하여 $f^{-1}(H) \in \mathscr{T}_X$일 때 f를 연속함수(continuous function)라고 한다.

[예 1] (1) 임의의 위상공간 $(X, \mathscr{T})$에 대해 항등함수 $1_X : (X, \mathscr{T}) \to (X, \mathscr{T})$는 연속함수이다.
그러나 $X=\{a, b\}$일 때 항등함수 $1_X : (X, \mathscr{I}) \to (X, \mathscr{D})$는 연속함수가 아니다. 왜냐하면 $\{a\} \in \mathscr{D}$이고 $1_X^{-1}(\{a\})=\{a\} \notin \mathscr{I}$이기 때문이다.
(2) $f : (X, \mathscr{D}) \to (Y, \mathscr{T})$는 항상 연속함수이다.
또한 $f : (X, \mathscr{T}) \to (Y, \mathscr{I})$도 항상 연속함수이다.

[예 2] $X=\{a, b, c, d\}$, $Y=\{x, y, z, w\}$ 상에서의 위상을 각각

$$\mathscr{T}_X=\{X, \phi, \{a\}, \{a, b\}, \{a, b, c\}\}$$
$$\mathscr{T}_Y=\{Y, \phi, \{x\}, \{y\}, \{x, y\}, \{y, z, w\}\}$$

라 하자. 함수 $f : X \to Y$와 $g : X \to Y$가 아래 그림과 같이 정의되었다. 이 때 f는 연속이다. 왜냐하면 Y의 위상 $\mathscr{T}_Y$의 모든 개집합의 역상은 X의 위상 $\mathscr{T}_X$의 개집합이 되기 때문이다.
그러나 함수 g의 경우는 연속이 아니다. 왜냐하면 $\{y, z, w\}$가 Y에서의 개집합이지만 이것의 역상 $g^{-1}\{y, z, w\}=\{c, d\}$는 X에서 개집합이 되지 못하기 때문이다.

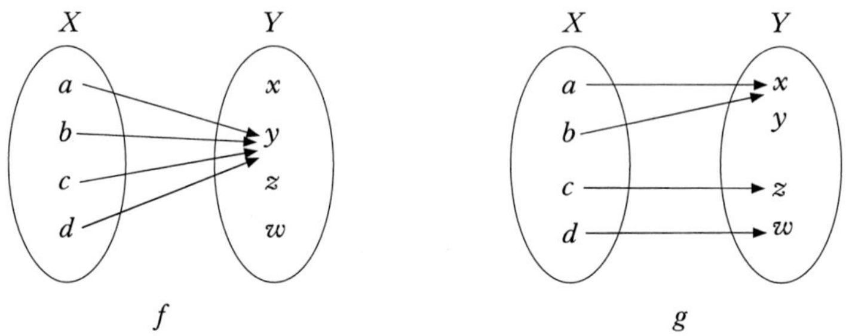

〈그림 4.1〉

[예 3] 보통위상공간 $(R, \mathscr{U})$에 대해 함수 $f : (R, \mathscr{U}) \to (R, \mathscr{U})$를

$$f(x)=\begin{cases} x-1 & ,x<0 \\ x & ,x \geq 0 \end{cases}$$

이라 하자. 그러면 f는 연속함수가 아니다. 왜냐하면 한 개구간 $\left(-\frac{1}{2}, 1\right)$에 대하여 $f^{-1}\left(-\frac{1}{2}, 1\right)=[0, 1)$이고 $[0, 1)$은 개집합이 아니기 때문이다. 따라서 f는 불연속이다.

위상이 기저나 부분기저에 의해 정의 되어 졌을 때도 연속함수를 정의할 수 있다.

[정리 1.2] X, Y가 위상공간이고 $\mathscr{B}$가 Y의 위상에 대한 기저이다. 함수 $f: X \to Y$가 연속 $\Leftrightarrow$ 임의의 $B \in \mathscr{B}$에 대해 $f^{-1}(B)$가 X에서 개집합이다.

증명 ($\Rightarrow$) 임의의 B는 기저의 원소이므로 B는 Y에서 개집합이다. 따라서 f가 연속함수이므로 $f^{-1}(B)$는 X에서 개집합이다.

($\Leftarrow$) Y의 임의의 개집합 H를 택하면 $\mathscr{B}$는 Y의 위상에 대한 기저이므로 $H=\bigcup_{\alpha} B_{\alpha}$, $B_{\alpha} \in \mathscr{B}$이다. 따라서 $f^{-1}(H)=f^{-1}(\bigcup_{\alpha} B_{\alpha})=\bigcup_{\alpha} f^{-1}(B_{\alpha})$이고 각 $f^{-1}(B_{\alpha})$가 X에서 개집합이므로 $f^{-1}(H)$는 X에서 개집합이다. 그러므로 f는 연속함수이다. □

[정리 1.3] X, Y가 위상공간이고 $\mathscr{S}$가 Y의 위상에 대한 부분기저이다. 함수 $f: X \to Y$가 연속 $\Leftrightarrow$ 임의의 $S \in \mathscr{S}$에 대해 $f^{-1}(S)$가 X에서 개집합이다.

증명 ($\Rightarrow$) 임의의 S는 부분기저의 원소이므로 S는 Y에서 개집합이다. 따라서 f가 연속함수이므로 $f^{-1}(S)$는 X에서 개집합이다.

($\Leftarrow$) B를 $\mathscr{T}_Y$의 기저의 원소라고 하면 $B=\bigcap_{i=1}^{n} S_i$, $S_i \in \mathscr{S}$이다. 따라서 $f^{-1}(B)=f^{-1}(\bigcap_{i=1}^{n} S_i)=\bigcap_{i=1}^{n} f^{-1}(S_i)$이고 각 $f^{-1}(S_i)$가 X에서 개집합이므로 $f^{-1}(B)$는 X에서 개집합이다. 그러므로 정리 1.2에 의해 f는 연속함수이다. □

이제 함수 $f: X \to Y$의 한 점에서의 연속성을 정의하자.

[정의 1.4] X, Y가 위상공간이고 $x_0 \in X$이며 함수 $f: X \to Y$가 주어져 있다. $f(x_0)$를 가지는 Y상의 임의의 개집합 H에 대해, x_0를 가지는 X상의 개집합 G가 존재하여 $f(G) \subset H$가 성립할 때 f는 한 점 x_0에서 연속(continuous at a point x_0)이라 한다.

[정리 1.5] 함수 $f: X \to Y$가 연속 $\Leftrightarrow$ f가 X상의 임의의 점 x에서 연속이다.

증명 ($\Rightarrow$) X의 임의의 점 x를 택하고 $f(x)$를 가지는 개집합을 H라고 하자. 그러면 f는 연속함수이므로 $f^{-1}(H)$는 X에서 개집합이고 $x \in f^{-1}(H)$이다. 이제 $G = f^{-1}(H)$라고 하면 G는 x를 가지는 X상의 개집합이며 $f(G) = f(f^{-1}(H)) \subset H$가 성립한다. 따라서 f는 x에서 연속이다.

($\Leftarrow$) Y상의 임의의 개집합 H를 택하고 $x \in f^{-1}(H)$라고 하자. 그러면 $f(x) \in H$이고 f가 x에서 연속이므로 x를 가지는 개집합 G_x가 존재하여 $f(G_x) \subset H$ 즉 $G_x \subset f^{-1}(H)$이다. 따라서 $f^{-1}(H) = \bigcup_x G_x$이므로 $f^{-1}(H)$는 X에서 개집합이다. 그러므로 f는 연속함수이다. □

[참고] 위상공간에서 한 점의 연속성은 실함수의 연속성을 일반화한 것임을 다음에서 알 수 있다.

$x_0 \in R$이고 $f: R \to R$를 함수라 하자. 그러면 f가 x_0에서 연속이기 위한 필요충분조건은 임의의 $\varepsilon > 0$에 대하여 적당한 $\delta > 0$가 존재하고 $|x - x_0| < \delta \Rightarrow |f(x) - f(x_0)| < \varepsilon$이 성립하는 것이다. 여기서 $|f(x) - f(x_0)| < \varepsilon \Leftrightarrow f(x) \in (f(x_0) - \varepsilon,\ f(x_0) + \varepsilon)$이므로 $H = (f(x_0) - \varepsilon,\ f(x_0) + \varepsilon)$이라 두고 $|x - x_0| < \delta \Leftrightarrow x \in (x_0 - \delta,\ x_0 + \delta)$이므로 $G = (x_0 - \delta,\ x_0 + \delta)$라고 두면 이 정의는 정의 1.4와 같음을 알 수 있다.

[정리 1.6] X, Y가 위상공간이고 $f: X \to Y$일 때 다음은 서로 동치이다.

(1) f가 연속함수이다.

(2) X의 임의의 부분집합 A에 대하여 $f(\overline{A}) \subset \overline{f(A)}$이다.
(3) Y에서의 임의의 폐집합 B에 대하여 $f^{-1}(B)$가 X에서 폐집합이다.

증명 (1) ⇒ (2) $x \in \overline{A}$이면 $f(x) \in f(\overline{A})$이므로 $f(x) \in \overline{f(A)}$임을 보이면 된다. $f(x)$를 가지는 개집합을 H라고 하면 f는 연속이므로 $f^{-1}(H)$는 x를 가지는 개집합이다. 그런데 $x \in \overline{A}$이므로 $f^{-1}(H) \cap A \neq \phi$이다. 그러면

$$\phi \neq f[f^{-1}(H) \cap A] \subset ff^{-1}(H) \cap f(A) \subset H \cap f(A)$$

이므로 $H \cap f(A) \neq \phi$이다. 따라서 $f(x) \in \overline{f(A)}$이다.

(2) ⇒ (3) $\overline{f^{-1}(B)} = f^{-1}(B)$임을 보이면 된다. $f^{-1}(B) \subset X$이므로 가정 (2)에 의해 $f[\overline{f^{-1}(B)}] \subset \overline{f[f^{-1}(B)]} \subset \overline{B} = B$이고 따라서 $\overline{f^{-1}(B)} \subset f^{-1}(B)$이다. 한편 $f^{-1}(B) \subset \overline{f^{-1}(B)}$는 항상 성립하므로 $\overline{f^{-1}(B)} = f^{-1}(B)$이다.

(3) ⇒ (1) V를 Y에서의 개집합이라 하고 $B = Y - V$라 하자. 그러면 B는 Y에서 폐집합이고 (3)에 의하여 $f^{-1}(B)$가 X에서 폐집합이 된다. 그런데

$$f^{-1}(V) = f^{-1}(Y - B) = f^{-1}(Y) - f^{-1}(B) = X - f^{-1}(B)$$

이므로 $f^{-1}(V)$는 X에서 개집합이다. 따라서 f는 연속함수이다. □

[참고] 정리 1.6의 (2)를 거리공간에서 해석하면 다음과 같다. $x \in \overline{A}$이면 즉 정의역에서 x가 집합 A와 무한히 가까운 점이면 $f(x) \in \overline{f(A)}$이다. 즉 공역에서 함수값 $f(x)$가 집합 $f(A)$와 무한히 가까운 점이다. 따라서 거리공간에서 연속함수는 가까움(nearness)을 보존해 주는 함수이다.

이제 연속함수가 되는 일반적인 경우를 정리해 보자.

[정리 1.7] X, Y 그리고 Z를 위상공간이라 하자.
(1) X의 모든 원소를 Y의 한 점 y_0로 대응시키는 상수함수 $f : X \to Y$는 연속이다.
(2) A가 X의 부분공간이라 하자. 그러면 포함함수 $i : A \to X$는 연속이다.

(3) 함수 $f : X \to Y$와 $g : Y \to Z$가 연속이면 합성함수 $g \circ f : X \to Z$도 연속이다.

(4) 함수 $f : X \to Y$가 연속이고 A가 X의 부분공간이면 축소함수 $f|_A : A \to Y$는 연속이다.

(5) 함수 $f : X \to Y$가 연속일 때 공역을 $f(X)$로 제한한 함수 $f : X \to f(X)$ $(x \mapsto f(x))$ 도 연속이다.

증명 (1) X의 모든 원소 x에 대하여 $f(x)=y_0$라 하자. V가 Y에서 개집합이면 V가 y_0를 포함하는 경우와 그렇지 않은 경우 $f^{-1}(V)$는 X 자신이든지 ϕ이다. 이는 모두 X에서 개집합이므로 함수 f는 연속이다.

(2) i가 포함함수이므로 각 $a \in A$에 대해 $i(a)=a$이다. 만일 U가 X에서 개집합이면 $i^{-1}(U)=U \cap A$이고 부분위상의 정의에 의하여 $U \cap A$가 A에서 개집합이므로 $i^{-1}(U)$가 A에서 개집합이다.

(3) U가 Z에서 개집합이면 g가 연속이므로 $g^{-1}(U)$는 Y에서 개집합이다. 또 f가 연속이므로 $f^{-1}(g^{-1}(U))$는 X에서 개집합이다. 그런데 $f^{-1}(g^{-1}(U)) =(g \circ f)^{-1}(U)$이므로 $(g \circ f)^{-1}(U)$가 X에서 개집합이다.

(4) $f|_A$는 A로의 축소함수이므로 각 $a \in A$에 대해 $f|_A(a)=f(a)$이다. 포함함수 $i : A \to X$와 $f : X \to Y$의 합성함수가 $f|_A : A \to Y$이고 i와 f가 연속이므로 $f|_A=f \circ i$는 연속이다.

(5) G를 $f(X)$에서 개집합이라 하자. 그러면 Y에서의 개집합 U가 존재해서

$$G=f(X) \cap U$$

이다. $f^{-1}(U)=f^{-1}(G)$이고 $f^{-1}(U)$는 X에서 개집합이므로 $f^{-1}(G)$도 X에서 개집합이다. 따라서 $f : X \to f(X)$는 연속이다. □

다음은 연속 보조정리(continuity lemma, pasting lemma)라 불린다.

[정리 1.8] X와 Y를 위상공간이라 하고 A와 B가 X의 두 폐집합이고 $X= A \cup B$라 하자. 만일 함수 $f : A \to Y$와 $g : B \to Y$가 연속이고 $x \in A \cap B$에 대하여 $f(x)=g(x)$이면

$$h(x)=\begin{cases} f(x) & ,x\in A \\ g(x) & ,x\in B \end{cases}$$

로 정의되는 함수 $h : X \to Y$도 연속이다.

증명 F를 Y의 임의의 폐집합이라고 하면 $h^{-1}(F) \subset X$이고

$$\begin{aligned} h^{-1}(F) &= h^{-1}(F) \cap X \\ &= h^{-1}(F) \cap (A \cup B) = [h^{-1}(F) \cap A] \cup [h^{-1}(F) \cap B] \\ &= f^{-1}(F) \cup g^{-1}(F) \end{aligned}$$

가 성립한다. f가 연속이므로 $f^{-1}(F)$는 A에서 폐집합이고 A는 X에서 폐집합이므로 $f^{-1}(F)$는 X에서 폐집합이다. 마찬가지로 $g^{-1}(F)$도 X에서 폐집합이다. 따라서 $h^{-1}(F)$는 X에서 폐집합이 되고 h는 연속이다. □

[예 4] 함수 $h : R \to R$을 $h(x)=\begin{cases} x & ,x\in(-\infty, 0] \\ \dfrac{x}{2} & ,x\in[0, \infty) \end{cases}$ 라고 하자.

그러면 h는 정리 1.8의 연속보조정리에 의해 연속함수이다.

[정의 1.9] f는 위상공간 $(X, \mathscr{T})$에서 위상공간 $(Y, \mathscr{T}_Y)$로 가는 함수이다. 점 $p\in X$로 수렴하는 X의 임의의 수열 $\langle a_n \rangle$에 대하여, Y의 수열 $< f(a_n) >$이 Y의 점 $f(p)$로 수렴하면 f는 점 p에서 **수열 연속**(sequentially continuous)이라고 한다. X의 모든 점 p에서 f가 수열 연속일 때, f를 **수열 연속함수**(sequentially continuous function)라 한다.

보통 위상공간에서는 연속함수가 되기 위한 필요충분조건이 수열 연속함수가 되는 것이다. 그러나 일반 위상공간에서의 함수는 수열 연속함수라고 해서 모두 연속함수는 아니다. 일반적으로 연속함수는 수열 연속함수이지만 그 역은 성립하지 않는다.

[정리 1.10] $(X, \mathscr{T})$와 $(Y, \mathscr{T}_Y)$는 위상공간이다. X에서 Y로 가는 연속함수 f는 수열 연속이다.

증명 X의 수열 $\langle a_n \rangle$이 p로 수렴한다고 하자. Y의 수열 $\langle f(a_n) \rangle$이 $f(p)$로 수렴하는 것을 보이기 위해 $f(p)$를 가지는 임의의 개집합 H를 택하자. 그러면 f가 연속이므로 $f^{-1}(H)$는 p를 가지는 X에서 개집합이다. 한편 $\langle a_n \rangle$이 p로 수렴하므로 적당한 자연수 n_0가 존재하여 $n > n_0$이면 $a_n \in f^{-1}(H)$이다. 따라서 $n > n_0$이면 $f(a_n) \in ff^{-1}(H) \subset H$이므로 $< f(a_n) >$이 $f(p)$로 수렴한다. 그러므로 f는 수열 연속함수이다. □

[예 5] 항등함수 $1_R : (R, C_c) \rightarrow (R, \mathscr{U})$는 수열 연속함수이다. 왜냐하면 여가산공간 (R, C_c)의 수열 $\langle a_n \rangle$이 p로 수렴하려면 반드시 $\langle a_n \rangle = \langle a_1, a_2, \cdots, a_n, p, p, p, \cdots \rangle$의 형태이고 따라서 수열 $\langle 1_R(a_n) \rangle = \langle a_1, a_2, \cdots, a_n, p, p, p, \cdots \rangle$이므로 보통위상공간 $(R, \mathscr{U})$에서 $1_R(p) = p$로 수렴하기 때문이다. 그러나 $(R, \mathscr{U})$의 개집합 $(0, 1)$에 대하여 $1_R^{-1}(0, 1) = (0, 1)$은 (R, C_c)에서 개집합이 아니다. 그러므로 1_R는 연속함수가 아니다.

이제 연속함수와 달리 개집합의 상이 개집합이 되고 폐집합의 상이 폐집합이 되는 함수를 정의하고자 한다.

[정의 1.11] 두 위상공간 X, Y에 대하여 함수 $f : X \rightarrow Y$가 주어져 있다.

(1) X의 각 개집합 G에 대해 $f(G)$가 Y의 개집합이면 f를 개사상(open map)이라 한다.

(2) X의 각 폐집합 F에 대해 $f(F)$가 Y의 폐집합이면 f를 폐사상(closed map)이라 한다.

[예 6] $X = \{1, 2\}$, $Y = \{a, b\}$일 때 X와 Y의 위상을 각각 $\mathscr{T}_X = \{X, \phi, \{1\}\}$, $\mathscr{T}_Y = \{Y, \phi, \{a\}\}$라고 하자. 함수 $f : X \rightarrow Y$와 $g : X \rightarrow Y$가 다음 그림과 같이 정의되었을 때 개사상인지 폐사상인지를 알아보자.

(1) f는 개사상이나 폐사상은 아니다. 왜냐하면 X의 폐집합 X의 상 $f(X)=\{a\}$는 개집합이고 폐집합이 아니기 때문이다. 한편 f는 상수함수이므로 연속함수이다.

(2) g는 폐사상이나 개사상은 아니다. 왜냐하면 X의 개집합 $\{1\}$의 상 $f(\{1\})= \{b\}$는 폐집합이고 개집합이 아니기 때문이다. 물론 g도 상수함수이므로 연속함수이다.

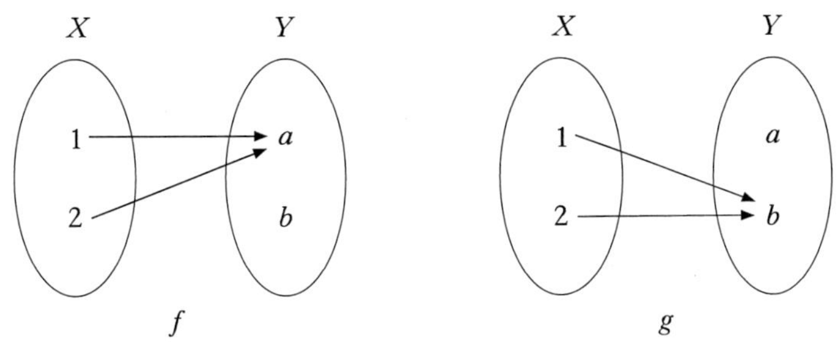

〈그림 4.2〉

위의 예에서 보듯이 개사상, 폐사상, 연속함수들 사이에는 아무런 관계가 없으며 따라서 서로 독립적이다.

[정리 1.12] 두 위상공간 X, Y에 대하여 함수 $f: X \to Y$가 전단사이다. 그러면 f: 개사상 $\Leftrightarrow$ f: 폐사상

증명 ($\Rightarrow$) f가 개사상이고 A가 X의 폐집합이라 하자. 그러면 $X-A$는 X의 개집합이고 따라서 $f(X-A)$는 Y의 개집합이다. 한편 f가 전단사이므로 $f(X-A)=f(X)-f(A)=Y-f(A)$이다. $Y-f(A)$가 Y의 개집합이므로 $f(A)$는 Y의 폐집합이다. 그러므로 f는 폐사상이다.

($\Leftarrow$) 같은 방법으로 증명된다. □

[정리 1.13] X, Y가 위상공간이고 함수 $f: X \to Y$가 주어져 있다. 이때 다음이 성립한다.

(1) f: 개사상 $\Leftrightarrow$ 임의의 $A \subset X$에 대해, $f(\text{int}\,A) \subset \text{int}\,f(A)$이다.

(2) f: 폐사상 $\Leftrightarrow$ 임의의 $A \subset X$에 대해, $\overline{f(A)} \subset f(\overline{A})$이다.

증명 (1) ($\Rightarrow$) $\operatorname{int} A$는 개집합이고 f가 개사상이므로 $f(\operatorname{int} A)$도 개집합이다. 따라서 $f(\operatorname{int} A)=\operatorname{int}[f(\operatorname{int} A)]$이고 $\operatorname{int}[f(\operatorname{int} A)]\subset \operatorname{int} f(A)$이므로 $f(\operatorname{int} A)\subset \operatorname{int} f(A)$이다.

($\Leftarrow$) X의 개집합 A를 택하면 $\operatorname{int} A=A$이므로 $f(A)=f(\operatorname{int} A)$이고 가정에서 $f(\operatorname{int} A)\subset \operatorname{int} f(A)$이다. 따라서 $f(A)\subset \operatorname{int} f(A)$이므로 $f(A)=\operatorname{int} f(A)$이다. 그러므로 $f(A)$는 Y의 개집합이고 f는 개사상이다.

(2) ($\Rightarrow$) $\overline{A}$는 X의 폐집합이고 f가 폐사상이므로 $f(\overline{A})$는 Y의 폐집합이다. 따라서 $f(A)\subset f(\overline{A})$이므로 $\overline{f(A)}\subset \overline{f(\overline{A})}=f(\overline{A})$가 성립한다.

($\Leftarrow$) X의 폐집합 A를 택하면 $\overline{A}=A$이고 가정에서 $\overline{f(A)}\subset f(\overline{A})=f(A)$이므로 $\overline{f(A)}=f(A)$이다. 그러므로 $f(A)$는 Y의 폐집합이고 f는 폐사상이다. □

2. 위상동형사상

두 위상공간이 위상동형이라는 것은 기본적으로 두 공간의 개집합들 사이에 일대일 대응이 존재하여 두 위상공간의 위상적 구조가 같다는 것을 의미하며 이때 두 공간은 위상적으로 같은 것으로 본다. 동형인 위상공간들이 갖는 중요한 성질은 기본적으로 그 연결성에 있다.

> **[정의 2.1]** X와 Y는 위상공간이고 $f: X\to Y$가 함수일 때 f가 전단사이고 f와 f^{-1}가 연속이면 f를 위상동형함수 또는 위상동형사상(homeomorphism)이라고 한다. X와 Y 사이에 위상동형사상이 존재하면 X와 Y는 위상동형(homeomorphic)이라 한다.

[예 1] 보통위상공간 $(R, \mathscr{U})$와 부분공간 $(0, 1)$은 위상동형이다. 왜냐하면 함수를 $f:(0, 1)\to R$을 $f(x)=\tan\pi\left(x-\dfrac{1}{2}\right)$라 하면 f는 위상동형사상이다.

[예 2] 보통위상공간 $(R, \mathscr{U})$의 두 부분공간 $(-1, 1)$과 $(0, 4)$는 위상동형이다. 왜냐하면 함수 $f:(-1, 1)\to(0, 4)$를 $f(x)=2x+2$라 하면 f는 위상동

형사상이다.

[정리 2.2] 위상적으로 동형인 관계는 모든 위상공간들의 집합에서 동치관계이다.

증명 (1) 임의의 위상공간 X에 대해 항등함수 $1_X : X \to X$는 위상동형사상이다. 따라서 X와 그 자신 X는 위상동형이므로 반사적이다.

(2) 두 위상공간 X와 Y가 위상동형이라고 하자. 그러면 위상동형사상 $f : X \to Y$가 존재하고 $f^{-1} : Y \to X$도 위상동형사상이다. 따라서 Y와 X도 위상동형이므로 대칭적이다.

(3) 위상공간 X와 Y가 위상동형이고 Y와 Z가 위상동형이라고 하자. 그러면 위상동형사상 $f : X \to Y$와 위상동형사상 $g : Y \to Z$가 존재한다. 이들의 합성함수 $g \circ f : X \to Z$도 역시 위상동형사상이므로 X와 Z가 위상동형이다. 따라서 추이적이다. □

위상동형이라는 동치관계에 의해 모든 위상공간들이 동형인 것끼리 분할되며, 한 분할의 구성원에 있는 위상공간들 즉 위상적으로 동형인 공간들의 위상적 성질을 연구하는 것이 위상수학의 중요한 목적 중의 하나이다.

[정리 2.3] X와 Y는 위상공간이고 $f : X \to Y$를 전단사 함수라고 하자. 다음 (1) ~ (4)는 동치인 명제들이다.

(1) f는 위상동형사상이다.

(2) f는 연속이며 개사상이다.

(3) f는 연속이며 폐사상이다.

(4) 임의의 $A \subset X$에 대하여 $\overline{f(A)} = f(\overline{A})$이다.

증명 (1) ⇔ (2)는 f^{-1}의 연속과 f가 개사상이라는 것이 동치이므로 성립한다.

(2) ⇔ (3)은 정리 1.12에 의해 성립한다.

(3) ⇔ (4)는 정리 1.6과 정리 1.13의 (2)에 의해 성립한다. □

[정리 2.4] X와 Y는 위상공간이고 A가 X의 부분공간일 때 $f: X \to Y$가 위상동형사상이다. 그러면 f의 축소함수 $f|_A : A \to f(A)$ 역시 위상동형사상이다.

증명 f가 전단사이므로 $f|_A$ 역시 전단사이다. 또 f가 연속이므로 정리 1.7의 (4)와 (5)에 의해 $f|_A$도 연속이다. 이제 $f|_A^{-1}$가 연속임을 보이면 된다. V를 부분공간 A에서 개집합이라고 하면 $V=U\cap A$인 X의 개집합 U가 존재한다. 그러면

$$(f|_A^{-1})^{-1}(V)=(f^{-1})^{-1}(V)=f(V)=f(U\cap A)=f(U)\cap f(A)$$

이고 f가 개사상이므로 $f(U)$는 Y에서 개집합이다. 따라서 $f(U)\cap f(A)$는 Y의 부분공간 $f(A)$에서 개집합이다. 그러므로 $f|_A^{-1}$는 연속이다. □

[정의 2.5] 한 위상공간 X가 가지고 있는 어떤 성질 p를 X와 동형인 모든 공간 Y가 역시 성질 p를 가질 때 이 성질 p를 위상적 성질(topological property) 또는 위상적 불변량(topological invariant)이라 한다.

사실 두 위상공간이 위상동형임을 밝히기 위해 매번 위상동형사상을 찾는 것은 대단히 어렵다. 두 위상공간 사이의 연속함수를 찾는 것도 어려울 때가 많기 때문이다. 그러나 두 위상공간이 위상동형이 아님을 보이는 것은 위상적 성질을 이용하여 보다 더 쉽게 밝힐 수 있는 경우가 많다. 바로 이 점이 위상적 성질을 중요하게 연구하는 이유이기도 하다.

[예 3] 예 2에서 두 개구간 $(-1, 1)$, $(0, 4)$는 위상적으로 동형이다. 그러나 두 개구간의 길이가 다르므로 길이는 위상적 성질이 아님을 알 수 있다. 예 1에서 $(0, 1)$과 $\boldsymbol{R}$은 위상적으로 동형이다. 그러나 $(0, 1)$은 유계이고 $\boldsymbol{R}$은 유계가 아니므로 유계성(boundedness)은 위상적 성질이 아니다.

앞으로 독자들은 컴팩트성, 연결성, 분리성 같은 중요한 위상적 성질들을 공부하게 될 것이다.

3. $X \times Y$ 상의 적위상

X와 Y가 위상공간일 때 두 집합의 카테션 곱 $X \times Y$ 상에 위상을 정의하여 $X \times Y$를 위상공간화 할 수 있다.

> **[정의 3.1]** X와 Y가 위상공간일 때 $X \times Y$ 위의 적위상(product topology)은 $\mathscr{B} = \{U \times V \mid U$는 X에서 개집합, V는 Y에서 개집합$\}$를 기저로 갖는 위상이다. 이때 ($X \times Y$, 적위상)을 적공간(product space)이라 부른다.

> **[정리 3.2]** $\mathscr{B} = \{U \times V \mid U$는 X에서 개집합, V는 Y에서 개집합$\}$는 $X \times Y$ 위의 적위상을 생성하는 기저이다.

증명 X와 Y 자신이 각각 X와 Y의 개집합들이므로 $X \times Y \in \mathscr{B}$이다. 그러므로 임의의 $(x, y) \in X \times Y$에 대하여 (x, y)를 포함하는 $U \times V \in \mathscr{B}$가 존재한다. 그리고 $\mathscr{B}$의 임의의 원소 $U_1 \times V_1$, $U_2 \times V_2$에 대하여 $(U_1 \times V_1) \cap (U_2 \times U_2)$는 역시 $\mathscr{B}$에 속하게 된다. 왜냐하면

$$(U_1 \times V_1) \cap (U_2 \times V_2) = (U_1 \cap U_2) \times (V_1 \cap V_2)$$

이고 $U_1 \cap U_2$, $V_1 \cap V_2$가 각각 X, Y에서 개집합이므로 $(U_1 \cap U_2) \times (V_1 \cap V_2) \in \mathscr{B}$이다. 따라서 $(U_1 \times V_1) \cap (U_2 \times V_2) \in \mathscr{B}$가 된다. □

[참고] $\mathscr{B}$ 자신은 $X \times Y$ 위의 위상이 아니다. 왜냐하면 아래 그림에서 두 사각형의 합집합은 $X \times Y$에서 개집합이지만 두 집합의 카테션 곱으로 표시할 수 없기 때문에 $\mathscr{B}$의 원소가 아니다.

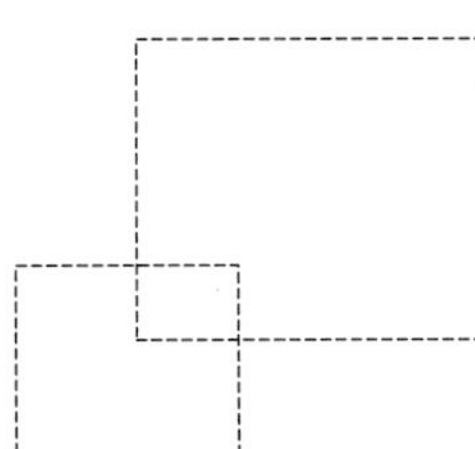

〈그림 4.3〉

[정리 3.3] $\mathscr{B}$가 X의 위상에 대한 기저이고 $\mathscr{C}$가 Y의 위상에 대한 기저라고 하면

$$\mathscr{D}=\{B\times C \mid B\in\mathscr{B} \text{ 이고 } C\in\mathscr{C}\}$$

는 $X\times Y$의 적위상에 대한 기저가 된다.

증명 W가 $X\times Y$의 한 개집합이고 $(x, y)\in W$라고 하자. 그러면 적 위상의 정의에 의하여 기저의 원소 $U\times V$가 존재해서

$$(x, y)\in U\times V\subset W$$

가 된다. 또한 $\mathscr{B}$와 $\mathscr{C}$가 X, Y의 각 기저이므로 기저의 원소 $B\in\mathscr{B}$가 존재해서

$$x\in B\subset U$$

이고 기저의 원소 $C\in\mathscr{C}$가 존재해서 $y\in C\subset V$이다. 그러면

$$(x, y)\in B\times C\subset U\times V\subset W$$

가 되어 $X\times Y$의 임의의 개집합 W에 대하여 $(x, y)\in W$일 때

$$(x, y)\in B\times C\subset W$$

를 만족하는 $B\times C\in\mathscr{D}$가 존재하게 된다. 따라서 기저의 정의에 의하여 $\mathscr{D}$는 $X\times Y$의 기저가 된다. □

이제 부분기저로서 적위상을 정의하기 위해 필요한 사영함수를 정의하자.

[정의 3.4] $\pi_1 : X\times Y\to X$를 $\pi_1(x, y)=x$로, $\pi_2 : X\times Y\to Y$를 $\pi_2(x, y)=y$로 정의할 때 π_1과 π_2를 각각 $X\times Y$에서 X와 Y 위로의 사영함수(projection map)라고 한다.

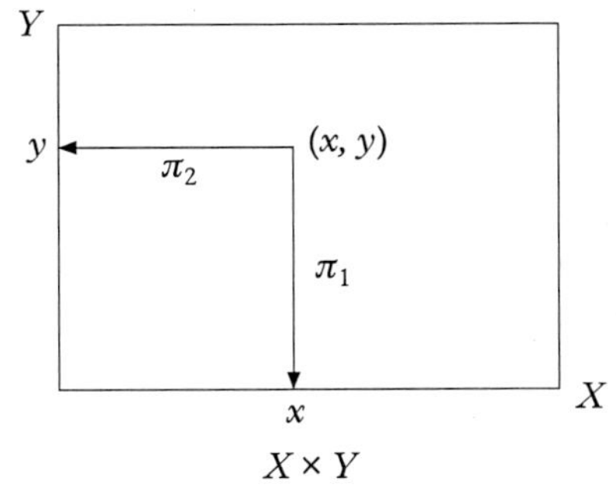

〈그림 4.4〉

[정리 3.5] 사영함수 π_1, π_2는 연속이고 전사인 개사상이다.

증명 U가 X에서 개집합이라면 $\pi_1^{-1}(U)=U\times Y$이고 이것은 기저의 원소이므로 $X\times Y$에서 개집합이다. 따라서 π_1은 연속함수이다. 또 $U\times V$가 $X\times Y$의 기저의 원소라고 하면 $\pi_1(U\times V)=U$가 되고 U는 X에서 개집합이므로 π_1은 개사상이다. 그리고 π_1이 전사인 것은 명백하다. π_2에 대해서도 같은 방법으로 증명된다. □

[참고] 사영함수는 일반적으로 폐사상은 아니다. 왜냐하면 $\pi_1 : R\times R \to R$일 때 $A=\{(x, y)\,|\,xy=1\}$이라 두면 A는 $R\times R$에서 폐집합이다. 그러나 $\pi_1(A)=R-\{0\}$이고 이것을 R에서 개집합이고 폐집합이 아니기 때문이다.

[정리 3.6] $\mathscr{S}=\{\pi_1^{-1}(U)\,|\,U$는 X에서 개집합$\}\cup\{\pi_2^{-1}(V)\,|\,V$는 Y에서 개집합$\}$는 $X\times Y$ 위의 적위상에 대한 부분기저이다.

증명 $\mathscr{T}$를 $X\times Y$ 위의 적위상이라 하고 $\mathscr{T}'$을 $\mathscr{S}$에 의해 생성된 $X\times Y$ 위의 위상이라고 하자. $\mathscr{S}$의 원소들은 모두 $\mathscr{T}$의 원소이므로 $\mathscr{S}$의 원소들의 유한개의 교집합들의 합집합도 $\mathscr{T}$의 원소이다. 따라서 $\mathscr{T}'\subset\mathscr{T}$이다. 또 적위상 $\mathscr{T}$의 임의의 기저의 원소 $U\times V$에 대하여 $U\times V=\pi_1^{-1}(U)\cap\pi_2^{-1}(V)$이므로 $U\times V$는 $\mathscr{S}$의 원소들의 유한개의 교집합이 되어 $U\times V\in\mathscr{T}'$이 된다. 따라서 $\mathscr{T}\subset\mathscr{T}'$이다. 그러므로 $\mathscr{T}=\mathscr{T}'$이다. □

[예 1] $X=\{a, b\}$, $Y=\{1, 2\}$일 때 X와 Y의 위상을 각각 $\mathscr{T}_X=\{X, \phi, \{a\}\}$, $\mathscr{T}_Y=\{Y, \phi, \{1\}, \{2\}\}$라고 할 때 $X\times Y$ 위의 적위상에 대한 부분기저

$$\mathscr{S}=\{X\times Y, \phi, \{a\}\times Y, X\times\{1\}, X\times\{2\}\}$$

이고 기저 $\mathscr{B}=\mathscr{S}\cup\{\{(a, 1)\}, \{(a, 2)\}\}$이다.

[정리 3.7] $X\times Y$ 위의 적위상은 사영함수 π_1, π_2가 연속이 되게 하는 $X\times Y$ 위의 위상 중에서 최소의 위상이다.

증명 $\mathscr{T}$를 $X\times Y$ 위의 적위상이라 하고 $\mathscr{T}'$을 사영함수 π_1, π_2가 연속이 되게 하는 $X\times Y$ 위의 또 하나의 위상이라고 하자. U를 X에서 개집합이고 V는 Y에서 개집합이라고 하면 $\pi_1^{-1}(U)$와 $\pi_2^{-1}(V)$는 모두 $\mathscr{T}'$의 원소이다. 한편 $\pi_1^{-1}(U)\cap\pi_2^{-1}(V)=U\times V$이고 $U\times V$는 $\mathscr{T}$의 기저의 원소로서 $U\times V\in\mathscr{T}'$이다. 따라서 $\mathscr{T}\subset\mathscr{T}'$이다. □

[정리 3.8] 함수 $f: A\to X\times Y$가 임의의 $a\in A$에 대하여 $f(a)=(f_1(a), f_2(a))$로 정의되었다 하자. 함수 f가 연속이기 위한 필요충분조건은 좌표함수 $f_1: A\to X$와 $f_2: A\to Y$가 모두 연속일 때이다.

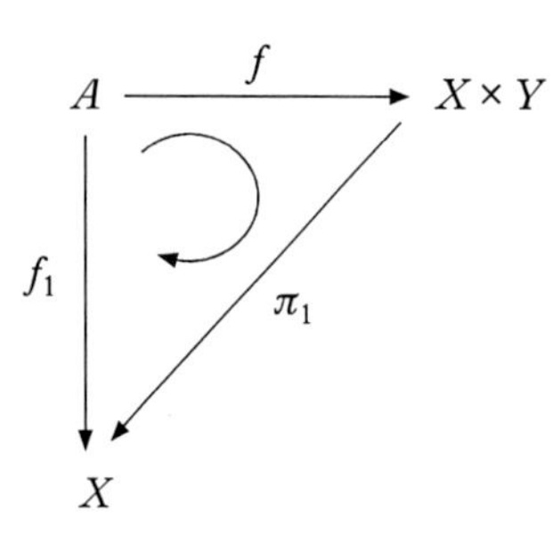

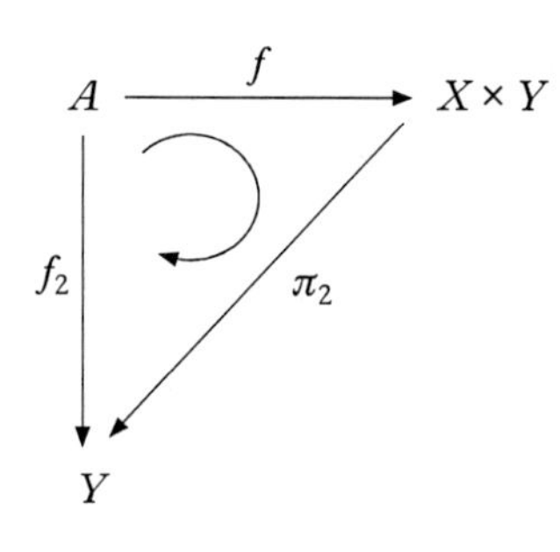

〈그림 4.5〉

증명 f가 연속이라고 하고 $\pi_1 : X\times Y \to X$, $\pi_2 : X\times Y \to Y$를 사영함수라고 하자. 그러면 임의의 $a\in A$에 대하여

$$(\pi_1 \circ f)(a)=\pi_1(f(a))=\pi_1(f_1(a),\ f_2(a))=f_1(a)$$

이고

$$(\pi_2 \circ f)(a)=\pi_2(f(a))=\pi_2(f_1(a),\ f_2(a))=f_2(a)$$

이므로 $\pi_1 \circ f=f_1$이고 $\pi_2 \circ f=f_2$이다.

π_1, π_2, f가 모두 연속이므로 f_1과 f_2도 연속이다.

역으로 f_1과 f_2가 연속함수라 하자. $X\times Y$상의 위상에 대한 임의의 기저원소 $U\times V$에 대하여 $f^{-1}(U\times V)$가 개집합이 됨을 보이면 f가 연속이 된다. 그런데

$$\begin{aligned} a\in f^{-1}(U\times V) &\Leftrightarrow f(a)\in U\times V \Leftrightarrow f_1(a)\in U \wedge f_2(a)\in V \\ &\Leftrightarrow a\in f_1^{-1}(U) \wedge a\in f_2^{-1}(V) \\ &\Leftrightarrow a\in f_1^{-1}(U)\cap f_2^{-1}(V) \end{aligned}$$

이므로

$$f^{-1}(U\times V)=f_1^{-1}(U)\cap f_2^{-1}(V)$$

이다. $f_1^{-1}(U)$와 $f_2^{-1}(V)$가 A에서 개집합이므로 $f^{-1}(U\times V)$도 A에서 개집합이다. □

[예 2] 함수 $f : \boldsymbol{R} \to \boldsymbol{R}^2$ 를 $f(x)=(\sin x,\ 2x+1)$로 정의하자. 그러면 $(\pi_1 \circ f)(x)=\sin x$, $(\pi_2 \circ f)(x)=2x+1$은 모두 연속함수이므로 정리 3.8에 의해 f는 연속함수이다.

> **[정의 3.9]** $n\geq 2$에 대해 $\boldsymbol{R}^n=\boldsymbol{R}\times\boldsymbol{R}\times\cdots\times\boldsymbol{R}$이 적위상을 가질 때 $\boldsymbol{R}^n$을 보통위상공간, 적위상을 보통위상이라 부른다.
> 즉, $\mathscr{B}=\{(a_1,\ b_1)\times(a_2,\ b_2)\times\cdots(a_n,\ b_n) \mid$ 각 i에 대해 $a_i,\ b_i\in\boldsymbol{R}\}$을 기저로 갖는 위상이 $\boldsymbol{R}^n$ 상의 보통위상이다.

[참고] 임의의 카테션곱 $\prod_{\alpha} X_\alpha$에 대해서도 적위상을 정의할 수 있으나 여기서는 생략하기로 한다. 그러나 유한개의 카테션곱 $X_1 \times X_2 \times \cdots \times X_n$에는 $X \times Y$ 위의 적위상을 일반화하여 같은 방법으로 정의되며 또한 대부분의 정리가 그대로 성립한다.

연습문제 (4)

1. 집합 $X=\{p, q, r, s\}$ 위의 위상을 $\mathscr{T}=\{X, \phi, \{p\}, \{q\}, \{p, q\}, \{q, r, s\}\}$라 하자. 함수 $f: X \to X$가 $f(p)=q$, $f(q)=s$, $f(r)=q$, $f(s)=r$을 만족할 때 함수 f의 불연속점을 구하라.

2. 함수 $f: X \to Y$가 연속이기 위한 필요충분조건은 모든 $A \subset Y$에 대해 $f^{-1}[\text{int}(A)] \subset \text{int}(f^{-1}(A))$가 됨을 보여라.

3. 함수 $f: X \to Y$가 연속이기 위한 필요충분조건은 모든 $B \subset Y$에 대해 $\overline{f^{-1}(B)} \subset f^{-1}(\overline{B})$가 됨을 보여라.

4. A는 위상공간 X의 공집합이 아닌 부분집합이고 $(R, \mathscr{U})$를 보통위상공간이라 하자. 그러면 A에서의 특성함수 $\chi_A: X \to R$이 연속이기 위한 필요충분조건은 A가 개집합이며 동시에 폐집합이 되는 것임을 보여라.

5. 집합 X에서 위상공간 $(Y, \mathscr{T}_Y)$로 가는 함수 $f: X \to Y$에 대하여 $\mathscr{T}=\{f^{-1}(H) | H \in \mathscr{T}_Y\}$는 함수 f가 연속이 되기 위한 X의 위상들 중에서 최소의 위상임을 보여라.

6. 함수 $f: R \to R$이 $f(x)=x^2$으로 주어졌을 때 f는 연속함수이나 개사상은 아님을 보여라.

7. 집합 $X=\{1, 2, 3\}$ 위에 두 위상 $\mathscr{T}_1=\{X, \phi, \{1\}, \{2\}, \{1, 2\}\}$와 $\mathscr{T}_2=\{X, \phi, \{2\}, \{3\}, \{2, 3\}\}$가 주어져 있고 함수 $f: (X, \mathscr{T}_1) \to (X, \mathscr{T}_2)$가 $f(3)=2$를 만족한다. 이때 만들 수 있는 연속함수 f의 개수를 구하라.

8. A가 위상공간 X의 조밀부분집합이고 $f: X \to Y$가 전사인 연속함수이면 $f(A)$는 Y에서 조밀함을 보여라.

9. $X=\{a, b, c, d\}$ 위의 위상 $\mathscr{T}=\{X, \phi, \{a, b\}, \{c, d\}\}$가 주어져 있을 때 X에서 X로의 위상동형사상의 개수를 구하라.

10. $f: (X, \mathscr{T}) \to (Y, \mathscr{T}^*)$가 전사함수일때 다음 명제들의 참, 거짓을 밝혀라.

(1) $\mathscr{T}^*$가 비이산위상이면 f는 연속이다.

(2) $\mathscr{T}$가 이산위상이면 f는 연속이다.

(3) f가 연속이고 $\mathscr{T}^*$가 이산위상이면 $\mathscr{T}$도 이산위상이다.

11. 보통위상공간 $(R,\ \mathscr{U})$의 두 폐구간 $[a,\ b]$와 $[c,\ d]$가 위상동형임을 보여라.

12. 실수의 집합 R에서 정수의 집합 Z로 가는 함수 $f: R \to Z$가 $f(x)=[x]$를 만족하고 정수의 집합 Z 위에 위상 $\mathscr{T}=\{U \subset Z \mid f^{-1}(U)$는 R에서 개집합$\}$가 주어져 있다.

(1) R이 보통위상을 가질 때 Z 위의 위상 $\mathscr{T}$를 구하라.

(2) R이 하한위상을 가질 때 Z 위의 위상 $\mathscr{T}$를 구하라.

13. $X=\{1,\ 2,\ 3,\ 4,\ 5\}$ 위에 위상 $\mathscr{T}=\{X,\ \phi,\ \{1,\ 2\},\ \{2\},\ \{3,\ 4,\ 5\},\ \{2,\ 3,\ 4,\ 5\},\ \{4\},\ \{1,\ 2,\ 4\},\ \{2,\ 4\}\}$가 주어져 있다. 이 때 함수 $f: X \to X$를 다음과 같이 정의할 때 다음 물음에 답하여라.

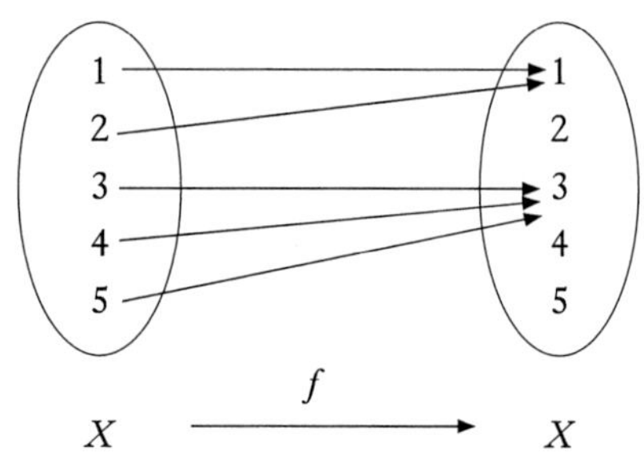

〈그림 4.6〉

(1) $f: (X,\ \mathscr{T}) \to (X,\ 2^X)$가 연속임을 보여라.

(2) 집합 $\{h \mid h: (X,\ \mathscr{T}) \to (X,\ 2^X)$는 연속, $h(2)=1,\ h(4)=3\}$의 원소의 개수를 구하라.

14. X를 $B=\{V \subset X \mid V$와 V^c는 모두 개집합$\}$을 기저로 갖는 위상공간이라 하자. 그리고 F를 폐집합, P를 F에 속하지 않는 X의 점이라고 할 때 $f(p)=0$이고 $f(F)=\{1\}$인 연속함수 $f: X \to \boldsymbol{R}$가 존재함을 보여라.

15. X와 Y가 위상공간이고 $A \subset X,\ B \subset Y$일 때 $\overline{A \times B}=\overline{A} \times \overline{B}$임을 증명하라.

16. 실수 전체의 집합 $\boldsymbol{R}$에 대하여 $X_1=(\boldsymbol{R},\ \mathscr{U}),\ X_2=(\boldsymbol{R},\ D)$라고 하자. 여기서 $\mathscr{U}$는 보통위상이고 D는 이산위상이다. $X=X_1 \times X_2$를 X_1과 X_2의 적(곱)공간이라 하자. X의 부분집합 $A=(-1,\ 1)\times(-1,\ 1)$에 대하여 A의 폐포와 경계를 증명없이 각각 그림으로 나타내시오.

CHAPTER 5

거리공간

유클리드 공간의 보통거리를 추상화하여 일반집합 위의 거리를 정의하고 이 거리가 생성하는 위상이 주어진 위상공간이 바로 거리공간이다.

1. 거리함수

[정의 1.1] 집합 X에서의 거리함수(distance function) 또는 거리(metric)는 다음 (1)~(4)를 만족하는 함수 $d : X \times X \to \boldsymbol{R}$을 의미한다.
임의의 $x, y, z \in X$에 대하여
(1) $d(x, y) \geq 0$
(2) $d(x, y) = d(y, x)$ (대칭성)
(3) $d(x, y) + d(y, z) \geq d(x, z)$ (삼각부등식)
(4) $d(x, y) = 0 \Leftrightarrow x = y$
이 때 실수 $d(x, y)$를 d에 의한 x와 y 사이의 거리라고 한다.

[예 1] $d: \boldsymbol{R}\times\boldsymbol{R} \to \boldsymbol{R}$이 $d(x, y)=|x-y|$일 때 d를 $\boldsymbol{R}$의 보통거리함수(usual metric)라고 한다. 이를 일반화 하여 $d: \boldsymbol{R}^n\times\boldsymbol{R}^n \to \boldsymbol{R}$을 $x=(x_1, x_2, \cdots, x_n)$, $y=(y_1, y_2, \cdots, y_n)$일 때 $d(x, y)=\sqrt{\sum_{i=1}^{n}(x_i-y_i)^2}$로 정의하며 이때 d를 $\boldsymbol{R}^n$의 보통거리함수라고 한다. 특히 이것을 유클리드거리(Euclidean metric)라고도 한다.

[예 2] $d: X\times X \to \boldsymbol{R}$이 $d(x, y)=\begin{cases} 0 & ,x=y \\ 1 & ,x\neq y \end{cases}$로 정의된 함수일때 d는 X의 거리함수가 된다. 이때 d를 X의 이산거리함수(trivial metric)라고 한다.

[예 3] $\boldsymbol{R}^n$상에서 $\rho(x, y)=\max\{|x_1-y_1|, \cdots, |x_n-y_n|\}$에 의하여 정의된 함수 ρ는 거리함수이다. 이 거리함수 ρ를 사각거리함수(square metric)라 한다. 함수 ρ가 거리함수가 됨을 보여보자.

(1) $\rho(x, y)\geq 0$이다.

(2) $\rho(x, y)=\rho(y, x)$이다. 왜냐하면 임의의 i에 대하여 $|x_i-y_i|=|y_i-x_i|$이기 때문이다.

(3) 각 i에 대하여 $|x_i-z_i|\leq|x_i-y_i|+|y_i-z_i|$이다. 거리 함수 ρ의 정의에 의하여

$$|x_i-z_i|\leq|x_i-y_i|+|y_i-z_i|\leq\rho(x, y)+\rho(y, z)$$

이 성립하고 각 i에 대하여

$$|x_i-z_i|\leq\rho(x, y)+\rho(y, z)$$

이므로

$$\max\{|x_i-z_i|\}_{i=1}^{n}\leq\rho(x, y)+\rho(y, z)$$

이다. 따라서 $\rho(x, z)\leq\rho(x, y)+\rho(y, z)$이다.

(4) $\rho(x, y)=0 \Leftrightarrow x=y$이다. 왜냐하면 $x=y$이므로 임의의 i에 대하여 $x_i=y_i$이다. 따라서 모든 i에 대하여 $|x_i-y_i|=0$이 되어 $\rho(x, y)=0$이 된다.

역으로 $\rho(x, y)=0$이라면 임의의 i에 대하여 $|x_i-y_i|$ 중 제일 큰 것이 0이 되고 모든 i에 대하여 $|x_i-y_i|\geq 0$이므로 $x_i=y_i$ 가 된다. 따라서 $x=y$이다.

[예 4] $C[0, 1]=\{f\,|\,f:[0, 1]\to \boldsymbol{R}$은 연속함수$\}$일 때 임의의 원소 f, g에 대하여 $d(f, g)=\int_0^1 |f(x)-g(x)|dx$ 로 정의된 d는 $C[0, 1]$ 위의 거리함수이다. 왜냐하면 $f, g, h\in C[0, 1]$일 때

(1) 임의의 $x\in[0, 1]$에 대하여

$$|f(x)-g(x)|\geq 0$$

이므로 $d(f, g)\geq 0$이다.

(2) 임의의 $x\in[0, 1]$에 대하여

$$|f(x)-g(x)|=|g(x)-f(x)|$$

이므로 $d(f, g)=d(g, f)$이다.

(3) 임의의 $x\in[0, 1]$에 대하여

$$|f(x)-g(x)|=|f(x)-h(x)+h(x)-g(x)|\leq |f(x)-h(x)| + |h(x)-g(x)|$$

이므로 $d(f, g)\leq d(f, h)+d(h, g)$이다.

(4) $f=g$이면 임의의 $x\in[0, 1]$에 대하여 $f(x)=g(x)$이므로 $|f(x)-g(x)|=0$이다. 따라서 $d(f, g)=0$이다. 만일 $d(f, g)=0$이면 임의의 $x\in[0, 1]$에 대해 $|f(x)-g(x)|=0$이므로 $f(x)=g(x)$이다. 따라서 $f=g$이다.

$d'(f, g)=\sup\{|f(x)-g(x)|\,|\,x\in[0, 1]\}$로 정의하면 d'도 $C[0, 1]$ 위의 거리함수가 됨을 같은 방법으로 증명할 수 있다.

[정의 1.2] d는 X의 거리함수이다. X의 한 점 p와 X의 부분집합 A 사이의 거리(distance)는 A가 공집합이 아닐 때, 아래의 식으로 정의된다.

$$d(p, A)=\inf\{d(p, a) \mid a \in A\}$$

X의 부분집합 A와 B가 공집합이 아닐 때, 두 집합 A와 B 사이의 거리(distance)는

$$d(A, B)=\inf\{d(a, b) \mid a \in A, b \in B\}$$

로 정의된다. X의 부분집합 A가 공집합이 아닐 때, A의 지름(diameter)은

$$d(A)=\sup\{d(a, a') \mid a, a' \in A\}$$

로 정의된다. $d(A)<\infty$일 때 A는 유계(bounded)라 하며, $d(A)=\infty$일 때 A는 비유계(unbounded)라고 한다.

공집합 ϕ에 대하여서는 다음과 같이 정의한다.

$$d(\phi)=0, \ d(p, \phi)=\infty, \ d(\phi, A)=\infty$$

[예 5] d를 집합 X상의 이산거리함수라 하면 $p \in X$와 $A, B \subset X$에 대하여

$$d(p, A)=\begin{cases} 1 & (p \notin A) \\ 0 & (p \in A) \end{cases} \qquad d(A, B)=\begin{cases} 1 & (A \cap B=\phi) \\ 0 & (A \cap B \neq \phi) \end{cases}$$

이다.

[예 6] $A=[1, 2)$, $B=\{2\}$는 $\boldsymbol{R}$의 부분집합이다. 이때 d가 $\boldsymbol{R}$의 보통거리함수이면 $d(A, B)=0$이다. 그러나 d'이 $\boldsymbol{R}$의 이산거리함수이면 $d'(A, B)=1$이다.

[정리 1.3] d가 집합 X상의 거리이고 $A, B \subset X$, $p \in X$라 하면

(1) $d(p, A)$, $d(A, B)$, $d(A)$는 음이 아닌 실수이다.

(2) $p \in A \Rightarrow d(p, A)=0$

(3) $A \cap B \neq \phi \Rightarrow d(A, B)=0$

(4) A가 유한집합이면 $d(A)<\infty$, 즉 A는 유계이다.

증명 정의 1.2에 의해 명백하다. □

2. 거리위상

[정의 2.1] d가 X상의 거리라 하자. 임의의 $\varepsilon>0$에 대하여 중심이 x이고 x로부터의 거리가 ε보다 작은 점 y들의 집합을

$$B_d(x,\ \varepsilon)=\{y|d(x,\ y)<\varepsilon\}$$

라 할 때 이것을 중심 x에서의 **ε-볼**(ε-ball)이라 한다.

거리함수 d를 혼동할 염려가 없을 때는 $B_d(x,\ \varepsilon)$를 $B(x,\ \varepsilon)$으로 쓰기도 한다.

[예 1] (1) d가 $\boldsymbol{R}$ 위의 보통거리함수이면 $B_d(x,\ \varepsilon)$은 개구간 $(x-\varepsilon,\ x+\varepsilon)$이 된다. 왜냐하면 $d(x,\ y)=|x-y|$이므로

$$B_d(x,\ \varepsilon)=\{y|d(x,\ y)=|x-y|<\varepsilon\}=\{y|x-\varepsilon<y<x+\varepsilon\}$$

이기 때문이다.

(2) d가 집합 X의 이산거리함수이면 $B_d(x,\ \varepsilon)$은 다음과 같다.

$$B_d(x,\ \varepsilon)=\begin{cases} X & ,\varepsilon>1 \\ \{x\} & ,\varepsilon\le 1 \end{cases}$$

[보조정리 2.2] d가 집합 X 위의 거리함수일때 임의의 $y\in B(x,\ \varepsilon)$에 대하여 $B(y,\ \delta)\subset B(x,\ \varepsilon)$을 만족하는 $B(y,\ \delta)$가 존재한다.

증명 $\varepsilon-d(x,\ y)=\delta>0$라 하자. 그러면 $z\in B(y,\ \delta)$이면 $d(y,\ z)<\delta=\varepsilon-d(x,\ y)$가 된다. 그러므로 거리함수의 조건 (3)에 의하여

$$d(x,\ z)\le d(x,\ y)+d(y,\ z)<\varepsilon$$

이고 따라서 $z\in B(x,\ \varepsilon)$이다. □

[정리 2.3] d가 집합 X의 거리함수일때 X의 ε-볼들의 집합 $\mathscr{B}=\{B_d(x, \varepsilon) \mid x \in X, \varepsilon > 0\}$는 X 위의 어떤 위상을 생성하는 기저이다.

증명 기저가 되는 첫 번째 조건은 자명하다. 왜냐하면 모든 $x \in X$와 각 $\varepsilon > 0$에 대하여 $x \in B(x, \varepsilon)$이기 때문에

$$X = \cup \{B(x, \varepsilon) \mid x \in X, \varepsilon > 0\}$$

이다. 이제 두 번째 조건이 성립함을 보이자. B_1, B_2가 $\mathscr{B}$의 원소이고 $y \in B_1 \cap B_2$라 하자. 그러면 보조정리 2.2에 의해

$$B(y, \delta_1) \subset B_1, \ B(y, \delta_2) \subset B_2$$

를 만족하는 δ_1, δ_2가 존재한다. 여기서 $\delta = \min(\delta_1, \delta_2)$라 하면 $B(y, \delta) \subset B_1 \cap B_2$이다. □

[정의 2.4] d를 집합 X 위의 거리함수라 하자. $\mathscr{B}=\{B_d(x, \varepsilon) \mid x \in X, \varepsilon > 0\}$를 기저로 갖는 X 위의 위상 $\mathscr{T}_d$를 d에 의한 거리위상(metric topology)이라고 한다. 이때 (X, d)를 거리공간(metric space)이라 하며 거리공간은 거리위상을 가진다.

[참고] X에 거리위상 $\mathscr{T}_d$가 주어졌을 때 다음이 성립한다.
U : 개집합 ⇔ 각 $x \in U$에 대해 $B_d(x, \varepsilon) \subset U$인 $\varepsilon > 0$이 존재한다.

[예 2] 평면 $\boldsymbol{R}^2$상의 두 점 $x=(x_1, x_2)$, $y=(y_1, y_2)$에 대하여

$$\rho(x, y) = \max(|x_1 - y_1|, |x_2 - y_2|),$$
$$d_1(x, y) = |x_1 - y_1| + |x_2 - y_2|$$

에 의하여 정의된 ρ, d_1은 $\boldsymbol{R}^2$상의 상이한 거리함수이다. 그리고 d를 $\boldsymbol{R}^2$상의 보통거리함수라고 하고 $p=(0, 0)$, $\varepsilon=1$로 놓으면 각 거리함수 d, ρ, d_1에 대한 $B_d(p, \varepsilon)$, $B_\rho(p, \varepsilon)$, $B_{d_1}(p, \varepsilon)$은 각각 다음 그림과 같다.

여기서 $\boldsymbol{R}^2$상의 보통위상 $\mathscr{U}$에 대하여 $\mathscr{T}_\rho=\mathscr{T}_{d_1}=\mathscr{T}_d=\mathscr{U}$임을 제3장의 정리 2.4에 의해 알 수 있다.

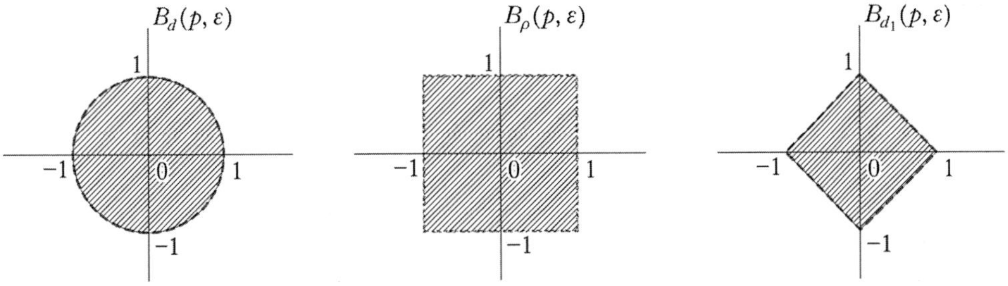

〈그림 5.1〉

[참고] 예 2에서와 같이 서로 다른 거리함수 d와 d'이 집합 X 위의 같은 거리위상을 생성할 때 d와 d'은 동치라고 한다.

[예 3] d가 X의 이산거리함수이고 $x\in X$라고 하자. 그러면 $B_d\left(x, \frac{1}{2}\right)=\{x\}$이므로 모든 단집합 $\{x\}$가 개집합이 되어 d는 X위의 이산위상을 생성한다.

[예 4] (X, d)가 거리공간이고 $Y\subset X$일때 d의 축소함수 $d|_Y: Y\times Y \to \boldsymbol{R}$은 Y에서의 거리함수가 된다. 이때 $(Y, d|_Y)$를 (X, d)의 부분공간이라 한다. 따라서 거리공간의 부분공간은 역시 거리공간임을 알 수 있다.

3. 거리공간의 성질

거리공간은 거리위상이 주어진 위상공간이므로 일반적인 위상공간에서 정의된 개념들이 거리공간에서도 정의된다.

[정리 3.1] (X, d)가 거리공간이고 $x\in X$일때 $\mathscr{B}_x=\left\{B\left(x, \frac{1}{n}\right) | n\in N\right\}$은 x에서의 국소기저이다.

증명 x를 가지는 임의의 개집합을 U라 하면 $x \in B(x, \varepsilon) \subset U$인 ε-볼 $B(x, \varepsilon)$이 존재한다. $\varepsilon > 0$이므로 $\frac{1}{n_0} < \varepsilon$인 자연수 n_0가 존재한다. 따라서 $x \in B\left(x, \frac{1}{n_0}\right) \subset B(x, \varepsilon) \subset U$이고 $B\left(x, \frac{1}{n_0}\right) \in \mathscr{B}_x$이므로 $\mathscr{B}_x$는 x에서의 국소기저이다. □

[정리 3.2] A를 거리공간 (X, d)의 부분집합이라 하자. 그러면 A의 폐포 $\overline{A}$는 A와의 거리가 0인 점들의 집합이다. 즉

$$\overline{A} = \{x \mid d(x, A) = 0\}$$

이다.

증명 $x \in \overline{A}$이면서 $d(x, A) \neq 0$라고 가정하자. 이제 $d(x, A) = \varepsilon > 0$이라 하면 $B(x, \varepsilon) \cap A \neq \phi$이다. 따라서 $a \in A$이면서 $a \in B(x, \varepsilon)$인 점 a가 존재하고 $d(x, a) < \varepsilon$이다. 이것은 $d(x, A) = \inf\{d(x, a) \mid a \in A\} = \varepsilon$에 모순이다. 그러므로

$$\overline{A} \subset \{x \mid d(x, A) = 0\}$$

가 성립한다.

역으로 $d(x, A) = 0$이면서 $x \notin \overline{A}$라고 가정하자. 그러면 $U \cap A = \phi$인 x를 가지는 개집합 U가 존재한다. 따라서 $x \in B(x, \varepsilon) \subset U$인 ε-볼 $B(x, \varepsilon)$이 존재하여 $B(x, \varepsilon) \cap A = \phi$이다. 그러므로 임의의 $a \in A$에 대하여 $a \notin B(x, \varepsilon)$이므로 $d(x, a) \geq \varepsilon$이고 $d(x, A) = \inf\{d(x, a) \mid a \in A\} \geq \varepsilon > 0$이 되어 $d(x, A) = 0$에 모순이다. 따라서

$$\{x \mid d(x, A) = 0\} \subset \overline{A}$$

가 성립한다. □

[참고] (X, d)가 거리공간이고 $A \subset X$일 때

(1) A가 폐집합이면 $A = \overline{A} = \{x \mid d(x, A) = 0\}$이므로 $x \notin A$이면 $d(x, A) > 0$임을 알 수 있다.

(2) $\overline{A} = A \cup A'$이므로 A의 극한점은 A와의 거리가 0인 점들이다.

[정리 3.3] (X, d)가 거리공간이고 $A \subset X$일때 A가 유한집합이면 A는 폐집합이다.

증명 A가 유한집합이므로 $A=\{x_1, x_2, \cdots, x_n\}$이라 두면 각 $i=1, 2, \cdots, n$에 대하여 단집함 $\{x_i\}$는 폐집합이다. 왜냐하면 $\overline{\{x_i\}}=\{x \in X \mid d(x, \{x_i\})=0\}=\{x_i\}$이기 때문이다. $A=\{x_1\} \cup \{x_2\} \cup \cdots \cup \{x_n\}$이므로 A는 폐집합이다. □

[예 1] 보통위상공간 $(R, \mathscr{U})$는 거리공간이므로 $A=\{-1, 0, 1\}$이라고 하면 A는 폐집합이다.

다음 정리는 거리공간이 갖는 분리성에 관한 것이다.

[정리 3.4] 집합 A와 B가 거리공간 (X, d)에서 서로소인 폐집합이면 $A \subset G$, $B \subset H$인 서로소인 개집합 G와 H가 존재한다. 즉 거리공간은 정규공간이다.

증명 A와 B가 폐집합이고 $A \cap B=\phi$라고 하면 각 $a \in A$에 대해 $a \notin B = \overline{B}$이므로 $a \notin \overline{B}$이다. 따라서 $U \cap B=\phi$인 a를 가지는 개집합 U가 존재한다. 그러므로 $a \in B_d(a, \varepsilon_a) \subset U$인 ε-볼 $B_d(a, \varepsilon_a)$가 존재하여 $B_d(a, \varepsilon_a) \cap B=\phi$가 성립한다. 같은 방법으로 각 $b \in B$에 대해 $B_d(b, \varepsilon_b) \cap A = \phi$인 ε-볼 $B_d(b, \varepsilon_b)$가 존재한다. 이제 $G=\bigcup_{a \in A} B_d\left(a, \frac{\varepsilon_a}{2}\right)$, $H=\bigcup_{b \in B} B_d\left(b, \frac{\varepsilon_b}{2}\right)$라고 두면 G와 H는 각각 A와 B를 포함하는 개집합임을 알 수 있다.

마지막으로 $G \cap H=\phi$임을 보이기 위해 $z \in G \cap H$인 z가 존재한다고 가정하면 적당한 $a \in A$와 $b \in B$에 대해 $Z \in B_d\left(a, \frac{\varepsilon_a}{2}\right)$이고 $Z \in B_d\left(b, \frac{\varepsilon_b}{2}\right)$이다. 그러면 $d(a, z) < \frac{\varepsilon_a}{2}$이고 $d(z, b) < \frac{\varepsilon_b}{2}$이므로

$$d(a, b) \leq d(a, z)+d(z, b) < \frac{\varepsilon_a}{2}+\frac{\varepsilon_b}{2}=\frac{\varepsilon_a+\varepsilon_b}{2}$$

가 성립한다. 만일 $\varepsilon_a \leq \varepsilon_b$이면

$$d(a, b) < \frac{\varepsilon_a + \varepsilon_b}{2} \le \frac{\varepsilon_b + \varepsilon_b}{2} = \varepsilon_b$$

가 되어 $a \in B_d(b, \varepsilon_b)$이고 이것은 $B_d(b, \varepsilon_b) \cap A = \phi$에 모순이다. 만일 $\varepsilon_a > \varepsilon_b$이면

$$d(a, b) < \frac{\varepsilon_a + \varepsilon_b}{2} < \frac{\varepsilon_a + \varepsilon_a}{2} = \varepsilon_a$$

가 되어 $b \in B_d(a, \varepsilon_a)$이고 이것은 $B_d(a, \varepsilon_a) \cap B = \phi$에 모순이다. 그러므로 $G \cap H = \phi$이므로 정리가 성립한다. □

이제 거리공간에서의 연속성을 다음 정리에서 알아보자.

[정리 3.5] (X, d_X), (Y, d_Y)를 거리공간이라고 하자. 함수 $f : X \to Y$가 연속이기 위한 필요충분조건은 임의의 $x \in X$와 $\varepsilon > 0$에 대하여

$$d_X(x, y) < \delta \Rightarrow d_Y(f(x), f(y)) < \varepsilon$$

을 만족하는 $\delta > 0$가 존재하는 것이다.

증명 함수 f가 연속이라 하자. $x \in X$와 $\varepsilon > 0$에 대하여 $B(f(x), \varepsilon)$이 Y에서 개집합이라 하면 X에서 개집합인 $f^{-1}(B(f(x), \varepsilon))$가 존재하여 $x \in f^{-1}(B(f(x), \varepsilon))$이다. 그러면 $B(x, \delta)$가 존재하여

$$B(x, \delta) \subset f^{-1}(B(f(x), \varepsilon))$$

이 성립한다. 그리고

$$f(B(x, \delta)) \subset ff^{-1}(B(f(x), \varepsilon)) \subset B(f(x), \varepsilon)$$

이 된다. 만일 $y \in B(x, \delta)$라 하면

$$f(y) \in f(B(x, \delta)) \subset B(f(x), \varepsilon)$$

가 되어 $f(y) = B(f(x), \varepsilon)$이다. 따라서

$$d(x, y) < \delta \Rightarrow d(f(x), f(y)) < \varepsilon$$

이다.

역으로 V를 Y에서의 개집합이라 하고 $x \in f^{-1}(V)$라 하면 $f(x) \in V$이다. 그러므로 $B(f(x), \varepsilon)$이 존재하여

$$f(x) \in B(f(x), \varepsilon) \subset V$$

가 성립한다. 그러면 가정에 의하여 $B(x, \delta)$가 존재해서

$$f(B(x, \delta)) \subset B(f(x), \varepsilon)$$

이고 다시

$$B(x, \delta) \subset f^{-1}f(B(x, \delta)) \subset f^{-1}(B(f(x), \varepsilon)) \subset f^{-1}(V)$$

이다. 따라서 $f^{-1}(V)$는 개집합이다. □

위상공간에서 집합 A의 점들로 이루어진 수열이 어떤 점 x에 수렴하면 $x \in \overline{A}$이다. 그러나 그 역은 일반적으로 성립하지 않는다.

[정리 3.6] (수열보조정리, sequence lemma)

(1) X가 위상공간이고 $A \subset X$일때 A의 점들로 이루어진 수열 $\langle x_n \rangle$이 존재하여 x로 수렴하면 $x \in \overline{A}$이다.

(2) (X, d) 거리공간이고 $A \subset X$일때 $x \in \overline{A}$이면 x로 수렴하는 A의 점들로 이루어진 수열 $\langle x_n \rangle$이 존재한다.

증명 (1) $x_n \in A$이고 수열 $\langle x_n \rangle$이 x로 수렴한다고 하자. 그러면 x를 가지는 임의의 개집합 U에 대해, 자연수 n_0가 존재하여 $n > n_0$이면 $x_n \in U$이므로 $U \cap A \neq \phi$이다. 따라서 $x \in \overline{A}$이다.

(2) $x \in \overline{A}$라고 하자. 그러면 각 자연수 n에 대해 $B_d\left(x, \frac{1}{n}\right) \cap A \neq \phi$이므로 $x_n \in B_d\left(x, \frac{1}{n}\right) \cap A$인 x_n을 택하자. 그러면 수열 $\langle x_n \rangle$이 x로 수렴한다. 왜냐하면 x를 가지는 임의의 개집합을 U라 하면 $x \in B_d(x, \varepsilon) \subset U$인 ε-볼 $B_d(x, \varepsilon)$이 존재한다. $\varepsilon > 0$이므로 $\frac{1}{n_0} < \varepsilon$인 자연수 n_0를 택하면

$$x \in B_d\left(x, \frac{1}{n_0}\right) \subset B_d(x, \varepsilon) \subset U$$

이다. 따라서 $n > n_0$이면

$$x_n \in B_d\left(x, \frac{1}{n}\right) \subset B_d\left(x, \frac{1}{n_0}\right) \subset U$$

이기 때문이다. □

제4장의 정리 1.10에서 모든 연속함수는 수열연속함수임을 보였다. 일반적으로 그 역은 성립하지 않지만 정의역이 거리공간인 함수에서는 성립한다.

[정리 3.7] X가 거리공간이면 다음이 성립한다.

$$f: X \to Y \text{ 연속함수 } \Leftrightarrow f: \text{수열연속함수}$$

증명 ($\Rightarrow$) 일반위상공간에 대해 제4장의 정리 1.10에 의해 성립한다.

($\Leftarrow$) $A \subset X$일때 $f(\overline{A}) \subset \overline{f(A)}$임을 보이면 f는 연속함수이다. $x \in \overline{A}$이면 $f(x) \in f(\overline{A})$이고 정리 3.6의 (2)에 의해 x로 수렴하는 A의 점들의 수열 $\langle x_n \rangle$이 존재한다. 그러면 가정에 의해 수열 $\langle f(x_n) \rangle$은 $f(x)$로 수렴한다. $f(x_n) \in f(A)$이므로 정리 3.6의 (1)에 의해 $f(x) \in \overline{f(A)}$이다. 따라서 $f(\overline{A}) \subset \overline{f(A)}$이다. □

4. 노름공간과 완비공간

벡터공간에 노름이 주어지면 노름공간이 된다. 일반적으로 노름공간은 노름에 의해 유도된 거리를 가지며 따라서 거리공간이 된다.

[정의 4.1] V를 실벡터공간(real vector space)이라고 하자. 각 $v \in V$에 대하여 실수 $\|v\|$를 대응시키는 함수 $\|\ \|: V \to \boldsymbol{R}$이 다음 공리를 만족할 때 이 함수를 V상의 노름(norm)이라고 한다.

각 v, $w \in V$와 $k \in R$에 대하여
(1) $\| v \| \geq 0$ 그리고 $\| v \| = 0 \Leftrightarrow v = 0$
(2) $\| v + w \| \leq \| v \| + \| w \|$
(3) $\| kv \| = |k| \, \| v \|$
이다.

노름이 주어진 벡터공간 V를 노름공간(normed space)이라 하고 실수 $\| v \|$를 벡터 v의 노름이라고 한다.

[정리 4.2] V를 노름공간이라 하자. 임의의 v, $w \in V$에 대하여

$$d(v, w) = \| v - w \|$$

에 의하여 정의된 함수 d는 V 상의 거리이다. 이것을 노름에 의하여 V상에 유도된 거리(induced metric)라고 한다.

증명 (1) 임의의 v, $w \in W$에 대하여 $d(v, w) = \| v - w \| \geq 0$이다.

(2) $d(v, v) = \| v - v \| = \| 0 \| = 0$이고 $v \neq w$이면 $v - w \neq 0$이다. 따라서
$d(v, w) = \| v - w \| > 0$

(3) $d(v, w) = \| v - w \| = \| (-1)(w - v) \| = |-1| \, \| w - v \| = \| w - v \| = d(w, v)$

(4) $d(u, v) = \| u - v \| = \| u - w + w - v \| \leq \| u - w \| + \| w - v \|$
$= d(u, w) + d(w, v)$ □

[예 1] $(\boldsymbol{R}^n, +, \cdot)$은 두 개의 연산 $+$와 $\cdot$가, $\boldsymbol{R}^n$의 원소 $(a_1, a_2, \cdots, a_n)$, $(b_1, b_2, \cdots, b_n)$와 실수 k에 대하여 다음 식으로 정의된 벡터공간이다.

$$(a_1, a_2, \cdots, a_n) + (b_1, b_2, \cdots, b_n) = (a_1 + b_1, a_2 + b_2, \cdots, a_n + b_n),$$
$$k \cdot (a_1, a_2, \cdots, a_n) = (ka_1, ka_2, \cdots, ka_n)$$

이때 함수 $\| \ \| : \boldsymbol{R}^n \to R$이 다음 식으로 정의되면 $\| \ \|$은 $\boldsymbol{R}^n$의 노름이 되고 유클리드 노름(Euclidean norm)이라고 부른다.

$$\| (a_1, a_2, \cdots, a_n) \| = \sqrt{\sum_{i=1}^{n} a_i^2}$$

이제 $\boldsymbol{R}^n$상의 보통거리함수를 무한차원의 유클리드 공간 $\boldsymbol{R}^\infty$에서 일반화 하는 문제를 생각해 보자. $\boldsymbol{R}^\infty$의 두 점 $x=(x_1, x_2, \cdots)$, $y=(y_1, y_2, \cdots)$에 대해 $d: \boldsymbol{R}^\infty \times \boldsymbol{R}^\infty \to R$ 을 $d(x, y)=\sqrt{\sum_{i=1}^{\infty}(x_i-y_i)^2}$ 로 정의하면 급수 $\sum_{i=1}^{\infty}(x_i-y_i)^2$이 수렴하지 않으면 거리 $d(x, y)$가 주어지지 않게 된다. 따라서 급수 $\sum_{i=1}^{\infty} n_i^2$이 수렴하는 경우에 한하여 거리함수 d를 정의할 수 있게 된다.

[정의 4.3] $H=\left\{x=(x_1, x_2, \cdots)\in\boldsymbol{R}^\infty \mid \sum_{i=1}^{\infty} x_i^2 \text{ 이 수렴}\right\}$라고 하자. H의 두 원소 $x=(x_1, x_2, \cdots)$, $y=(y_1, y_2, \cdots)$에 대해 함수 $d: H\times H \to \boldsymbol{R}$ 을 다음과 같이 정의하자.

$$d(x, y)=\sqrt{\sum_{i=1}^{\infty}(x_i-y_i)^2}$$

그러면 d는 H상의 거리함수이며 d가 유도한 거리공간 (H, d)를 힐베르트공간(Hilbert space) 혹은 l_2-공간이라 부른다.

[정의 4.4] 두 거리공간 (X, d)와 (Y, ρ)에 대하여 거리를 보존하는 전단사함수 $f: X \to Y$가 존재할 때 즉 임의의 $x, y\in X$에 대하여

$$d(x, y)=\rho(f(x), f(y))$$

가 성립할 때 X와 Y는 등거리동형(isometric)이라고 하며 또 함수 f를 등거리함수라고 한다.

두 거리공간이 등거리동형이면 위상적으로 같은 공간이 되나 그 역은 성립하지 않는다.

[정리 4.5] 거리공간 (X, d)와 (Y, e)가 등거리동형이면 X와 Y는 위상동형이다.

증명 (X, d)와 (Y, e)가 등거리 동형이므로 전단사 함수 $f: X \to Y$가 존재하여 $d(p, q)=e(f(p), f(q))$이다. 이제 f가 연속임을 보이기 위해 H가 Y에서 개집합이고 $x \in f^{-1}(H)$라고 하자. 그러면 $f(x) \in H$이고 H가 개집합이므로 $f(x) \in B_e(f(x), \delta) \subset H$인 양수 δ가 존재한다.

$$\begin{aligned} B_e(f(x), \delta) &= \{f(z) \mid e(f(x), f(z)) < \delta\} \\ &= \{f(z) \mid d(x, z) < \delta\} \\ &= \{f(z) \mid z \in B_d(x, \delta)\} \\ &= f(B_d(x, \delta)) \end{aligned}$$

이므로 $f(B_d(x, \delta)) \subset H$ 이다.

따라서 $x \in B_d(x, \delta) \subset f^{-1}(H)$이므로 $f^{-1}(H)$는 X에서 개집합이다. f가 개사상임을 보이기 위해 G가 X의 개집합이라 하고 $y \in f(G)$라고 하면 f가 전사이므로 $y=f(x)$인 $x \in G$가 존재한다. G가 개집합이므로 $x \in B_d(x, \delta) \subset G$ 인 양수 δ가 존재하고 따라서

$$f(x)=y \in f(B_d(x, \delta)) \subset f(G)$$

이다. 또

$$f(B_d(x, \delta))=B_e(f(x), \delta)$$

이므로 $y \in B_e(y, \delta) \subset f(G)$가 되어 $f(G)$는 Y에 개집합이다. □

일반적으로 위 정리의 역은 성립하지 않는다. d를 X 위의 이산거리함수라고 하고 $d' : X \times X \to R$을 $d'(x, y)=\begin{cases} 2 & , x \neq y \\ 0 & , x = y \end{cases}$라고 하면 두 거리함수 d, d'는 모두 X 위의 이산위상을 생성한다. 따라서 두 이산공간 (X, d)와 (X, d')은 위상적으로 동형이다. 그러나 $x \neq y$일때 $d(x, y)=1 \neq 2=d'(x, y)$이므로 (X, d)와 (X, d')은 등거리동형이 아니다.

거리공간에서 수렴하는 수열은 코오시 수열이지만 그 역은 성립하지 않는다. 이제 코오시 수열이 수렴하는 거리공간의 완비성에 대해 알아보자.

[정의 4.6] 거리공간 (X, d)에서 수열 $\langle x_n \rangle$이 주어졌다고 하자. 만일 임의의 $\varepsilon > 0$에 대하여 적당한 $n_0 \in N$가 존재하여 $n, m > n_0$일 때 $d(x_n, x_m) < \varepsilon$이면 $\langle x_n \rangle$을 **코오시 수열**(Cauchy sequence)이라 한다.

[정리 4.7] 거리공간 (X, d)에서 수렴하는 수열은 코오시 수열이다.

증명 $\langle x_n \rangle$을 거리공간 (X, d)에서 x로 수렴하는 수열이라고 하자. 그러면 임의의 $\varepsilon > 0$에 대하여 적당한 $n_0 \in N$가 존재하여 $n > n_0$이면 $d(x_n, x) < \frac{\varepsilon}{2}$이 된다. 따라서 $n, m > n_0$이면

$$d(x_n, x_m) \leq d(x_n, x) + d(x, x_m) < \frac{\varepsilon}{2} + \frac{\varepsilon}{2} = \varepsilon$$

이다. 그러므로 수열 $\langle x_n \rangle$은 코오시 수열이다. □

[예 2] 정리 4.7의 역은 성립하지 않는다. $X = (0, 1) \subset R$이 보통거리 $d(x, y) = |x - y|$를 갖는 거리공간이라고 하자. 그러면 수열 $\left\langle \frac{1}{2}, \frac{1}{3}, \cdots, \frac{1}{n}, \cdots \right\rangle$은 코오시 수열이지만 $0 \notin X$이므로 X 안에서 수렴하는 수열이 아니다.

[예 3] 수열의 코오시 성은 위상적 성질이 아니다. 함수 $f : (0, 1) \to (1, \infty)$를 $f(x) = \frac{1}{x}$라고 하면 f는 위상동형사상이다. 그러나 수열 $\langle a_n \rangle = \left\langle \frac{1}{2}, \frac{1}{3}, \cdots, \frac{1}{n}, \cdots \right\rangle$은 $(0, 1)$에서 코오시 수열이지만 수열 $\langle f(a_n) \rangle = \langle 2, 3, \cdots, n, \cdots \rangle$은 $(1, \infty)$에서 코오시 수열이 아니다.

[정의 4.8] 거리공간 (X, d)에서의 각 코오시 수열이 한 점 $x \in X$로 수렴할 때 (X, d)를 완비공간(complete space) 또는 완비거리공간(complete metric space)이라고 한다.

예 2의 $X = (0, 1)$은 완비공간이 아니다.

[예 4] 이산거리함수가 주어진 이산공간 (X, d)는 완비공간이다. $\langle x_n \rangle$을 (X, d)에서의 코오시 수열이라고 하고 $\varepsilon = \frac{1}{2}$로 두면 적당한 $n_0 \in N$이 존재하여 $n, m > n_0$이면 $d(x_n, x_m) < \frac{1}{2}$이 성립한다. d는 이산거리함수이므로 $x_n = x_m = x$이다. 따라서 수열 $\langle x_n \rangle$은 $\langle x_1, x_2, \cdots, x_{n_0}, x, x, \cdots \rangle$의 형태가 되어 $x \in X$로 수렴한다.

[예 5] (1) 보통위상공간$(R, \mathscr{U})$는 완비공간이다.

(2) 완비공간의 부분공간은 일반적으로 완비공간이 아니다. 보통위상공간$(R, \mathscr{U})$의 부분공간 Q에서 수열 $\langle 1, 1.4, 1.41, 1.414, \cdots \rangle$은 코오시 수열이나 $\sqrt{2} \notin Q$이므로 Q에서 수렴하지 않는다.

(3) 거리공간의 완비성은 위상적 성질이 아니다. 보통위상공간$(R, \mathscr{U})$와 $(0, 1)$은 위상동형이나 $(0, 1)$은 완비공간이 아니다.

[정리 4.9] 완비공간 (X, d)의 임의의 폐부분공간 Y는 완비공간이다.

증명 $\langle x_n \rangle$을 Y에서 코오시 수열이라고 하자. 그러면 $\langle x_n \rangle$은 X에서 코오시 수열이 되고 X가 완비공간이므로 적당한 $y \in X$에 대해 수열 $\langle x_n \rangle$은 y로 수렴한다. 따라서 수열 보조정리에 의해 $y \in \overline{Y} = Y$이다. 따라서 $\langle x_n \rangle$은 Y에서 수렴하므로 Y는 완비공간이다. □

[정리 4.10] (X, d)가 거리공간이고 모든 코오시 수열이 수렴하는 부분수열을 가지면 (X, d)는 완비공간이다.

증명 $\langle x_n \rangle$을 코오시 수열이라고 하자. 그러면 가정에 의해 x로 수렴하는 부분수열 $\langle x_{i_n} \rangle$이 존재한다. 한편 $\langle x_n \rangle$이 코오시 수열이므로 임의의 $\varepsilon > 0$에 대하여 자연수 n_0가 존재하여 $m, n > n_0$이면 $d(x_m, x_n) < \frac{\varepsilon}{2}$이 성립한다. 또한 $\langle x_{i_n} \rangle$이 x로 수렴하므로 자연수 i_0가 존재하여 $i_0 > n_0$이면 $d(x_{i_0}, x) < \frac{\varepsilon}{2}$이 성립한다. 따라서 $n > n_0$이면

$$d(x_n, x) \le d(x_n, x_{i_0}) + d(x_{i_0}, x) < \frac{\varepsilon}{2} + \frac{\varepsilon}{2} = \varepsilon$$

이므로 수열 $\langle x_n \rangle$은 x에 수렴한다. 그러므로 (X, d)는 완비공간이다. □

5. 상공간

위상수학에서의 많은 다른 개념들과 달리 상공간은 해석학에서 유래된 것이 아니라 기하학의 자르고 붙이는 기술에서 그 기원을 찾을 수 있다. 예를 들면 원은 폐구간의 양 끝점을 붙임으로서 만들 수 있고 토러스(torus)는 직사각형의 마주보는 변을 그림 5.2와 같이 붙임으로서 만들 수 있다.

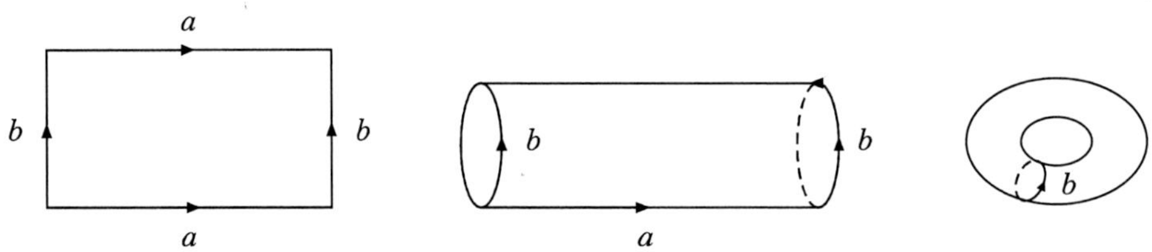

〈그림 5.2〉

뫼비우스띠(Möbius strip)는 직사각형을 한번 비틀어 변들을 그림 5.3과 같이 붙임으로서 만들 수 있다. 물론 이 띠는 한면과 한변만을 갖고 있는 특별한 성질을 지니고 있다.

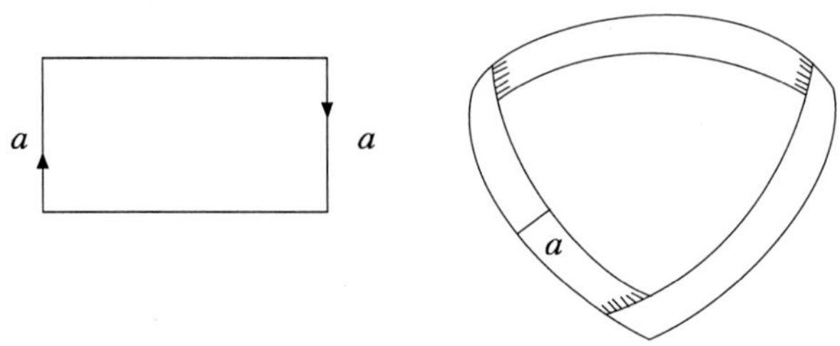

〈그림 5.3〉

클라인 병(Klein bottle)도 직사각형으로부터 만들 수 있다. 먼저 마주보는 한 쌍의 변을 붙여 원통을 얻고 나머지 한쌍의 변을 붙이기 전에 한번 비틀어 붙인다. 물론 이 작업은 3차원에서는 불가능하다. 그림 5.4를 참조하라.

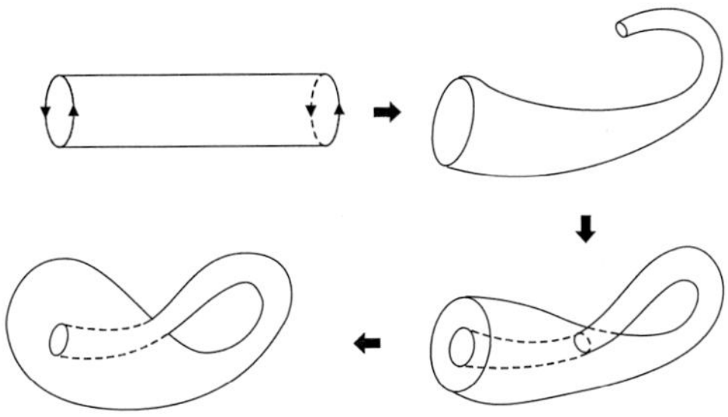

〈그림 5.4〉

구면은 원판에서 그것의 둘레를 한점에 붙임으로서 만들어진다. 위의 예들의 경우에 직사각형이나 원판에는 위상이 주어져 있고 새로 만들어진 구면이나 토러스, 뫼비우스띠, 클라인 병 등에는 위상이 주어져 있지 않을 때 어떤 방법으로 이들 곡면에 위상을 줄수 있을까 하는 문제가 제기된다. 이때 이미 주어져 있는 직사각형과 원판의 위상을 이용하고 함수를 이용하여 이 변화된 곡면에 위상을 주고자 하는 것이 바로 상공간의 개념이다.

[정의 5.1] Y가 임의의 집합이고 $(X, \mathscr{T})$가 위상공간일 때 함수 $p : X \to Y$가 전사함수라 하자. 함수 p에 의하여 정의되는 Y에서의 상위상(quotient topology)은

$$\mathscr{T}_{(p)} = \{U \subset Y \mid p^{-1}(U) : X\text{에서 개집합}\}$$

이라 하고 Y상에 p에 의한 상위상이 주어졌을 때 $p : X \to Y$를 상함수(quotient map)라 한다. 이 때 $(Y, \mathscr{T}_{(p)})$를 X의 상공간(quotient space)이라고 한다.

[정리 5.2] 상위상 $\mathscr{T}_{(p)}$는 실제로 Y위의 위상이다.

증명 (1) ϕ, $Y \in \mathscr{T}_{(p)}$이다. 왜냐하면 $p^{-1}(\phi) = \phi$이고 $p^{-1}(Y) = X$이므로 각각 X에서 개집합이기 때문이다.

(2) 임의의 $U_\alpha \in \mathscr{T}_{(p)}$에 대하여 $\bigcup_\alpha U_\alpha \in \mathscr{T}_{(p)}$이다. 왜냐하면 $U_\alpha \in \mathscr{T}_{(p)}$이면 $p^{-1}(U_\alpha)$는 X에서 개집합이다. 그러면 $\bigcup_\alpha p^{-1}(U_\alpha)$가 X에서 개집합이고

$$\bigcup_{\alpha} p^{-1}(U_{\alpha}) = p^{-1}(\bigcup_{\alpha} U_{\alpha})$$

이므로 $p^{-1}(\bigcup_{\alpha} U_{\alpha})$도 X에서 개집합이다. 따라서 $\bigcup_{\alpha} U_{\alpha} \in \mathscr{T}_{(p)}$이다.

(3) $U_1, U_2 \in \mathscr{T}_{(p)}$이면 $U_1 \cap U_2 \in \mathscr{T}_{(p)}$이다. 왜냐하면 $P^{-1}(U_1 \cap U_2) = P^{-1}(U_1) \cap P^{-1}(U_2)$이고 $P^{-1}(U_1)$과 $P^{-1}(U_2)$가 X에서 개집합이므로 $P^{-1}(U_1 \cap U_2)$가 X에서 개집합이기 때문이다. □

정의 5.1에 의해 상함수 p는 연속함수임은 명백하다.

[정리 5.3] $p : X \to Y$가 연속일때 상위상 $\mathscr{T}_{(p)}$는 Y에서 가장 큰 위상이다.

증명 $\mathscr{T}$를 Y에서의 위상이라 하자. 그러면 $U \in \mathscr{T}$일 때 p가 연속이므로 $p^{-1}(U)$는 X에서 개집합이다. 그러므로 $\mathscr{T}_{(p)}$의 정의에 의하여 $U \in \mathscr{T}_{(p)}$이다. □

위 정리는 X가 위상공간이고 Y가 임의의 집합일 때 Y상의 상위상은 전사함수 $p : X \to Y$를 연속이 되게 하는 Y상의 가장 큰 위상이 됨을 의미한다.

[예 1] 보통위상공간$(R, \mathscr{U})$의 부분공간 $[0, 1]$에 대해 $p : [0, 1] \to 2 = \{0, 1\}$가 $\left[\frac{1}{2}, 1\right]$에서의 특성함수라고 하면 $\{0, 1\}$ 위의 상위상 $\mathscr{T}_{(p)} = \{\{0, 1\}, \phi, \{0\}\}$이다. p가 전사함수임은 명백하며 $p^{-1}(\{0\}) = \left[0, \frac{1}{2}\right)$이고 $p^{-1}(\{0, 1\}) = [0, 1]$이므로 $[0, 1]$에서 개집합이다. 그러나 $p^{-1}(\{1\}) = \left[\frac{1}{2}, 1\right]$이므로 $[0, 1]$에서 개집합이 아니다. 따라서 $\mathscr{T}_{(p)} = \{\{0, 1\}, \phi, \{0\}\}$이다.

[정리 5.4] X, Y는 위상공간이고 $p : X \to Y$가 연속이고 전사이며 개사상(또는 폐사상)이면 p는 상함수이다. 즉, Y 위에 주어진 위상은 상위상과 같다.

증명 Y 위에 주어진 위상을 $\mathscr{T}$라고 하고 $\mathscr{T} = \mathscr{T}_{(p)}$임을 보이면 된다.

$U \in \mathscr{T}_{(p)}$라 하면 $p^{-1}(U)$는 X에서 개집합이다. 그런데 p가 개사상이고 전사이므로

$$p(p^{-1}(U)) = U$$

이고 이는 Y에서 개집합이다. 따라서 $U \in \mathscr{T}$이다.

한편 정리 5.3에서 p가 연속이면 $\mathscr{T} \subset \mathscr{T}_{(p)}$이다. p가 폐사상인 경우도 같은 방법으로 증명할 수 있다. □

[예 2] 보통위상공간(R, $\mathscr{U}$)의 부분공간 $X=[0, 1]$과 ($\boldsymbol{R}^2$, $\mathscr{U}$)의 부분공간 $Y=\{(x, y) \mid x^2+y^2=1\}$에 대해 함수 $f : X \to Y$, $f(t)=(\cos 2\pi t, \sin 2\pi t)$가 주어져 있다. 그러면 f는 전사이고 연속이며 폐사상이므로 f는 상함수이다. 따라서 Y는 X의 상공간이다. 즉 원은 폐구간의 상공간이다.

[예 3] $\pi_1 : X \times Y \to X$, $\pi_2 : X \times Y \to Y$를 사영함수라고 하면 π_1, π_2는 연속이고 전사이며 개사상이므로 정리 5.4에 의해 π_1, π_2는 상함수이다.

집합에 동치관계가 주어지면 그에 대응하는 분할이 생기고 역으로 집합에 분할이 주어지면 그에 대응하는 동치관계가 생긴다. 이제 상공간을 정의하는 두 번째 방법으로 동치관계에 대응하는 분할을 이용하여 상위상을 정의해 보자.

[정의 5.5] 위상공간 X위에 동치관계 R이 주어져 있을 때 모든 R-동치류들의 집합을 R에 의한 X의 상집합(quotient set)이라 하고 X/R로 나타낸다. 즉, $X/R=\{[x] \mid x \in X\}$이다. 이때 함수 $p : X \to X/R$, $p(x)=[x]$는 전사함수인데 이 함수를 상함수 또는 자연함수라 부르며 $\mathscr{T}_{(p)}=\{U \subset X/R \mid p^{-1}(U) : X$에서 개집합$\}$를 동치관계 R에 의한 상위상이라 한다. 또한 $(X/R, \mathscr{T}_{(p)})$를 동치관계 R에 의한 X의 상공간이라 한다.

[정리 5.6] $f : X \to Y$를 상함수라고 하자. 함수 $g : Y \to Z$에 대해 다음이 성립한다. g가 연속함수가 되기 위한 필요충분조건은 $g \circ f : X \to Z$가 연속함수가 되는 것이다.

증명 ($\Rightarrow$) f는 상함수이므로 연속이다. 따라서 g가 연속이므로 $g \circ f$도 연속함수이다.
($\Leftarrow$) $g \circ f : X \to Z$가 연속이라고 하자. Z에서 임의의 개집합 G를 택하면 $(g \circ f)^{-1}(G) = f^{-1}(g^{-1}(G))$는 X에서 개집합이다. 그러면 f가 상함수이므로 $g^{-1}(G)$는 Y에서 개집합이다. 따라서 g는 연속함수이다. □

[정리 5.7] 위상공간 X와 Y에 대하여 $f : X \to Y$는 상함수이고 X 위의 동치관계 R이 다음과 같이 주어져 있다.

$$x \overset{R}{\sim} x' \Leftrightarrow f(x) = f(x')$$

그러면 자연함수 $p : X \to X/R$에 의한 상공간 X/R은 Y와 위상동형이다.

증명 $x \in X$에 대해 $f(x) = y$라고 하면

$$x' \in [x] \Leftrightarrow f(x') = f(x) = y \Leftrightarrow x' \in f^{-1}(y)$$

이므로 $[x] = f^{-1}(y)$이다. 따라서

$$X/R = \{[x] \mid x \in X\} = \{f^{-1}(y) \mid y \in Y\}$$

이다. 이제 $h : Y \to X/R$, $h(y) = f^{-1}(y)$, $y \in Y$라고 정의하자.

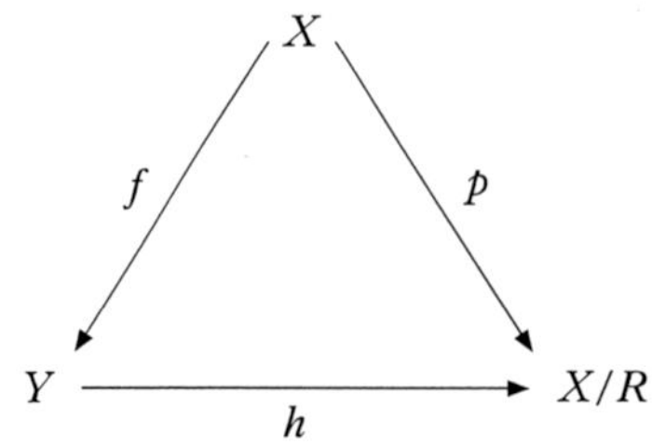

〈그림 5.5〉

$h(y_1) = h(y_2)$이면 $f^{-1}(y_1) = f^{-1}(y_2)$이고 따라서 $y_1 = y_2$이므로 h는 단사이고 또 전사인 것은 명백하다.

한편, $f(x) = y$라고 하면

$$(h \circ f)(x) = h(f(x)) = h(y) = f^{-1}(y) = [x] = p(x)$$

이고

$$(h^{-1} \circ p)(x) = h^{-1}(p(x)) = h^{-1}([x]) = h^{-1}(f^{-1}(y)) = y = f(x)$$

이므로 $h \circ f = p$이고 $h^{-1} \circ p = f$이다.

따라서 f와 p는 상함수이므로 정리 5.6에 의하여 h와 h^{-1}는 연속이다. 그러므로 h는 위상동형사상이다. □

[예 4] 예 2에서 $Y = \{(x, y) | x^2 + y^2 = 1\}$은 $X = [0, 1]$의 상공간임을 알았다. 상함수 $f : X \to Y$, $f(t) = (\cos 2\pi t, \sin 2\pi t)$에 대해 X위의 동치관계 R을 $t \sim t' \Leftrightarrow f(t) = f(t')$으로 정의하자. 그러면 $f(0) = f(1)$이므로 $0 \sim 1$이고 $0 < t, t' < 1$이면 $f(t) = f(t') \Leftrightarrow t = t'$이므로 $X/R = \{\{t\} | 0 < t < 1\} \cup \{\{0, 1\}\}$이다. 정리 5.7에 의해 Y와 X/R은 위상동형이므로 단위원 Y는 $X = [0, 1]$에서 0과 1을 같은 점으로 볼때 (0과 1을 붙인다) 얻어질 수 있음을 알 수 있다.

연습문제 (5)

1. 거리공간 (X, d)에서 임의의 $x, y \in X$에 대하여 다음과 같이 d_1이 정의되어진다.

$$d_1(x, y) = \frac{d(x, y)}{1 + d(x, y)}$$

이때 (X, d_1)은 유계인 거리공간이 됨을 보여라.

2. 거리 공간 (X, d)에서 임의의 $x, y \in X$에 대해 $d^*(x, y) = \min\{1, d(x, y)\}$로 정의하면 d^*가 X의 거리함수임을 보여라.

3. A가 거리공간 (X, d)의 부분집합일때 함수 $f : X \to R$, $f(x) = d(x, A)$가 연속임을 보여라.

4. $\boldsymbol{R}^2$의 두 점 $x = (x_1, x_2)$, $y = (y_1, y_2)$에 대하여 $d_1(x, y) = |x_1 - y_1| + |x_2 - y_2|$ 라고 할 때 d_1은 $\boldsymbol{R}^2$의 거리함수임을 보여라.

5. (X, d)가 거리공간일때 거리함수 $d : X \times X \to R$가 연속함수임을 보여라.

6. (X, d)를 거리공간이라 하고 $x_0 \in X$라 하면 $f : X \to R$, $f(x) = d(x_0, x)$, $x \in X$는 연속함수임을 보여라.

7. 거리 공간 (X, d)의 부분집합 A, B에 대하여 다음을 증명하라.

(1) $d(A) = 0 \Leftrightarrow A = \phi$ 또는 단집합

(2) $A \subset B$이면 $d(A) \leq d(B)$이다.

(3) $d(\overline{A}) = d(A)$

CHAPTER 6

가산공간

유한집합이거나 자연수의 집합 ℕ과 대등한 집합을 가산집합이라고 한다. 이러한 가산성에 관하여 기본적으로 제1가산성, 제2가산성, 그리고 가분성에 관한 공리가 도입되며 제1가산성은 수열의 수렴성과 관련하여 그 중요성이 있으며 제2가산성은 거리공간화 가능성의 문제를 해결할 수 있게 한다.

1. 제1가산공간

p가 위상공간 X의 한 점일때 $\mathscr{B}_p = \{B \mid B$는 p를 가지는 개집합$\}$가 점 p에서의 국소기저이면 p를 가지는 임의의 개집합 U에 대해 $p \in B \subset U$인 $B \in \mathscr{B}_p$가 존재한다.

> **[정의 1.1]** 위상공간 $(X, \mathscr{T})$의 임의의 점 p가 가산국소기저(countable local base)를 가질 때 $(X, \mathscr{T})$를 제1가산공간(first countable space)이라 한다. 제1가산성은 위상공간 X의 국소적 성질(local property)이다.

[예 1] 이산공간 $(X, \mathscr{D})$는 제1가산공간이다. 왜냐하면 X의 임의의 점 p에 대해 $\mathscr{B}_p=\{\{p\}\}$가 p에서의 가산국소기저이기 때문이다.

[예 2] 거리공간 (X, d)는 제1가산공간이다. $p\in X$일때 $\mathscr{B}_p=\left\{B_d\left(p, \frac{1}{n}\right) \mid n\in N\right\}$ 이라 두면 $\mathscr{B}_p$는 가산집합이다. 이제 p를 가지는 임의의 개집합을 U라고 하면 $p\in B_d(p, \varepsilon)\subset U$인 ε-볼 $B_d(p, \varepsilon)$이 존재한다. $\varepsilon>0$이므로 실수공리에 의해 $\frac{1}{n_0}<\varepsilon$인 자연수 n_0가 존재한다. 따라서 $p\in B_d\left(p, \frac{1}{n_0}\right)\subset B_d(p, \varepsilon)\subset U$ 인 $B_d\left(p, \frac{1}{n_0}\right)\in\mathscr{B}_p$가 존재하므로 $\mathscr{B}_p$는 점 p에서의 국소기저이다. 그러므로 거리공간 (X, d)는 모든 점에서 가산국소기저를 가진다.

[예 3] 보통위상공간 $(R, \mathscr{U})$는 거리공간이므로 제1가산공간이다.

[정리 1.2] (1) 제1가산공간의 부분공간은 제1가산공간이다.
(2) 제1가산성은 위상적 성질이다.

증명 (1) X를 제1가산공간, A를 부분공간이라고 하자. $a\in A$라고 하면 $a\in X$이므로 a에서의 가산국소기저 $\mathscr{B}_a=\{B_n \mid n\in N,\ B_n$은 a를 가지는 X에서의 개집합$\}$가 존재한다. 이제 $\mathscr{B}_a{}^*=\{B_n\cap A \mid n\in N,\ B_n\in\mathscr{B}_a\}$라고 두면 각 $n\in N$에 대해 $B_n\cap A$는 a를 가지는 A에서 개집합이고 $\mathscr{B}_a{}^*$는 가산집합이다. 또 a를 가지는 A에서의 개집합을 U라 하면 $U=V\cap A$인 X에서의 개집합 V가 존재한다. $a\in V$이고 $\mathscr{B}_a$는 a에서의 가산국소기저이므로 $a\in B_{n_0}\subset V$인 $B_{n_0}\in\mathscr{B}_a$가 존재한다. 따라서 $a\in B_{n_0}\cap A\subset V\cap A=U$인 $B_{n_0}\cap A\in\mathscr{B}_a{}^*$가 존재하므로 A는 제1가산공간이다.

(2) X가 제1가산공간이고 $f: X\to Y$가 위상동형사상이라고 하자. $y\in Y$이면 $y=f(x)$인 $x\in X$가 존재한다. X가 제1가산공간이므로 x에서의 가산국소기저를 $\mathscr{B}_x=\{B_n \mid n\in N,\ B_n$은 x를 가지는 X에서의 개집합$\}$라고 하면 $\mathscr{B}_y=\{f(B_n) \mid n\in N,\ B_n\in\mathscr{B}_x\}$는 y에서의 가산국소기저이다. 왜냐하면 각 $n\in N$에 대해 f가 개사상이므로 $f(B_n)$은 Y에서 개집합이고 $y=f(x)\in$

$f(B_n)$이다. $\mathscr{B}_y$가 가산집합임은 명백하다. 이제 y를 가지는 Y상의 개집합을 H라고 하며 f가 연속이므로 $f^{-1}(H)$는 X에서 개집합이고 $x \in f^{-1}(H)$이다. 그러면 $\mathscr{B}_x$가 x에서의 가산국소기저이므로 $x \in B_{n_0} \subset f^{-1}(H)$인 $B_{n_0} \in \mathscr{B}_x$가 존재한다. 따라서 $f(x) = y \in f(B_{n_0}) \subset f(f^{-1}(H)) = H$인 $f(B_{n_0}) \in \mathscr{B}_y$가 존재하므로 Y는 제1가산공간이다. □

[정의 1.3] 위상공간 $(X, \mathscr{T})$의 한 점 p에 대하여 $\mathscr{B}_p = \{B_n | n \in N\}$가 p에서의 가산국소기저이고 모든 n에 대하여 $B_n \supset B_{n+1}$일 때 $\mathscr{B}_p$를 p에서의 **축소 가산국소기저**(nested countable local base)라고 한다.

[정리 1.4] (1) 제1가산공간 $(X, \mathscr{T})$의 모든 점은 축소가산국소기저를 가진다.

(2) $\mathscr{B}_p = \{B_n | n \in N\}$가 제1가산공간 $(X, \mathscr{T})$의 한 점 p에서의 축소가산국소기저일 때 각 $n \in N$에 대하여 $a_n \in B_n$인 a_n을 하나씩 선택하여 만든 수열 $\langle a_n \rangle$은 p로 수렴한다.

증명 (1) $p \in X$라고 하면 p에서의 가산국소기저 $\mathscr{B}_p = \{B_n | n \in N\}$이 존재한다. 이제 각 $n \in N$에 대하여 $G_n = \bigcap_{i=1}^{n} B_i$라고 하면 $\mathscr{B}_p{}^* = \{G_n | n \in N\}$은 p에서의 축소가산국소기저이다. 왜냐하면 각 n에 대하여 G_n은 p를 가지는 개집합이고 $G_{n+1} \subset G_n \subset B_n$이다. $\mathscr{B}_p{}^*$가 가산집합임은 명백하다. 또한 p를 가지는 개집합을 U라고 하면 $\mathscr{B}_p$가 p에서의 국소기저이므로 $p \in B_{n_0} \subset U$인 $B_{n_0} \in \mathscr{B}_p$가 존재한다. 따라서 $p \in G_{n_0} \subset B_{n_0} \subset U$인 $G_{n_0} \in \mathscr{B}_p{}^*$가 존재하므로 $\mathscr{B}_p{}^*$는 p에서의 축소가산국소기저이다.

(2) p를 가지는 개집합을 U라고 하면 $\mathscr{B}_p$가 국소기저이므로 $p \in B_{n_0} \subset U$인 $B_{n_0} \in \mathscr{B}_p$가 존재한다. 따라서 $\mathscr{B}_p$가 축소이므로 $n > n_0$이면 $a_n \in B_n \subset B_{n_0} \subset U$이다. 그러므로 수열 $\langle a_n \rangle$은 p로 수렴한다. □

5장의 정리 3.7에서 X가 거리공간이면 $f: X \to Y$가 연속함수일 필요충분조건이 f가 수열연속함수 임을 보였다. 다음 정리에서는 이 필요충분조건이 거리공간보다 약한 조건인 제1가산공간에서도 성립함을 보인다.

[정리 1.5] X가 제1가산공간이면 다음이 성립한다.

$$f : X \to Y \text{ 연속함수} \Leftrightarrow f : \text{수열연속함수}$$

증명 $(\Rightarrow)$ 4장의 정리 1.10에 의해 성립한다.

$(\Leftarrow)$ f가 연속이 아니라고 가정하자. 그러면 f가 불연속인 점 $p \in X$가 적어도 하나 존재하고 p를 가지는 임의의 개집합 G에 대하여 $f(G) \not\subset H$인 $f(p)$를 가지는 개집합 H가 존재한다. $p \in X$이고 X가 제1가산공간이므로 p에서의 축소가산국소기저 $\mathscr{B}_p = \{B_n | n \in N\}$가 존재하고 모든 n에 대해 $f(B_n) \not\subset H$이다. 이제 각 $n \in N$에 대해 $a_n \in B_n$이고 $f(a_n) \notin H$인 a_n을 선택하면 정리 1.4(2)에 의해 수열 $\langle a_n \rangle$은 p에 수렴한다. 그러나 $f(p)$를 가지는 개집합 H에 대해 $f(a_n) \notin H$이므로 수열 $\langle f(a_n) \rangle$은 $f(p)$에 수렴하지 않는다. 이것은 f가 수열연속함수라는 것에 모순이다. □

[정리 1.6] X가 제1가산공간이고 $A \subset X$일때 $x \in \overline{A}$이면 x로 수렴하는 A의 점들로 이루어진 수열 $\langle a_n \rangle$이 존재한다.

증명 $x \in \overline{A}$라고 하자. X는 제1가산공간이므로 x에서의 축소가산국소기저 $\mathscr{B}_x = \{B_n | n \in N\}$가 존재한다. 그러면 $x \in \overline{A}$이므로 모든 n에 대해 $B_n \cap A \neq \phi$이고 따라서 $a_n \in B_n \cap A$인 한 점 a_n을 선택할 수 있다. 그러면 $a_n \in A$이고 정리 1.4 (2)에 의해 수열 $\langle a_n \rangle$은 x로 수렴한다. □

2. 제2가산공간

> **[정의 2.1]** 위상공간 $(X, \mathscr{T})$의 위상 $\mathscr{T}$에 대한 가산기저(countable base)가 존재할 때 $(X, \mathscr{T})$를 제2가산공간(second countable space)이라 한다. 제2가산성은 위상공간 X의 대역적 성질(global property)에 해당된다.

[예 1] 보통위상공간 $(R, \mathscr{U})$는 가산기저 $\mathscr{B}=\{(a, b)\,|\,a<b,\ a, b$는 유리수$\}$를 가지므로 제2가산공간이다.

[예 2] $\boldsymbol{R}^n$상에서 보통거리함수 d는 $p=(a_1, \cdots, a_n)$, $q=(b_1, \cdots, b_n)\in\boldsymbol{R}^n$에 대하여 $d(p, q)=\left[\sum_{i=1}^{n}(a_i-b_i)^2\right]^{\frac{1}{2}}$로 정의하였다. 그러면 거리공간 $(\boldsymbol{R}^n, d)$는 가산기저 $\mathscr{B}=\{B_d(p, \varepsilon)\,|\,p$는 유리점, ε은 양의 유리수$\}$를 가지므로 제2가산공간이다. 따라서 보통위상공간 $(\boldsymbol{R}^n, \mathscr{U})$도 제2가산공간이다.

[예 3] 이산공간 $(X, \mathscr{D})$는 X가 가산집합이면 가산기저 $\mathscr{B}=\{\{x\}\,|\,x\in X\}$를 가지므로 제2가산공간이다. 그러나 X가 비가산집합이면 제2가산공간이 아니다. 왜냐하면 만일 $\mathscr{B}$가 이산위상 $\mathscr{D}$의 기저라면 임의의 $x\in X$에 대하여 $\{x\}\in\mathscr{B}$이어야 하므로 $\mathscr{B}$는 가산집합이 아니기 때문이다. 예를 들면 $(R, \mathscr{D})$는 제2가산공간이 아니다.

> **[정리 2.2]** (1) 제2가산공간의 부분공간은 제2가산공간이다.
> (2) 제2가산성은 위상적 성질이다.

증명 (1) X를 제2가산공간, A를 부분공간이라고 하자. 그러면 X는 가산기저 $\mathscr{B}=\{B_n\,|\,n\in N\}$를 가진다. 이제 $\mathscr{B}^*=\{B_n\cap A\,|\,B_n\in\mathscr{B}\}$라고 하면 $\mathscr{B}^*$가 가산집합임은 명백하다. U가 A상의 개집합이고 $a\in U$라고 하면 $U=V\cap A$인 X상의 개집합 V가 존재한다. $a\in V$이므로 $a\in B_{n_0}\subset V$인 $B_{n_0}\in\mathscr{B}$가 존재하고 따라서 $a\in B_{n_0}\cap A\subset V\cap A=U$인 $B_{n_0}\cap A\in\mathscr{B}^*$가 존재하므로 $\mathscr{B}^*$는 A상의 부분위상에 대한 가산기저이다.

(2) X가 제2가산공간이고 $f: X \to Y$가 위상동형사상이라고 하자. 그러면 X는 가산기저 $\mathscr{B}=\{B_n | n\in N\}$를 가진다. 이제 $\mathscr{B}^*=\{f(B_n) | n\in N, B_n\in\mathscr{B}\}$라고 두면 $\mathscr{B}^*$가 가산집합임은 명백하다. H가 Y상의 개집합이고 $y\in H$라고 하면 $f(x)=y$인 $x\in X$가 존재한다. f가 연속이므로 $f^{-1}(H)$는 X에서 개집합이고 $x\in f^{-1}(H)$이다. 그러면 $\mathscr{B}$가 기저이므로 $x\in B_{n_0}\subset f^{-1}(H)$인 $B_{n_0}\in\mathscr{B}$가 존재하고 따라서 $f(x)=y\in f(B_{n_0})\subset f(f^{-1}(H))=H$인 $f(B_{n_0})\in\mathscr{B}^*$가 존재하므로 $\mathscr{B}^*$는 Y상의 위상에 대한 가산기저가 된다. 그러므로 Y도 제2가산공간이다. □

[정리 2.3] 제2가산공간은 제1가산공간이다.

증명 X를 제2가산공간이라고 하면 가산기저 $\mathscr{B}=\{B_n | n\in N\}$가 존재한다. 이제 임의의 $p\in X$에 대해 $\mathscr{B}_p=\{B_n\in\mathscr{B} | p\in B_n\}$라고 두면 $\mathscr{B}_p$가 가산집합임은 명백하다. p를 가지는 개집합을 U라고 하면 $\mathscr{B}$가 기저이므로 $p\in B_{n_0}\subset U$인 $B_{n_0}\in\mathscr{B}$가 존재한다. 따라서 $p\in B_{n_0}$이므로 $B_{n_0}\in\mathscr{B}_p$가 되어 $\mathscr{B}_p$는 p에서의 국소기저가 된다. □

[예 4] 이산공간 $(R, \mathscr{D})$는 임의의 점 x에서 가산국소기저 $\mathscr{B}_x=\{\{x\}\}$를 가지므로 제1가산공간이다. 그러나 R은 비가산집합이므로 예 2에 의해 $(R, \mathscr{D})$는 제2가산공간이 아니다. 따라서 위의 정리 2.3의 역은 성립하지 않는다.

[정의 2.4] X가 위상공간이고 $A\subset X$라 하자. $\mathscr{G}=\{G_\alpha | G_\alpha\subset X\}$가 $A\subset\cup\mathscr{G}=\bigcup_\alpha G_\alpha$이면 $\mathscr{G}$를 A의 피복(cover)이라고 하고 각 G_α가 개집합이면 $\mathscr{G}$를 A의 개피복(open cover)이라 한다. 특히 $\mathscr{G}$의 유한부분족 $\mathscr{G}^*$가 존재하여 $A\subset\cup\mathscr{G}^*$일 때 $\mathscr{G}^*$를 $\mathscr{G}$의 유한부분피복이라 한다. 이때 $\mathscr{G}^*$가 $\mathscr{G}$의 가산부분족이면 $\mathscr{G}^*$를 $\mathscr{G}$의 가산부분피복이라고 한다.

[예 5] (1) 위상공간 X의 기저 $\mathscr{B}$는 X의 개피복이다.

(2) X가 비가산집합인 이산공간 $(X, \mathscr{D})$에서 $\mathscr{G}=\{\{x\}|x\in X\}$는 X의 하나의 개피복이나 유한부분피복과 가산부분피복을 갖지 않는다.

[정의 2.5] 위상공간 $(X, \mathscr{T})$의 임의의 개피복이 가산부분피복을 가질 때 $(X, \mathscr{T})$를 린델뢰프공간(Lindelöf space)이라 한다.

[정리 2.6] 제2가산공간은 린델뢰프공간이다.

증명 $(X, \mathscr{T})$를 제2가산 공간이라고 하면, 가산 기저 $\mathscr{B}$가 존재한다. $\mathscr{G}$를 $(X, \mathscr{T})$의 임의의 개피복이라 하자.

$$X=\cup\{G|G\in\mathscr{G}\}$$

이므로, X의 모든 점 p에 대하여 p를 가진 $\mathscr{G}$의 원소 G_p가 존재한다. $\mathscr{B}$가 기저이므로, 각 G_p에 대하여 기저의 원소 B_p가 존재하여 $p\in B_p\subseteq G_p$가 된다. 따라서 $\{B_p|p\in B_p\subseteq G_p\}$는 가산집합의 부분집합이므로 역시 가산집합이고, $\{B_p|p\in X\}=\{B_n|n\in N\}$으로 나타낼 수 있다. 각각의 B_n에 대하여, $B_n\subseteq G_n$이 되는 $\mathscr{G}$의 원소 G_n을 하나씩 택하면,

$$X\subseteq\cup\{B_n|n\in N\}\subseteq\cup\{G_n|n\in N\}$$

이므로, $\{G_n|n\in N\}$은 $\mathscr{G}$의 가산부분 피복이 된다. □

3. 가분공간

[정의 3.1] 위상공간 $(X, \mathscr{T})$에 가산조밀부분집합(countable dense subset)이 존재할 때 $(X, \mathscr{T})$를 가분공간(separable space)이라 한다.

[예 1] 보통위상공간 $(R, \mathscr{U})$는 가산조밀부분집합으로 유리수의 집합 Q를 가지므로 가분공간이다.

[예 2] 이산공간 $(X, \mathscr{D})$에서 조밀부분집합은 X뿐이므로 X가 가산집합이면 가분공간이고 X가 비가산집합이면 가분공간이 아니다. 예를 들면 이산공간 $(R, \mathscr{D})$는 가분공간이 아니다.

[정리 3.2] 제2가산공간은 가분공간이다.

증명 X를 제2가산공간이라 하면 가산기저 $\mathscr{B}=\{B_n \mid n\in N\}$가 존재한다. 이제 각 $n\in N$에 대해 $x_n\in B_n(\neq\phi)$인 x_n을 하나씩 선택하여 $D=\{x_n \mid$ 임의의 $n\in N$에 대하여 $x_n\in B_n\}$라 하면 D가 가산집합임은 명백하다. 임의의 점 $x\in X$에 대해 $\mathscr{B}$가 기저이므로 $x\in B_n$인 $B_n\in\mathscr{B}$이 존재한다. 그러면 $x_n\in B_n\cap D$이므로 $B_n\cap D\neq\phi$이다. 따라서 $x\in\overline{D}$이므로 $X\subset\overline{D}$이고 $\overline{D}\subset X$는 명백하므로 $\overline{D}=X$이다. 그러므로 X는 가산조밀부분집합 D를 가진다. □

[정리 3.3] 가분성은 위상적 성질이다.

증명 X가 가분공간이고 $f: X\to Y$가 위상동형사상이라고 하자. 그러면 X는 가산조밀부분집합 D를 가진다. 이제 $f(D)$를 생각해 보면 $f(D)$가 가산집합임은 명백하다. f가 연속이므로 $f(\overline{D})\subset\overline{f(D)}$이다. 또 $\overline{f(D)}\subset Y=f(X)=f(\overline{D})$이다. 따라서 $\overline{f(D)}=f(\overline{D})=f(X)=Y$이므로 Y는 가산조밀부분집합 $f(D)$를 가진다. 그러므로 Y도 가분공간이다. □

[정리 3.4] 가분거리공간 (X, d)는 제2가산공간이다.

증명 X는 가분공간이므로 가산조밀부분집합 D를 가진다. 이제 $\mathscr{B}=\{B_d(a, \varepsilon) \mid a\in D,$ ε은 양의 유리수$\}$라고 두면 $\mathscr{B}$가 가산집합임은 명백하다. 따라서 $\mathscr{B}$가 거리공간 (X, d)의 한 기저 임을 보이면 된다. X에서 개집합을 G라 하고 $p\in G$라 하자. X는 거리공간이므로 적당한 $\delta>0$가 존재하여 $p\in B_d(p, \delta)\subset G$이다. D는 X에서 조밀하므로 적당한 $a_0\in D$가 존재하여 $a_0\in B_d\left(p, \dfrac{\delta}{3}\right)$가 성립한다.
$\dfrac{1}{3}\delta<\varepsilon_0<\dfrac{2}{3}\delta$인 유리수 ε_0를 택하면 $p\in B_d(a_0, \varepsilon_0)\subset B_d(p, \delta)\subset G$이므로

$\mathscr{B}$는 거리공간 $(X,\ d)$의 기저가 된다. 그러므로 $(X,\ d)$가 가산기저를 가지므로 $(X,\ d)$는 제2가산공간이다. □

다음 정리는 증명없이 소개하기로 한다.

[정리 3.5] $(X,\ d)$가 거리공간이면 다음은 동치이다.
(1) X는 린델뢰프 공간이다.
(2) X는 가분공간이다.
(3) X는 제2가산공간이다.

연습문제 (6)

1. 린델뢰프성은 위상적 성질임을 보여라.

2. X가 비가산집합일때 여유한 공간 $(X,\ C_f)$는 가분공간임을 보여라.

3. $(X,\ d)$를 거리공간이라 하고 $\langle a_n \rangle$을 X에서의 수열이라 하자. 그러면 $\langle a_n \rangle \to p$일 필요충분조건은 $\lim_{n \to \infty} d(p,\ a_n) = 0$임을 증명하라.

4. 하한위상공간 R_l은 제1가산공간이나 제2가산공간은 아님을 보여라.

5. 여유한 공간 $(R,\ C_f)$는 제1가산공간이 아님을 보여라.

CHAPTER 7

분리공간

위상의 원소인 개집합들에 의하여 위상공간상의 점과 점, 점과 집합, 그리고 집합과 집합 사이의 분리되는 정도에 따라 위상공간을 정의하고 이들 사이의 관계를 알아본다.

1. T_0, T_1, T_2-공간

[정의 1.1] 위상공간 $(X, \mathscr{T})$의 임의의 서로 다른 두 점 x, y에 대하여 $x \in U$이고 $y \notin U$인 개집합 U가 존재하거나 $y \in V$이고 $x \notin V$인 개집합 V가 존재할 때 $(X, \mathscr{T})$를 T_0-공간이라고 한다.

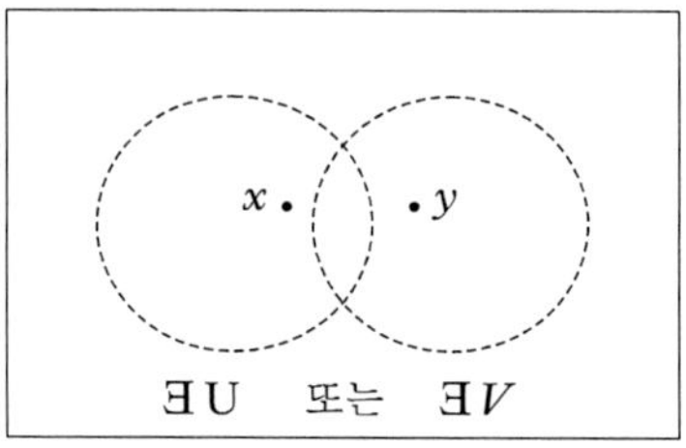

$(X,\ \mathscr{T})$

〈그림 7.1〉

[예 1] (1) $X=\{a,\ b,\ c\}$일때 위상 $\mathscr{T}=\{X,\ \phi,\ \{a\},\ \{b\},\ \{a,\ b\}\}$이면 $(X,\ \mathscr{T})$는 T_0-공간이다.

(2) $X=\{a,\ b,\ c\}$일때 위상 $\mathscr{T}=\{X,\ \phi,\ \{b\}\}$이면 $(X,\ \mathscr{T})$는 T_0-공간이 아니다.

(3) 이산공간 $(X,\ \mathscr{D})$는 T_0-공간이나 두 점 이상을 가지는 비이산공간 $(X,\ \mathscr{I})$는 T_0-공간이 아니다.

[정리 1.2] 위상공간 $(X,\ \mathscr{T})$에서 다음 두 명제는 동치이다.
(1) X는 T_0-공간이다.
(2) X상의 서로 다른 두 점 $a,\ b$에 대하여 $a\notin\overline{\{b\}}$이거나 $b\notin\overline{\{a\}}$이다.

증명 (1) ⇒ (2) X를 T_0-공간이라고 하고 $a\neq b\in X$라 하자. 그러면 T_0-공간의 정의에 의해 $a\in U$이고 $b\notin U$인 개집합 U가 존재하거나 $b\in V$이고 $a\notin V$인 개집합 V가 존재한다. $a\in U$이고 $b\notin U$인 경우 $b\in U^c$이고 U^c는 폐집합이므로 $\overline{\{b\}}\subset U^c$가 되어 $a\notin\overline{\{b\}}$이 성립한다. $b\in V$이고 $a\notin V$인 경우도 같은 방법으로 $b\notin\overline{\{a\}}$이 성립한다.

(2) ⇒ (1) X상의 서로 다른 두 점 $a,\ b$에 대하여 $a\notin\overline{\{b\}}$라고 하자. $\overline{\{b\}}^{\,c}=U$라고 하면 U는 개집합이고 $a\in U$이고 $b\notin U$가 성립한다. $b\notin\overline{\{a\}}$인 경우 $\overline{\{a\}}^{\,c}=V$라고 두면 V는 개집합이고 $b\in V$이고 $a\notin V$가 성립한다. □

[정의 1.3] 위상공간 $(X,\ \mathscr{T})$의 임의의 서로 다른 두 점 $x,\ y$에 대하여 $x\in U$이고 $y\notin U$인 개집합 U가 존재하고 동시에 $y\in V$이고 $x\notin V$인 개집합 V가 존재할 때 $(X,\ \mathscr{T})$를 T_1-공간이라고 한다.

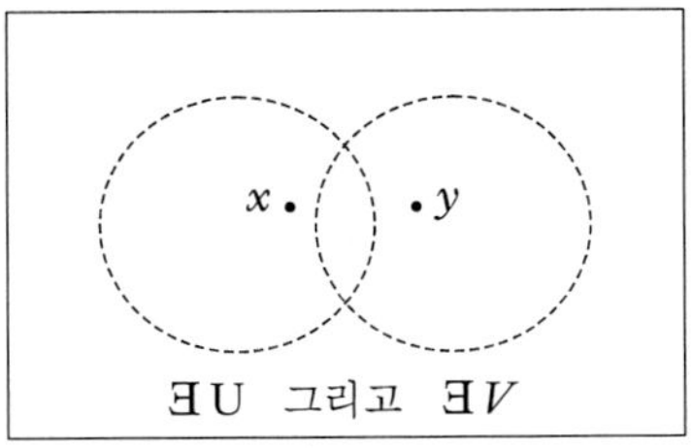

$(X, \mathscr{T})$

〈그림 7.2〉

[예 2] (1) X가 T_1-공간이면 T_0-공간이다.

(2) 이산공간 $(X, \mathscr{D})$는 T_1-공간이다.

(3) $X=\{a, b\}$이고 위상 $\mathscr{T}=\{X, \phi, \{b\}\}$이면 $(X, \mathscr{T})$는 T_1-공간이 아니다. 왜냐하면 $a\neq b$에 대해 a를 가지는 개집합은 X뿐이고 $b\in X$이기 때문이다. 그러나 $(X, \mathscr{T})$는 T_0-공간이다. 따라서 일반적으로 T_0-공간이 T_1-공간일 필요가 없다는 것을 알 수 있다.

[예 3] 여유한 공간 (X, C_f)는 T_1-공간이다. 왜냐하면 서로 다른 두 점 a, b에 대하여 $U=\{b\}^c$, $V=\{a\}^c$라고 두면 U^c와 V^c가 유한이므로 U와 V는 개집합이다. 또한 $a\in U$이고 $b\notin U$, $b\in V$이고 $a\notin V$이기 때문이다.

[정리 1.4] 위상공간 $(X, \mathscr{T})$가 T_1-공간이기 위한 필요충분조건은 X의 임의의 점 x에 대하여 단집합 $\{x\}$가 폐집합인 것이다.

증명 ($\Rightarrow$) X가 T_1-공간이고 $x\in X$라고 하자. 임의의 $y\in X-\{x\}$에 대하여 $y\neq x$이므로 T_1-공간의 정의에 의해 $y\in V$이고 $x\notin V$인 개집합 V가 존재한다. 그러면 $y\in V\subset X-\{x\}$이므로 $X-\{x\}$는 개집합이 되고 따라서 $\{x\}$는 폐집합이다.

($\Leftarrow$) X의 임의의 점 x에 대하여 $\{x\}$가 폐집합이라고 하자. 그러면 $y\neq z\in X$에 대하여 $U=X-\{z\}$, $V=X-\{y\}$라고 두면 U와 V는 개집합이고 $y\in U$이고 $z\notin U$, $z\in V$이고 $y\notin V$이므로 X는 T_1-공간이다. □

[따름정리] $(X, \mathscr{T})$가 T_1-공간이기 위한 필요충분조건은 X의 모든 유한부분집합이 폐집합인 것이다.

증명 유한부분집합은 유한개의 단집합들의 합집합이므로 정리 1.4에 의해 성립한다. □

[정리 1.5] C_f를 X 위의 여유한 위상이라고 하자. 그러면 $(X, \mathscr{T})$가 T_1-공간이 되기 위한 필요충분조건은 $C_f \subset \mathscr{T}$이다.

증명 $(X, \mathscr{T})$가 T_1-공간이라고 하자. 임의의 $G \in C_f$에 대하여 $G = \phi$이면 $G \in \mathscr{T}$이고 $G \neq \phi$이면 G^c는 유한집합이므로 G^c는 $(X, \mathscr{T})$에서 폐집합이다. 따라서 G는 $(X, \mathscr{T})$에서 개집합이므로 $G \in \mathscr{T}$이다.

역으로 $C_f \subset \mathscr{T}$라고 하자. X의 임의의 유한부분집합을 F라고 하면 $X - F$는 (X, C_f)에서 개집합이고 $C_f \subset \mathscr{T}$이므로 $X - F \in \mathscr{T}$이다. 따라서 F는 $(X, \mathscr{T})$에서 폐집합이므로 따름정리에 의해서 $(X, \mathscr{T})$는 T_1-공간이다. □

여유한 위상 C_f는 X가 T_1-공간이 되는 모든 위상 중에서 최소의 위상임을 정리 1.5를 통하여 알 수 있다.

[정의 1.6] 위상공간 $(X, \mathscr{T})$의 임의의 서로 다른 두 점 x, y에 대하여 두 개집합 U와 V가 존재하여 $x \in U$, $y \in V$, $U \cap V = \phi$ 일 때 $(X, \mathscr{T})$를 T_2-공간 또는 하우스도르프 공간(Hausdorff space)이라 한다.

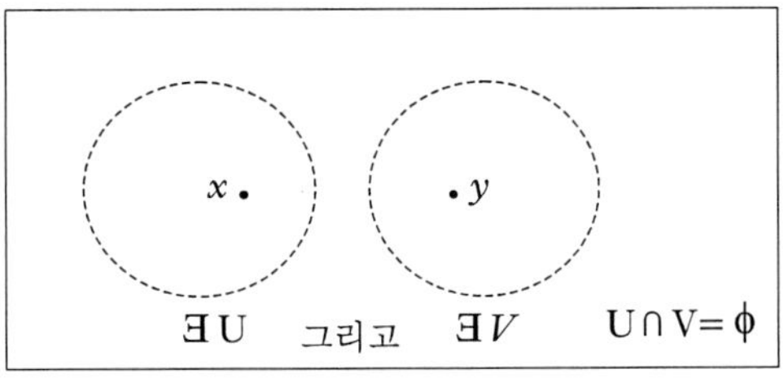

(X, 𝒯)

〈그림 7.3〉

[예 4] (1) T_2-공간이면 T_1-공간이나 그 역은 일반적으로 성립하지 않는다.

(2) 이산공간 $(X, \mathscr{D})$는 T_2-공간이다. 왜냐하면 임의의 서로 다른 두 점 x, y에 대하여 $U=\{x\}$, $V=\{y\}$라고 두면 U와 V는 개집합이고 $x\in U$, $y\in V$, $U\cap V=\phi$ 이기 때문이다.

[정리 1.7] 모든 거리공간 (X, d)는 T_2-공간이다.

증명 거리공간 X의 서로 다른 두 점 a, b에 대하여 $d(a, b)>0$이다. 이제 $\varepsilon=d(a, b)$라고 하고 $U=B_d\left(a, \frac{\varepsilon}{3}\right)$, $V=B_d\left(b, \frac{\varepsilon}{3}\right)$이라고 두면 $a\in U$, $b\in V$이고 U와 V는 개집합이다. 만일 $U\cap V\neq\phi$ 라고 하면 $p\in U\cap V$인 p가 존재하고 $d(a, p)<\frac{\varepsilon}{3}$이고 $d(p, b)<\frac{\varepsilon}{3}$이다. 따라서

$$\varepsilon=d(a, b)\leq d(a, p)+d(p, b)<\frac{\varepsilon}{3}+\frac{\varepsilon}{3}=\frac{2\varepsilon}{3}$$

이 되어 모순이다. 그러므로 $U\cap V=\phi$ 이다. □

[예 5] 보통위상공간 $(R, \mathscr{U})$, $(\boldsymbol{R}^2, \mathscr{U})$, $(\boldsymbol{R}^3, \mathscr{U})$는 거리공간이므로 T_2-공간이다.

[정리 1.8] (1) X가 T_2-공간이고 A가 X의 부분공간이면 A도 T_2-공간이다.
(2) T_2-공간성은 위상적 성질이다.

증명 (1) A의 서로 다른 두 점 a_1과 a_2에 대하여 X가 T_2-공간이므로 X상의 개집합 U, V가 존재하여 $a_1 \in U$, $a_2 \in V$, $U \cap V = \phi$이다. 그러면 $a_1 \in U \cap A$, $a_2 \in V \cap A$이고 $U \cap A$와 $V \cap A$는 부분공간 A상의 개집합이다. 또한

$$(U \cap A) \cap (V \cap A) = (U \cap V) \cap A = \phi \cap A = \phi$$

이므로 A는 T_2-공간이다.

(2) X가 T_2-공간이고 $f : X \to Y$가 위상동형사상일때 Y가 T_2-공간임을 보이면 된다. Y의 서로 다른 두 점 y_1, y_2에 대하여 f가 전단사이므로 $f(x_1) = y_1$, $f(x_2) = y_2$인 x_1, $x_2 \in X$가 유일하게 존재한다. X가 T_2-공간이므로 $x_1 \in U$, $x_2 \in V$이고 $U \cap V = \phi$인 X상의 개집합 U와 V가 존재한다. 그러면 f는 개사상이므로 $f(U)$와 $f(V)$는 Y에서 개집합이고 $f(x_1) = y_1 \in f(U)$, $f(x_2) = y_2 \in f(V)$이다. 또

$$f(U) \cap f(V) = f(U \cap V) = f(\phi) = \phi$$

이므로 Y는 T_2-공간이다. □

위상공간에서 수렴하는 수열은 두 점 이상으로 수렴하는 경우도 있다. 그러나 위상공간이 T_2-공간이면 수렴하는 수열은 오직 한점으로 수렴한다. 바로 여기에 T_2-공간의 중요성이 있다.

[정리 1.9] T_2-공간에서 수렴하는 임의의 수열은 오직 한점으로 수렴한다.

증명 X가 T_2-공간이고 $\langle a_n \rangle$을 X상의 수렴하는 수열이라 하자. 서로 다른 두 점 a, b에 대하여 $\langle a_n \rangle$이 a에도 수렴하고 동시에 b에도 수렴한다고 가정하자. 그러면 X가 T_2-공간이므로 $a \in U$, $b \in V$이고 $U \cap V = \phi$인 개집합 U와 V가 존재한다. $\langle a_n \rangle$이 a에 수렴하므로 $n > N_1$이면 $a_n \in U$인 자연수 N_1이 존재하고 또 $\langle a_n \rangle$이 b에 수렴하므로 $n > N_2$이면 $a_n \in V$인 자연수 N_2가 존재한다. 이제 $N = \max\{N_1, N_2\}$라고 하면 $n > N$이면 $a_n \in U$이고 $a_n \in V$이므로 $U \cap V \neq \phi$이다. 이것은 $U \cap V = \phi$에 모순이다. □

[예 6] 정리 1.10의 역은 일반적으로 성립하지 않는다.

(1) 여가산공간 $(R,\ C_c)$에서 $\langle a_n \rangle$이 p에 수렴한다고 하자. $A=\{a_n | a_n \neq p\}$라고 하면 A는 가산집합이므로 $R-A$는 p를 가지는 개집합이다. 따라서 $R-A$는 수열 $\langle a_n \rangle$의 유한개의 항을 제외하고 모두 가지고 있으므로 A는 수열 $\langle a_n \rangle$의 유한개의 항을 가지고 있다. 따라서 수열 $\langle a_n \rangle = \langle a_1,\ a_2,\ \cdots,\ a_n,\ p,\ p,\ p,\ \cdots \rangle$가 되어 수렴하는 수열 $\langle a_n \rangle$의 극한점은 p로 유일하다.

(2) 여가산공간 $(R,\ C_c)$는 T_2-공간이 아니다. 왜냐하면 서로 다른 두 점 x, y에 대하여 $x \in U$, $y \in V$, $U \cap V = \phi$인 개집합 U와 V가 존재한다고 하면 비가산집합 $U \subset$가산집합 V^c가 되어 모순이기 때문이다.

[정리 1.10] $(X,\ \mathscr{T})$가 T_2-공간이 되기 위한 필요충분조건은 대각선 $\Delta = \{(x,\ x) | x \in X\}$가 $X \times X$에서 폐집합이다.

증명 ($\Rightarrow$) $(X,\ \mathscr{T})$가 T_2-공간이라 하고 Δ^c가 $X \times X$에서 개집합임을 보이자. $(x,\ y) \in \Delta^c$이면 $(x,\ y) \not\in \Delta$이므로 $x \neq y$이다. X가 T_2-공간이므로 $x \in U$, $y \in V$이고 $U \cap V = \phi$인 개집합 U와 V가 존재한다. 그러면 $U \times V$는 $X \times X$에서 개집합이고 $(x,\ y) \in U \times V \subset \Delta^c$이므로 Δ^c는 $X \times X$에서 개집합이다.

($\Leftarrow$) X의 서로 다른 두 점 x, y에 대하여 $(x,\ y) \not\in \Delta$이므로 $(x,\ y) \in \Delta^c$이고 Δ가 폐집합이므로 Δ^c는 $X \times X$에서 개집합이다. 따라서 $x \in U$, $y \in V$이고 $U \times V \subset \Delta^c$인 개집합 U와 V가 존재한다. 또한 $U \cap V = \phi$이다. 왜냐하면 $U \cap V \neq \phi$라면 $p \in U \cap V$인 점 p가 존재하고 $(p,\ p) \in U \times V$가 되므로 이것은 $(U \times V) \cap \Delta = \phi$에 모순이기 때문이다. □

2. 정칙공간과 정규공간

[정의 2.1] 위상공간 $(X, \mathscr{T})$의 임의의 폐집합 F와 $p \notin F$인 점 p에 대하여 $p \in U$, $F \subset V$이고 $U \cap V = \phi$인 개집합 U와 V가 존재할 때 $(X, \mathscr{T})$를 정칙공간(regular space)이라고 한다. 또 X가 정칙공간이고 T_1-공간일 때 X를 T_3-공간이라고 한다.

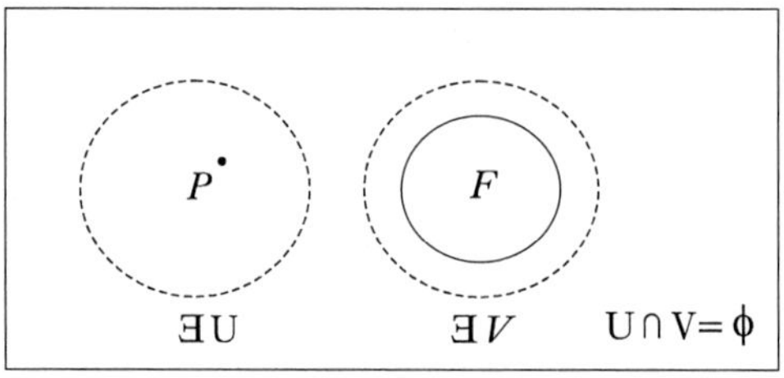

$(X, \mathscr{T})$

〈그림 7.4〉

[정의 2.2] 위상공간 $(X, \mathscr{T})$의 서로소인 두 폐집합 A, B에 대하여 $A \subset U$, $B \subset V$이고 $U \cap V = \phi$인 개집합 U와 V가 존재할 때 $(X, \mathscr{T})$를 정규공간(normal space)이라고 한다. 또 X가 정규공간이고 T_1-공간이면 T_4-공간이라고 한다.

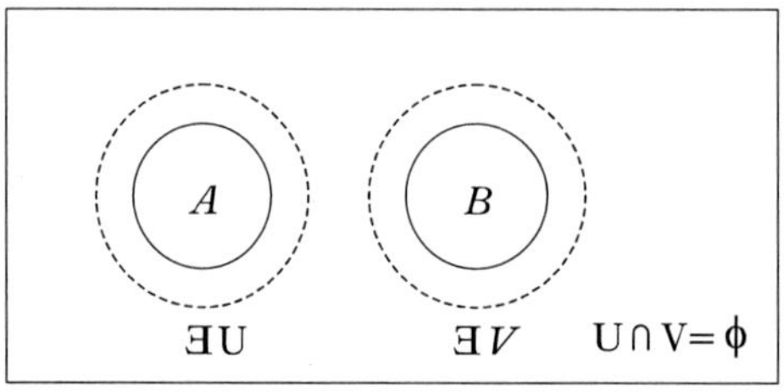

$(X, \mathscr{T})$

〈그림 7.5〉

[예 1] 집합 $X = \{a, b, c\}$ 위에 위상 $\mathscr{T} = \{X, \phi, \{a\}, \{b, c\}\}$가 주어져 있다. 이때 $(X, \mathscr{T})$는 T_1-공간이 아니다. 왜냐하면 단집합 $\{b\}$, $\{c\}$가 폐집합이 아니기 때문이다. 또 $(X, \mathscr{T})$는 T_2-공간도 아니다. 왜냐하면 서로 다른 두 점 b,

c에 대하여 각각 이들을 포함하는 서로소인 개집합이 없기 때문이다. 그러나 $(X, \mathscr{T})$는 정칙공간이다. ϕ, X, $\{b, c\}$, $\{a\}$가 $(X, \mathscr{T})$에서 폐집합이다. 그러면 폐집합 $\{b, c\}$와 이에 포함되지 않는 점 a에 대하여 이들을 포함하며 서로소인 개집합 $\{b, c\}$와 $\{a\}$가 존재하고 또 폐집합 $\{a\}$와 이에 포함되지 않는 점 b나 c에 대하여 이들을 포함하며 서로소인 개집합 $\{a\}$와 $\{b, c\}$가 존재하기 때문이다. 또한 $(X, \mathscr{T})$는 정규공간임도 알 수 있다.

[예 2] 집합 $X=\{a, b, c\}$ 위에 위상 $\mathscr{T}=\{X, \phi, \{a\}, \{b\}, \{a, b\}\}$가 주어져 있다. 이 때 $(X, \mathscr{T})$는 정규공간이다. 왜냐하면 서로소인 폐집합에 대하여 각각을 포함하는 서로소인 개집합이 존재하기 때문이다. 그러나 $(X, \mathscr{T})$는 T_1-공간이 아니다. 왜냐하면 단집합 $\{a\}$, $\{b\}$가 폐집합이 아니기 때문이다. 또한 $(X, \mathscr{T})$는 정칙공간도 아니다. 왜냐하면 폐집합 $\{c\}$와 이에 포함되지 않는 점 a에 대하여 서로소인 개집합이 존재하지 않기 때문이다.

[예 3] 이산공간 $(X, \mathscr{D})$는 정규공간이고 정칙공간이다. 왜냐하면 서로소인 두 폐집합 A, B는 그 자신이 각각 개집합으로 A, B를 포함하며 서로소이므로 정규공간이다. 또 폐집합 F와 $p \notin F$인 점 p에 대하여 서로소인 개집합 $\{p\}$와 F가 존재하므로 정칙공간이다.

이제 정칙공간과 정규공간, T_3-공간과 T_4-공간의 성질들을 알아본다.

[정리 2.3] 다음 명제들은 서로 동치이다.
(1) 위상공간 X는 정칙공간이다.
(2) U가 X에서 개집합이고 $p \in U$일 때 적당한 개집합 G가 존재하여 $p \in G \subset \overline{G} \subset U$이 성립한다.

증명 (1) $\Rightarrow$ (2) X를 정칙공간이라 하고 U를 개집합, $p \in U$라 하자. $U^c=F$라 놓으면 $p \notin F$이므로 정칙공간의 조건에 의하여 적당한 개집합 G, H가 존재하여 $p \in G$, $F \subset H$이고 $G \cap H=\phi$이다. $F=U^c \subset H$로부터 $p \in G \subset H^c \subset U$이고 H^c가 폐집합이므로 $p \in G \subset \overline{G} \subset H^c \subset U$가 성립한다.

(2) ⇒ (1) X상의 임의의 폐집합을 F라 하고 F에 속하지 않는 임의의 점을 p라 하자. $p \not\in F$이므로 $p \in F^c$이다. F^c가 개집합이므로 가정에 의하여 적당한 개집합 G가 존재하여

$$p \in G \subset \overline{G} \subset F^c$$

가 성립한다. $(\overline{G})^c = H$라 놓으면 H는 개집합이고 $\overline{G} \subset F^c$로부터 $F \subset H$이고 $G \subset \overline{G} = H^c$로부터 $G \cap H = \phi$ 가 된다. 따라서 X는 정칙공간이다.

□

[정리 2.4] (1) 정칙공간(또는 T_3-공간)의 부분공간은 정칙공간(또는 T_3-공간)이다.
(2) T_3-공간은 T_2-공간이다.

증명 (1) X를 정칙공간이라 하고 $Y \subset X$를 X의 부분공간이라 하자. Y에서의 폐집합 A는 X에서의 폐집합 B가 존재해서 $A = B \cap Y$이다. 한 점 $y \in Y$를 $y \not\in A$이라 하면 $y \not\in B$이다. X는 정칙공간이므로 X에서의 개집합 G, H가 존재해서 $y \in G$, $B \subset H$, $G \cap H = \phi$ 되게 할 수 있다. 따라서 $y \in G \cap Y$, $A = B \cap Y \subset H \cap Y$, $(G \cap Y) \cap (H \cap Y) = \phi$ 이므로 부분공간 Y도 정칙공간이다. 또 T_1-공간의 부분공간은 T_1-공간이므로 T_3-공간의 부분공간도 T_3-공간이다.

(2) X는 T_3-공간이고 $x \neq y \in X$라고 하자. 그러면 X가 T_1-공간이므로 $\{y\}$는 폐집합이고 $x \not\in \{y\}$이다. X가 정칙공간이므로 $x \in U$, $\{y\} \subset V$이고 $U \cap V = \phi$인 개집합 U와 V가 존재한다. 따라서 $x \in U$, $y \in V$이고 $U \cap V = \phi$ 인 개집합 U와 V가 존재하므로 X는 T_2-공간이다. □

[정리 2.5] 정칙공간성은 위상적 성질이다.

증명 X가 정칙공간이고 $f : X \to Y$가 위상동형사상일때 Y가 정칙공간임을 보이면 된다. $y \in Y$이고 $y \not\in F$인 Y에서 폐집합 F에 대해 f가 전사이고 연속이므로 $x \in X$가 존재하여 $f(x) = y$이고 $f^{-1}(F)$는 x를 가지지 않는 X에서 폐집합이다. X가 정칙공간이므로 서로 소인 개집합 U와 V가 존재하여 $x \in U$, $f^{-1}(F) \subset V$이다.

그러면 f가 개사상이므로 $f(U)$와 $f(V)$는 Y에서 개집합이고 $y=f(x)\in f(U)$, $f(f^{-1}(F))=F\subset f(V)$이고 $f(U)\cap f(V)=f(U\cap V)=\phi$이므로 Y는 정칙공간이다. □

[정리 2.6] 다음 명제들은 서로 동치이다.
(1) 위상공간 X는 정규공간이다.
(2) A를 폐집합이라 하고 A를 포함하는 임의의 개집합을 U라 하면 적당한 개집합 G가 존재하여 $A\subset G\subset \overline{G}\subset U$가 성립한다.

증명 (1) ⇒ (2) A를 폐집합, U를 개집합이라 하고 $A\subset U$라 하자. U^c는 폐집합이고 $A\cap U^c=\phi$이다. X는 정규공간이므로 적당한 개집합 G, H가 존재하여 $A\subset G$, $U^c\subset H$이고 $G\cap H=\phi$ 되게 할 수 있다. 따라서 $A\subset G\subset H^c\subset U$이 성립하고 H^c가 폐집합이므로

$$A\subset G\subset \overline{G}\subset H^c\subset U$$

가 된다.

(2) ⇒ (1) A, B를 서로소인 폐집합들이라 하자. $A\cap B=\phi$ 이므로 $A\subset B^c$이다. B^c는 개집합이므로 가정에 의하여 적당한 개집합 G가 존재하여

$$A\subset G\subset \overline{G}\subset B^c$$

가 성립한다. $(\overline{G})^c=H$라 하면 H는 개집합이고

$$A\subset G,\ B\subset H=(\overline{G})^c,\ G\cap H=\phi$$

가 되어 X는 정규공간이 되기 위한 조건을 만족하게 된다. □

[정리 2.7] (1) 정규공간의 폐부분공간은 정규공간이다.
(2) T_4-공간은 T_3-공간이다.

증명 (1) X가 정규공간이고 Y를 폐부분공간이라 하자. A, B를 Y에서 서로 소인 폐집합이라고 하면 Y가 X에서 폐집합이므로 A, B는 X에서 서로 소인 폐집합

이 된다. 따라서 X가 정규공간이므로 $A \subset U$, $B \subset V$이고 $U \cap V = \phi$인 X에서 개집합 U와 V가 존재한다. 그러므로 $Y \cap U$, $Y \cap V$는 Y에서 개집합이 되고 $A \subset Y \cap V$, $B \subset Y \cap V$이고

$$(Y \cap U) \cap (Y \cap V) = Y \cap (U \cap V) = Y \cap \phi = \phi$$

이므로 Y는 정규공간이다.

(2) X는 T_4-공간이고 F를 $p \notin F$인 폐집합이라고 하자. X는 T_1-공간이므로 $\{p\}$는 폐집합이고 $\{p\} \cap F = \phi$이다. 따라서 X는 정규공간이므로 $\{p\} \subset U$, $F \subset V$이고 $U \cap V = \phi$ 인 개집합 U와 V가 존재한다. 그러므로 $p \in U$, $F \subset V$이고 $U \cap V = \phi$가 되어 X는 T_3-공간이다. □

[정리 2.8] 정규공간성은 위상적 성질이다.

증명 X가 정규공간이고 $f : X \to Y$가 위상동형사상일 때 Y가 정규공간임을 보이면 된다. A, B를 Y에서 서로 소인 폐집합이라고 하면 f가 연속이므로 $f^{-1}(A)$, $f^{-1}(B)$는 X에서 서로 소인 폐집합이다. X가 정규공간이므로 $f^{-1}(A) \subset U$, $f^{-1}(B) \subset V$이고 $U \cap V = \phi$ 인 개집합 U와 V가 존재한다. 따라서 f가 개사상이므로 $f(U)$, $f(V)$는 Y에서 개집합이 되고 $ff^{-1}(A) = A \subset f(U)$, $ff^{-1}(B) = B \subset V$ 이고

$$f(U) \cap f(V) = f(U \cap V) = f(\phi) = \phi$$

가 되어 Y는 정규공간이다. □

[정리 2.9] 거리 공간 (X, d)는 정규공간이다.

증명 5장의 정리 3.4에서 증명하였다. □

이제 앞의 정리들로부터 다음을 알 수 있다.

$$\text{거리공간} \Rightarrow T_4\text{-공간} \Rightarrow T_3\text{-공간} \Rightarrow T_2\text{-공간} \Rightarrow T_1\text{-공간} \Rightarrow T_0\text{-공간}$$

일반적으로 그 역들은 성립하지 않는다.

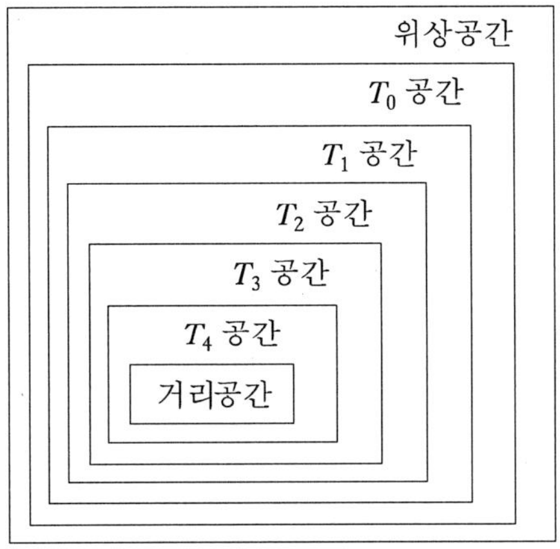

〈그림 7.6〉

3. Urysohn의 보조정리와 완전정칙공간

Urysohn의 보조정리는 공간 X의 서로 소인 두 폐집합이 서로소인 두 개집합으로 분리될 조건이 두 폐집합을 연속함수로 분리시킬 수 있는 것임을 말하며 위상공간의 거리공간화문제와 관련하여 매우 중요한 정리이다.

[정리 3.1] (Urysohn의 보조정리) 위상공간 X가 정규공간이기 위한 필요충분조건은 임의의 서로 소인 두 폐집합 A, B에 대하여 한 연속함수 $f: X \to [0,\ 1]$ 이 존재하여 $f[A] \subset \{0\}$, $f[B] \subset \{1\}$이 되는 것이다.

증명 위상공간 X를 정규공간이라 하자. 서로 소인 두 폐집합 A, B를 취하였을 때, $A \cap B = \phi$이므로 $A \subset B^c$가 성립한다. B^c가 개집합이므로 개집합 $G\left(\frac{1}{2}\right)$이 존재하여

$$A \subset G\left(\frac{1}{2}\right) \subset \overline{G\left(\frac{1}{2}\right)} \subset B^c$$

되게 할 수 있다. $G\left(\frac{1}{2}\right)$이 또한 개집합이므로 적당한 개집합 $G\left(\frac{1}{4}\right)$, $G\left(\frac{3}{4}\right)$이 존재하여

$$A \subset G\left(\frac{1}{4}\right) \subset \overline{G\left(\frac{1}{4}\right)} \subset G\left(\frac{1}{2}\right) \subset \overline{G\left(\frac{1}{2}\right)} \subset G\left(\frac{3}{4}\right) \subset \overline{G\left(\frac{3}{4}\right)} \subset B^c$$

되게 할 수 있다. $X=G(1)$이라 하자. 위의 방법을 계속 반복하면 각각의 $t \in D$에 대하여, 개집합 $G(t)$가 대응되고 $t_1,\ t_2 \in D$이고 $t_1 < t_2 < 1$일 때

$$A \subset \overline{G(t_1)} \subset G(t_2) \subset \overline{G(t_2)} \subset B^c \subset X = G(1)$$

의 조건을 만족하게 된다.

X상의 함수 f를 다음과 같이 정의한다. 임의의 $x \in X$에 대하여

$$f(x) = \inf\{t \mid x \in G(t)\} \quad (\text{단, } t \in D)$$

이라 하자.

임의의 $x \in X$에 대하여 $f(x) \in [0,\ 1]$이므로 함수 f는

$$f : X \to [0,\ 1]$$

인 함수임을 알 수 있다. 함수 f의 정의로부터 $f[B] \subset \{1\}$인 것은 분명하다. 임의의 $a \in A$에 대하여 $\{t \mid a \in G(t)\} = D$이므로

$$f(a) = \inf\{t \mid a \in G(t)\} = \inf D = 0 \in \{0\}$$

가 되어 $f[A] \subset \{0\}$가 성립한다. $A \neq \phi \neq B$이면 $f[A] = \{0\}$, $f[B] = \{1\}$이다.

함수 f의 정의로부터 다음을 확인할 수 있다.

(1) $t \in D$이고 $x \notin \overline{G(t)}$이면 $f(x) \geq t$이다.

(2) $t \in D$이고 $x \in G(t)$이면 $f(x) \leq t$이다.

(3) $t_1,\ t_2 \in D,\ t_1 < t_2$이고 $x \in G(t_2) - \overline{G(t_1)}$이면 $t_1 \leq f(x) \leq t_2$이다.

위의 (1), (2), (3)을 이용하여 f의 연속성을 밝히자.

(Ⅰ) $f(a)=1$인 임의의 $\varepsilon > 0$에 대하여 $1-\varepsilon < t < 1$인 $t \in D$가 존재한다. $a \notin \overline{G(t)}$이므로 $(\overline{G(t)})^c$는 a의 근방이 되고 (1)에 의하여 임의의 $x \in (\overline{G(t)})^c$에 대해서 $1-\varepsilon < t \leq f(x) \leq 1$이 성립한다. $f(a)=1$이므로 $|f(a)-f(x)| < \varepsilon$되어 $x=a$에서 f는 연속이다.

(Ⅱ) $f(a)=0$인 경우 임의의 $\varepsilon > 0$에 대하여 $0 < t < \varepsilon$인 $t \in D$가 존재한다. (2)에 의하여 $x \in G(t)$이면 $0 \leq f(x) \leq t < \varepsilon$이다. $f(a)=0$이므로 $|f(a)-f(x)| < \varepsilon$가 되어 $x=a$에서 f는 연속이다.

(Ⅲ) $0 < f(a) < 1$인 경우 임의의 $\varepsilon > 0$에 대하여 적당한 $t_1,\ t_2 \in D$가 존재하여

$f(a)-\varepsilon < t_1 < f(a) < t_2 < f(a)+\varepsilon$ 되게 할 수 있다. (3)에 의하여 a의 근방 $G(t_2)-\overline{G(t_1)}$의 임의의 원소 x는 $t_1 \leq f(x) \leq t_2$가 되어 $f(a)-\varepsilon < t_1 \leq f(x) \leq t_2 < f(a)+\varepsilon$이 성립하므로 $|f(a)-f(x)| < \varepsilon$이다. 따라서 $x=a$에서 f는 연속이다.

X상의 각 점에서 f가 연속이므로 f는 X상에서 연속이다.

역으로 주어진 가정하에서 X가 정규공간임을 보이자. X에서 서로 소인 두 폐집합 A, B를 취하였을 때 A, B 중 어느 하나가 공집합이면 서로 소인 개근방을 각각 갖는다는 것은 분명하다. $A \neq \phi \neq B$라 하자. 가정으로부터 한 연속함수

$$f : X \to [0,\ 1]$$

가 존재하여 $f[A]=\{0\}$, $f[B]=\{1\}$이다.

$$G=\left\{x \in X \mid f(x) < \frac{1}{3}\right\}, \quad H=\left\{x \in X \mid f(x) > \frac{2}{3}\right\}$$

라 놓으면 $G=f^{-1}\left[\left[0,\ \frac{1}{3}\right)\right]$, $H=f^{-1}\left[\left(\frac{2}{3},\ 1\right]\right]$이고, f가 연속이므로 G, H는 X에서 개집합이다. 한편 $A \subset G$, $B \subset H$이고 $G \cap H=\phi$이므로 X는 정규공간이다. □

[정리 3.2] (Urysohn의 거리공간화 정리) X가 제2가산공간이고 T_3-공간이면 X는 거리공간화 가능공간이다.

증명 생략

Urysohn의 보조정리를 정칙공간에서 적용할 수 없을까 하는 의문이 제기되는데 증명과정을 보면 불가능함을 알 수 있다. 이에 새로운 분리공간을 정의한다.

[정의 3.3] 위상공간 X의 임의의 폐집합 F와 한점 $p \notin F$에 대하여 연속함수 $f : X \to [0,\ 1]$ 이 존재하여 $f(p)=0$, $f[F] \subset \{1\}$일 때 위상공간 X를 완전정칙공간(completely regular space)이라 한다.

[정리 3.4] 완전정칙공간은 정칙공간이다.

증명 위상공간 X를 완전정칙공간이라 하자. F를 폐집합이라 하고 $p \not\in F$이라 하며 X가 완전정칙공간이므로 한 연속함수

$$f : X \to [0, 1]$$

가 존재해서 $f(p)=0$, $f[F] \subset \{1\}$이 성립한다.

$$G = f^{-1}\left(\left[0, \frac{1}{3}\right)\right), \ H = f^{-1}\left(\left(\frac{2}{3}, 1\right]\right)$$

이라 하면 G, H는 X에서 개집합이고 $p \in G$, $F \subset H$, $G \cap H = \phi$ 이다. □

[정리 3.5] (1) 완전정칙공간의 부분공간은 완전정칙공간이다.
(2) T_4-공간은 완전정칙공간이다.

증명 (1) 위상공간 X를 완전정칙이라 하고 $Y \subset X$라 하자. F를 Y에서의 한 폐집합이라 하면 X에서의 한 폐집합 F_0가 존재해서 $F = F_0 \cap Y$이다. 임의의 한 점 $p \in Y - F$를 취하면 $p \not\in F_0$이다. X는 완전정칙공간이므로 적당한 연속함수 $f : X \to [0, 1]$이 존재해서 $f(p)=0$, $f[F_0] \subset \{1\}$을 만족한다. $f|_Y = g$라 하면 $g(p) = f(p) = 0$, $g[F] \subset f[F_0] \subset \{1\}$이므로 Y는 완전정칙공간이다.

(2) 위상공간 X를 T_4-공간이라 하자. F는 폐집합이고 $p \not\in F$라고 하면 $\{p\}$와 F는 서로소인 폐집합이다. 그러면 X는 정규공간이므로 Urysohn의 보조정리에 의해 $f(p)=0$, $f[F] \subset \{1\}$을 만족하는 연속함수 $f : X \to [0, 1]$가 존재한다. □

연습문제 (7)

1. X가 위상공간이고 Y가 T_2-공간일 때 함수 $f: X \to Y$가 연속이면 f의 그래프 $G(f)=\{(x, f(x) \mid x\in X)\}$가 적공간 $X\times Y$에서 폐집합이 됨을 보여라.

2. X가 위상공간이고 Y가 T_2-공간일때 연속함수 $f: X \to Y$, $g: X \to Y$가 주어져 있다. 이때 $A=\{x\in X \mid f(x)=g(x)\}$는 X에서 폐집합임을 증명하라.

3. $X=\{a, b, c, d\}$이고 위상 $\mathscr{T}=\{X, \phi, \{a\}, \{a, b\}, \{a, c\}, \{a, b, c\}\}$일 때 $(X, \mathscr{T})$는 정규공간이다. 그러나 부분공간 $A=\{a, b, c\}$는 정규공간이 아님을 보여라.

4. $X=\{a, b, c\}$이고 위상 $\mathscr{T}=\{X, \phi, \{a\}, \{b, c\}\}$일 때 $(X, \mathscr{T})$는 정규공간임을 보여라.

5. X가 T_1-공간이기 위한 필요충분조건은 임의의 $A\subset X$에 대하여 $A=\bigcap_{\alpha}\{U_\alpha \mid A\subset U_\alpha$이고 U_α는 개집합$\}$가 되는 것임을 증명하라.

6. X가 T_2-공간이면 임의의 $x\in X$에 대하여 $\{x\}=\bigcap_{\alpha}\{\overline{U_\alpha} \mid U_\alpha$는 x를 가지는 개집합$\}$임을 보여라.

7. X가 위상공간이고 Y가 T_2-공간일때 연속함수 $f: X \to Y$, $g: X \to Y$가 주어져 있다. 이때 D가 X의 조밀부분집합이고 $f|_D=g|_D$ 이면 $f=g$ 임을 보여라.

8. X가 T_2-공간이고 Y가 위상공간일때 함수 $f: X \to Y$가 전단사이고 폐사상이면 Y가 T_2-공간이 됨을 보여라.

9. X와 Y가 T_2-공간이면 적공간 $X\times Y$가 T_2-공간임을 증명하라.

10. T_2-공간이면서 T_3-공간은 되지 않는 위상공간의 예를 들어보라.

11. X가 정칙공간이고 $x, y\in X$일때 $x\notin\overline{\{y\}}$이면 $y\notin\overline{\{x\}}$임을 보여라.

12. 실수의 집합 R 위에 위상 $\mathscr{T}=\{R, \phi\}\cup\{(a, \infty) \mid a\in R\}$가 주어졌을 때 $(R, \mathscr{T})$는 정규공간이지만 정칙공간도 T_2-공간도 아님을 보여라.

CHAPTER 8

컴팩트 공간

유클리드 공간에서 유계인 폐집합의 개념을 위상공간에서 일반화한 개념이 컴팩트이다. Heine-Borel 정리는 유클리드 공간의 유계한 폐집합의 개피복이 반드시 유한부분피복을 가짐을 말해주는 것으로 이 개념을 그대로 받아들여 컴팩트를 정의한다. 따라서 컴팩트는 유한개의 개집합들로 덮을 수 있으므로 비록 무한집합이라 하더라도 유한처럼 다룰 수 있는 것이다.

1. 컴팩트성

[정의 1.1] 위상공간 $(X, \mathscr{T})$의 임의의 개피복이 유한부분피복을 가질 때 $(X, \mathscr{T})$를 컴팩트공간(compact space)이라 한다. 또 $A \subset X$일때 A의 임의의 개피복이 유한부분피복을 가지면 A를 컴팩트(compact) 또는 컴팩트집합(compact set)이라 한다.

[예 1] (1) X가 유한집합이면 위상공간 $(X, \mathscr{T})$는 컴팩트 공간이다. 왜냐하면 X의 모든 개피복 그 자체가 유한피복이기 때문이다.

(2) 임의의 위상공간 $(X, \mathscr{T})$의 유한부분집합 A와 ϕ는 컴팩트이다. $A=\{a_1, a_2, \cdots, a_n\}$이라 하고 $\mathscr{G}=\{G_\alpha\}$를 A의 임의의 개피복이라고 하자. 그러면 각 i에 대해 $a_i \in G_{\alpha_i}$인 $G_{\alpha_i} \in \mathscr{G}$를 하나씩 택하면 $\mathscr{G}'=\{G_{\alpha_i}\}$는 A를 덮는 $\mathscr{G}$의 유한부분피복이기 때문이다. ϕ가 컴팩트임은 자명하다.

[예 2] X가 무한집합이면 이산공간 $(X, \mathscr{D})$는 컴팩트 공간이 아니다. 왜냐하면 X의 개피복 $\mathscr{G}=\{\{x\} \mid x \in X\}$는 유한부분피복을 갖지 않기 때문이다. 그러나 모든 비이산 공간 $(X, \mathscr{I})$는 컴팩트 공간이다.

[예 3] 보통위상공간 $(R, \mathscr{U})$는 컴팩트 공간이 아니다. 왜냐하면 R의 개피복을 $\mathscr{G}=\{(-n, n) \mid n \in N\}$라 하고 $(R, \mathscr{U})$가 컴팩트 공간이라고 가정하면 유한부분피복 $\mathscr{G}'=\{(-n_i, n_i) \mid i=1, 2, \cdots, k\}$이 존재한다. 이제 $M=\max\{n_i\}_{i=1}^{k}$라고 두면 $\cup \mathscr{G}'=\bigcup_{i=1}^{k}(-n_i, n_i)=(-M, M) \neq R$이 되어 $\mathscr{G}'$이 $(R, \mathscr{U})$의 피복이라는 사실에 모순이다. 같은 방법으로 개구간 $(0, 1)$이 컴팩트가 아님을 보일 수 있다.

[예 4] Heine-Borel 정리에 의해 보통위상공간 $(R, \mathscr{U})$의 유계인 폐구간 $[a, b]$의 모든 개피복이 유한부분피복을 가지므로 $[a, b]$는 컴팩트이다.

[정리 1.2] $\mathscr{B}$를 위상공간 $(X, \mathscr{T})$의 기저라고 하자. 그러면 X가 컴팩트 공간이기 위한 필요충분조건은 기저 $\mathscr{B}$의 원소로 이루어진 모든 개피복이 유한부분피복을 갖는 것이다.

증명 ($\Rightarrow$) 컴팩트 공간의 정의에 의해 명백하다.

($\Leftarrow$) $\mathscr{G}=\{G_\alpha \mid \alpha \in \mathscr{A}\}$를 X의 개피복이라고 하자. 그러면 X의 각점 x에 대해 $x \in G_\alpha$인 $G_\alpha \in \mathscr{G}$가 존재하여 $\mathscr{B}$가 기저이므로 $x \in B_\alpha \subset G_\alpha$인 $B_\alpha \in \mathscr{B}$가 존재한다. 그러면 이러한 B_α들을 모은 $\mathscr{B}'=\{B_\alpha\}$는 X의 개피복이 된다.

가정에 의해 $\mathscr{B}'$은 유한부분피복 $\{B_{\alpha_1}, B_{\alpha_2}, \cdots, B_{\alpha_n}\}$을 가진다. 이제 각 $i=1, 2, \cdots, n$에 대해 $B_{\alpha_i} \subset G_{\alpha_i}$인 $G_{\alpha_i} \in \mathscr{G}$를 하나씩 선택하여 $\mathscr{G}' = \{G_{\alpha_i}\}_{i=1}^{n}$ 라고 하면 $\mathscr{G}$의 유한부분피복이므로 X는 컴팩트 공간이다. □

[정리 1.3] Y가 위상공간 $(X, \mathscr{T})$의 부분공간일 때 Y가 컴팩트 공간이기 위한 필요충분조건은 X의 개집합들로 이루어진 Y의 모든 피복이 유한부분피복을 갖는 것이다.

증명 ($\Rightarrow$) Y가 컴팩트 공간이라 하자. $\mathscr{G} = \{G_\alpha | \alpha \in \mathscr{A}\}$가 X의 개집합들로 이루어진 Y의 피복이라 하면 $\{G_\alpha \cap Y | \alpha \in \mathscr{A}\}$는 Y의 개집합들로 이루어진 Y의 개피복이다. Y가 컴팩트 공간이므로 유한부분피복 $\{G_{\alpha_1} \cap Y, G_{\alpha_2} \cap Y, \cdots, G_{\alpha_n} \cap Y\}$이 존재한다. 따라서 $\mathscr{G}' = \{G_{\alpha_1}, G_{\alpha_2}, \cdots, G_{\alpha_n}\}$은 $\mathscr{G}$의 유한부분피복이다.

($\Leftarrow$) $\mathscr{G}' = \{G_\alpha' | \alpha \in \mathscr{A}\}$를 Y의 개집합들로 이루어진 Y의 개피복이라 하자. 그러면 각 $\alpha \in \mathscr{A}$에 대해 X에서의 개집합 G_α가 존재하여 $G_\alpha' = G_\alpha \cap Y$이다. 그러면 $\mathscr{G} = \{G_\alpha | \alpha \in \mathscr{A}\}$는 X의 개집합들로 이루어진 Y의 피복이므로 가정에 의해 유한부분피복 $\{G_{\alpha_1}, G_{\alpha_2}, \cdots, G_{\alpha_n}\}$이 존재한다. 그러므로

$$\{G_{\alpha_1} \cap Y, G_{\alpha_2} \cap Y, \cdots, G_{\alpha_n} \cap Y\} = \{G_{\alpha_1}', G_{\alpha_2}', \cdots, G_{\alpha_n}'\}$$

은 Y를 덮는 $\mathscr{G}'$의 유한부분피복이다. 따라서 Y는 컴팩트 공간이다. □

[정리 1.4] A는 위상공간 $(X, \mathscr{T})$의 컴팩트 부분집합이고 $(Y, \mathscr{T}^*)$는 임의의 위상공간일때 $f : X \to Y$가 연속함수이면 $f(A)$도 컴팩트이다.

증명 $\mathscr{G} = \{G_\alpha | \alpha \in \mathscr{A}\}$를 Y의 개집합들로 이루어진 $f(A)$의 개피복이라 하면 f가 연속이므로 각 $\alpha \in \mathscr{A}$에 대해 $f^{-1}(G_\alpha)$는 X에서 개집합이고

$$\bigcup_\alpha f^{-1}(G_\alpha) = f^{-1}\Big(\bigcup_\alpha G_\alpha\Big) = f^{-1}(f(A)) \supseteq A$$

이므로 $\{f^{-1}(G_\alpha) | \alpha \in \mathscr{A}\}$는 A의 개피복이 된다. 따라서 A가 컴팩트이므로 유

한부분피복 $\{f^{-1}(G_{\alpha_1}), f^{-1}(G_{\alpha_2}), \cdots, f^{-1}(G_{\alpha_n})\}$이 존재한다. 그러므로 $\mathscr{G}' = \{G_{\alpha_1}, G_{\alpha_2}, \cdots, G_{\alpha_n}\}$은 $\mathscr{G}$의 유한부분피복이 되고 $f(A)$는 컴팩트이다. □

[따름정리] 컴팩트성은 위상적 성질이다.

2. 컴팩트 공간의 성질

컴팩트와 폐집합은 아주 밀접한 연관이 있음을 다음 정리들로부터 알 수 있다.

[정리 2.1] 컴팩트 공간의 폐부분집합은 컴팩트이다.

증명 컴팩트 공간 X의 폐부분집합을 F라고 하고 $\mathscr{G} = \{G_\alpha | \alpha \in \mathscr{A}\}$를 F의 개피복이라 하자. 그러면 $X-F$는 개집합이고 $\mathscr{B} = \mathscr{G} \cup \{X-F\}$는 X의 개피복이 된다. X가 컴팩트 공간이므로 유한부분피복 $\mathscr{B}'$이 존재한다. 이때, 만일 $X-F \in \mathscr{B}'$이면 $X-F$를 제외한 나머지는 F를 덮는 $\mathscr{G}$의 유한부분피복이 된다. 만일 $X-F \notin \mathscr{B}'$이면 $\mathscr{B}' \subset \mathscr{G}$가 되어 $\mathscr{B}'$이 $\mathscr{G}$의 유한부분피복이 된다. 그러므로 F는 컴팩트이다.

□

[정리 2.2] T_2-공간의 컴팩트 부분집합은 폐집합이다.

증명 T_2-공간 X의 컴팩트 부분집합을 A라고 하고 $X-A$가 개집합임을 보이자. $p \in X-A$라고 하면 각 $a \in A$에 대해 $p \neq a$이고 X가 T_2-공간이므로 $p \in U_a$, $a \in V_a$이고 $U_a \cap V_a = \phi$인 개집합 U_a, V_a가 존재한다. 그러면 $\{V_a | a \in A\}$는 A의 개피복이 되고 A가 컴팩트이므로 유한부분피복 $\{V_{a_1}, V_{a_2}, \cdots, V_{a_n}\}$이 존재한다. 이제 $U = U_{a_1} \cap U_{a_2} \cap \cdots \cap U_{a_n}$, $V = V_{a_1} \cup V_{a_2} \cup \cdots \cup V_{a_n}$이라고 두면 U와 V는 개집합이고 $p \in U$, $A \subset V$가 성립한다. 또 $z \in V$이면 적당한 a_i에 대해 $z \in V_{a_i}$이고 $U_{a_i} \cap V_{a_i} = \phi$이므로 $z \notin U_{a_i}$가 되어 $z \notin U$이므로 $U \cap V = \phi$이다. 따라서 $A \subset V$이므로 $U \cap A = \phi$가 되고 $p \in U \subset X-A$이므로 $X-A$는 개집합이다. □

[따름정리] T_2-공간 X의 컴팩트 부분집합을 A라 할때 $p \notin A$이면 $p \in U$, $A \subset V$인 서로 소인 개집합 U와 V가 존재한다.

[정리 2.3] A와 B를 T_2-공간 X에서 서로 소인 컴팩트들이라 하자. 그러면 $A \subset G$, $B \subset H$인 서로 소인 개집합 G와 H가 존재한다.

증명 각점 $a \in A$에 대해 $A \cap B = \phi$이므로 $a \notin B$이다. 따라서 정리 2.2의 따름정리에 의해 $a \in G_a$, $B \subset H_a$인 서로 소인 개집합 G_a와 H_a가 존재한다. 그러면 $\{G_a \mid a \in A\}$는 A의 개피복이고 A가 컴팩트이므로 유한부분피복 $\{G_{a_1}, G_{a_2}, \cdots, G_{a_n}\}$이 존재한다. 이제 $G = G_{a_1} \cup G_{a_2} \cup \cdots \cup G_{a_n}$, $H = H_{a_1} \cap H_{a_2} \cap \cdots \cap H_{a_n}$이라 두면 G와 H는 개집합이고 $A \subset G$, $B \subset H$가 성립한다. 또 $z \in G$이면 적당한 a_i에 대해 $z \in G_{a_i}$이고 $G_{a_i} \cap H_{a_i} = \phi$이므로 $z \notin H_{a_i}$가 되어 $z \notin H$이므로 $G \cap H = \phi$이다. □

[정리 2.4] $(X, \mathscr{T})$가 컴팩트 공간이고 T_2-공간이면 $(X, \mathscr{T})$는 T_4-공간이다.

증명 X가 T_2-공간이므로 T_1-공간임은 자명하다. 이제 X에서 서로 소인 두 폐집합 A와 B를 택하자. 그러면 X가 컴팩트 공간이므로 정리 2.1에 의해 A와 B는 서로 소인 두 컴팩트가 되고 다시 X가 T_2-공간이므로 정리 2.3에 의해 $A \subset G$, $B \subset H$인 서로 소인 개집합 G와 H가 존재한다. 따라서 X는 정규공간이다. □

정리 2.2에 의해 T_2-공간에서는 폐집합이 아니면 컴팩트가 아님을 알 수 있다. 예를 들면 보통위상공간 $(R, \mathscr{U})$는 T_2-공간이고 (a, b), $[a, b)$, $(a, b]$는 모두 폐집합이 아니므로 컴팩트가 아니다.

[정리 2.5] $(X, \mathscr{T})$가 컴팩트 공간이고 $(Y, \mathscr{T}^*)$가 T_2-공간일때 함수 $f : X \to Y$가 전단사이고 연속이면 f는 위상동형사상이다.

증명 $f^{-1}: Y \to X$가 연속임을 보이면 된다. F를 X에서 폐집합이라 하면 X가 컴팩트 공간이므로 F는 컴팩트이다. 따라서 f가 연속이므로 $f(F)$가 컴팩트이고 Y가 T_2-공간이므로 $f(F)$는 Y에서 폐집합이 된다. $(f^{-1})^{-1}(F)=f(F)$이므로 f^{-1}는 연속이다. □

[예 1] 보통위상공간 $(R, \mathscr{U})$의 부분공간 $[0, 1)$과 보통위상공간 $(\boldsymbol{R}^2, \mathscr{U})$의 부분공간 $S^1=\{(x, y)|x^2+y^2=1\}$ 에 대해 함수 $f: [0, 1) \to S^1$을 다음과 같이 정의하자. 각 $t\in[0, 1)$에 대하여 $f(t)=(\cos 2\pi t, \sin 2\pi t)$. 그러면 f는 전단사이고 연속이나 f^{-1}는 연속이 아니다. 왜냐하면 $\left[0, \frac{1}{4}\right)$은 $[0, 1)$에서 개집합이나 $f^{-1}\left[0, \frac{1}{4}\right)$은 S^1에서 개집합이 아니기 때문이다. 이것은 S^1은 T_2-공간이나 $[0, 1)$은 컴팩트 공간이 아닐 때는 정리 2.5가 성립하지 않음을 보여준다.

> **[정의 2.6]** 집합 X의 부분집합족 $\mathscr{F}=\{F_\alpha|\alpha\in\mathscr{A}\}$가 $\mathscr{F}$의 임의의 유한부분족 $\{F_{\alpha_1}, F_{\alpha_2}, \cdots, F_{\alpha_n}\}$에 대하여 $\bigcap_{k=1}^{n} F_{\alpha_k} \neq \phi$일때 $\mathscr{F}$는 유한교차성(finite intersection property)을 갖는다 라고 한다.

일반적으로 $\mathscr{F}$가 유한교차성을 갖는다고 해서 그것이 $\cap\mathscr{F}\neq\phi$를 의미하는 것은 아니다.

[예 2] $\mathscr{F}=\left\{\left(0, \frac{1}{n}\right) | n\in N\right\}$이라고 두면 $\mathscr{F}$가 유한교차성을 가짐을 쉽게 알 수 있다. 그러나 $\cap\mathscr{F}=\bigcap_{n\in N}\left(0, \frac{1}{n}\right)=\phi$ 이다. 왜냐하면 $\bigcap_{n\in N}\left(0, \frac{1}{n}\right)\neq\phi$라고 가정하면 $a\in\bigcap_{n\in N}\left(0, \frac{1}{n}\right)$인 a가 존재하고 따라서 모든 $n\in N$에 대하여 $a\in\left(0, \frac{1}{n}\right)$ 즉, $0<a<\frac{1}{n}$이다. 그러나 $a>0$이므로 실수공리에 의해 $0<\frac{1}{n_0}<a$인 자연수 n_0가 존재한다. 그러므로 이것은 모순이다.

다음 정리는 X가 컴팩트 공간일때 X의 폐부분집합들의 족 $\mathscr{F}$가 유한교차성을 가지면 $\cap\mathscr{F}\neq\phi$ 임을 보장해 줌을 보여준다.

[정리 2.7] $(X, \mathscr{T})$가 컴팩트 공간이기 위한 필요충분조건은 유한교차성을 가지는 X의 폐부분집합들의 임의의 족 $\mathscr{F}=\{F_\alpha | \alpha\in\mathscr{A}\}$에 대하여 $\cap\mathscr{F}\neq\phi$인 것이다.

증명 $(\Rightarrow)$ X가 컴팩트 공간이라 하고 $\cap\mathscr{F}=\bigcap_\alpha F_\alpha=\phi$라고 가정하자. 그러면 $X=\phi^c=(\bigcap_\alpha F_\alpha)^c=\bigcup_\alpha F_\alpha^c$이므로 $\{F_\alpha^c | \alpha\in\mathscr{A}\}$는 X의 개피복이다. 따라서 X가 컴팩트 공간이므로 유한부분피복 $\{F_{\alpha_1}^c, F_{\alpha_2}^c, \cdots, F_{\alpha_n}^c\}$이 존재한다. 그러면

$$\phi=X^c=\left(\bigcup_{i=1}^n F_{\alpha_i}^c\right)^c=\bigcap_{i=1}^n F_{\alpha_i}$$

이고 따라서 $\mathscr{F}$는 유한교차성을 갖지 않으므로 모순이다.

$(\Leftarrow)$ $\mathscr{G}=\{G_\alpha | \alpha\in\mathscr{A}\}$를 X의 임의의 개피복이라 하자. 그러면 $X=\bigcup_\alpha G_\alpha$이므로 $\phi=X^c=(\bigcup_\alpha G_\alpha)^c=\bigcap_\alpha G_\alpha^c$이다. 가정의 대우에 의해 $\mathscr{F}=\{G_\alpha^c | \alpha\in\mathscr{A},$ G_α^c는 폐집합$\}$는 유한교차성을 갖지 않는다. 따라서 $\mathscr{F}$의 유한부분족 $\{G_{\alpha_1}^c, G_{\alpha_2}^c, \cdots, G_{\alpha_n}^c\}$이 존재하고 $\bigcap_{i=1}^n G_{\alpha_i}^c=\phi$이다.

$$X=\phi^c=\left(\bigcap_{i=1}^n G_{\alpha_i}^c\right)^c=\bigcup_{i=1}^n G_{\alpha_i}$$

이므로 $\mathscr{G}'=\{G_{\alpha_1}, G_{\alpha_2}, \cdots, G_{\alpha_n}\}$은 $\mathscr{G}$의 유한부분피복이다. 그러므로 X는 컴팩트 공간이다. □

[따름정리] $(X, \mathscr{T})$가 컴팩트 공간이기 위한 필요충분조건은 $\cap\mathscr{F}=\phi$를 만족하는 X의 폐부분집합들의 임의의 족 $\mathscr{F}=\{F_\alpha | \alpha\in\mathscr{A}\}$에 대하여 $\mathscr{F}$의 유한부분족 $\{F_{\alpha_1}, F_{\alpha_2}, \cdots, F_{\alpha_n}\}$이 존재하여 $\bigcap_{i=1}^n F_{\alpha_i}=\phi$인 것이다.

증명 정리 2.7의 대우이므로 자명하다. □

보통위상공간 $(R, \mathscr{U})$의 부분집합이 컴팩트이기 위한 조건을 알아보자.

[정리 2.8] 보통위상공간 $(R, \mathscr{U})$의 부분집합 A가 컴팩트일 필요충분조건은 A가 유계이고 폐집합인 것이다.

증명 $(\Rightarrow)$ 먼저 보통위상공간은 T_2-공간이고 A가 컴팩트이므로 A는 폐집합이다. $\mathscr{G} = \{(-n, n) \mid n \in N\}$은 R의 개피복이므로 또한 A의 개피복이다. 따라서 A가 컴팩트이므로 유한부분피복 $\mathscr{G}' = \{(-n_i, n_i) \mid i = 1, 2, \cdots, k\}$이 존재한다. 이제 $M = \max \{n_i\}_{i=1}^{k}$라고 두면 $A \subset \cup \mathscr{G}' = (-M, M)$이므로 A는 유계이다.

$(\Leftarrow)$ A를 유계인 폐집합이라 하자. 그러면 $A \subset (-M, M)$인 자연수 M이 존재하고 $[-M, M]$은 컴팩트이다. A가 R의 폐부분집합이므로 $A = A \cap [-M, M]$는 컴팩트 공간 $[-M, M]$에서 폐집합이다. 따라서 A는 컴팩트이다. □

정리 2.8은 보통위상공간 $(\boldsymbol{R}^n, \mathscr{U})$에서도 성립한다.

[정리 2.9] (최대·최소값 정리) 컴팩트 공간 $(X, \mathscr{T})$에서 보통위상공간 $(R, \mathscr{U})$로 가는 연속함수 $f : X \to R$은 최대값과 최소값을 가진다.

증명 X가 컴팩트 공간이고 f가 연속이므로 $f(X)$는 컴팩트이다. 이제 $A = f(X)$라고 두고 A가 최대원과 최소원을 가짐을 보이자. A가 최대원을 갖지 않는다고 가정하고 $\mathscr{G} = \{(-\infty, a) \mid a \in A\}$라고 두자. 그러면 각 $x \in A$에 대해 $x < y$인 $y \in A$가 존재하고 $x \in (-\infty, y)$이므로 $\mathscr{G}$는 A의 개피복이다. A는 컴팩트이므로 $\mathscr{G}$의 유한부분피복 $\mathscr{G}' = \{(-\infty, a_1), (-\infty, a_2), \cdots, (-\infty, a_n)\}$이 존재한다.

$a_0 = \max\{a_1, a_2, \cdots, a_n\}$이라고 두면 $a_0 \in A$이다. 그러나

$$\cup \mathscr{G}' = \bigcup_{i=1}^{n} (-\infty, a_i) = (-\infty, a_0) \not\ni a_0$$

이므로 모순이다. 그러므로 A는 최대원을 가진다. A가 최소원을 가짐은 같은 방법으로 증명된다. □

3. 국소 컴팩트 공간과 한점 컴팩트화

[정의 3.1] 위상공간 $(X, \mathscr{T})$의 점 p와 컴팩트 C에 대해 $p \in U \subset C$인 개집합 U가 존재하면 C를 p의 **컴팩트 근방**(compact neighborhood)이라 한다. 또 위상공간 $(X, \mathscr{T})$의 임의의 점 p가 컴팩트 근방을 가질 때 $(X, \mathscr{T})$를 **국소 컴팩트**(locally compact)공간이라 부른다.

[예 1] (1) 컴팩트 공간은 국소 컴팩트 공간이다. 왜냐하면 컴팩트 공간 X의 임의의 점 p는 $p \in X \subset X$이므로 X를 컴팩트 근방으로 갖기 때문이다.

(2) 이산공간 $(X, \mathscr{D})$는 국소 컴팩트 공간이다. 왜냐하면 X의 임의의 점 p가 컴팩트 근방 $\{p\}$를 갖기 때문이다.

(3) 보통위상공간 $(R, \mathscr{U})$는 국소 컴팩트 공간이다. 왜냐하면 R의 임의의 점 p가 컴팩트 근방 $[p-1, p+1]$을 갖기 때문이다.

[정리 3.2] $(X, \mathscr{T})$가 T_2-공간이고 국소 컴팩트 공간이면 T_3-공간이다.

증명 X가 T_2-공간이므로 X는 T_1-공간이다. 이제 X가 정칙공간임을 보이기 위해 X의 임의의 점 x에 대해 x를 가지는 개집합을 U라고 하자. X가 국소 컴팩트 공간이므로 $x \in V \subset C$인 개집합 V와 컴팩트 C가 존재한다. X가 T_2-공간이므로 C는 X에서 폐집합이다. 따라서 $C \cap U^c$는 X에서 폐집합인 동시에 C에서 폐집합이다. 또 C가 컴팩트 공간이므로 $C \cap U^c$가 컴팩트이고 $x \notin C \cap U^c$이므로 $x \in G$, $C \cap U^c \subset H$, $G \cap H = \phi$인 개집합 G와 H가 존재한다. 그러면

$$x \in G \cap V \subset H^c \cap C \subset (C^c \cup U) \cap C = U \cap C \subset U$$

이다. $H^c \cap C$는 폐집합이므로

$$x \in G \cap V \subset \overline{G \cap V} \subset H^c \cap C \subset U \text{이고 } G \cap V\text{가 개집합}$$

이므로 X는 정칙공간이다. □

[정리 3.3] $(X, \mathscr{T})$가 국소 컴팩트 공간이고 A가 폐부분집합이면 부분공간 $(A, \mathscr{T}_A)$는 국소 컴팩트 공간이다.

증명 $a \in A$이고 A가 폐집합이라 하자. X가 국소 컴팩트 공간이므로 a의 컴팩트 근방 C가 존재한다. 그러면 $A \cap C$는 C에서 폐집합이고 컴팩트이다. 또 C가 a의 컴팩트 근방이므로 $a \in U \subset C$인 X에서 개집합 U가 존재한다. 따라서 $A \cap U$는 부분공간 $(A, \mathscr{T}_A)$에서 개집합이고 $a \in A \cap U \subset A \cap C$이므로 $A \cap C$는 부분공간 $(A, \mathscr{T}_A)$에서 a의 컴팩트 근방이다. □

[정리 3.4] $(X, \mathscr{T})$가 국소 컴팩트 공간이고 $f: X \to Y$가 전사이고 연속인 개사상이면 $(Y, \mathscr{T}^*)$는 국소 컴팩트 공간이다.

증명 임의의 $y \in Y$에 대해 f가 전사이므로 $f(x)=y$인 $x \in X$가 존재하고 X가 국소 컴팩트 공간이므로 $x \in U \subset C$인 X에서 개집합 U와 컴팩트 C가 존재한다. 그러면 $f(x)=y \in f(U) \subset f(C)$이고 f가 연속이므로 $f(C)$는 컴팩트이고 f가 개사상이므로 $f(U)$는 Y에서 개집합이다. 따라서 Y는 국소 컴팩트 공간이다. □

[따름정리] 국소 컴팩트성은 위상적 성질이다.

컴팩트 공간이 아닌 위상공간 X에 대하여 한점 또는 몇 개의 점을 추가하여 확장된 집합을 Y라 하고 Y에 적당한 위상을 주면 Y를 컴팩트 공간으로 만들 수 있으며 X는 Y의 부분공간이 된다. 이와 같이 새로 만든 공간 Y를 X의 **컴팩트화**(compactification)라고 하며 컴팩트 공간이 아닌 위상공간 X의 성질을 X의 컴팩트화 내에서 규명할 때 매우 유용하다. 또한 컴팩트 공간은 그 자신의 컴팩트화이다.

[예 2] (1) 보통위상공간 $(R, \mathscr{U})$에서 $[a, b]$는 (a, b)의 컴팩트화이다.

(2) 보통위상공간 $(R, \mathscr{U})$는 컴팩트 공간이 아니다. 이제 $R^* = R \cup \{-\infty, \infty\}$라고 하고 임의의 실수 x에 대해 $-\infty < x < \infty$인 순서를 주자.

R^* 위의 위상 $\mathscr{U}^*$는 $\mathscr{B}^* = \{(a, b) \mid a, b \in R\} \cup \{[-\infty, b) \mid b \in R\} \cup \{(a, \infty] \mid a \in R\}$

를 기저로 갖는다. 그러면 $(R^*, \mathscr{U}^*)$는 $[-1, 1]$과 위상동형이므로 컴팩트 공간이다. 또한 $(R, \mathscr{U})$가 $(R^*, \mathscr{U}^*)$의 부분공간이므로 $(R^*, \mathscr{U}^*)$는 $(R, \mathscr{U})$의 컴팩트화이다.

[정의 3.5] 컴팩트 공간이 아닌 위상공간 $(X, \mathscr{T})$와 $\infty \notin X$에 대해 $X_\infty = X \cup \{\infty\}$라고 하고 X_∞ 위의 위상 $\mathscr{T}_\infty$를 다음과 같이 정의하자. $\mathscr{T}_\infty = \mathscr{T} \cup \{X_\infty - F \mid F$는 X에서 컴팩트인 폐집합$\}$ 이때 위상공간 $(X_\infty, \mathscr{T}_\infty)$를 $(X, \mathscr{T})$의 한점 컴팩트화(one point compactification)라고 부른다.

[정리 3.6] $\mathscr{T}_\infty$는 X_∞ 위의 위상이다.

증명 (i) ϕ는 X에서 컴팩트이고 폐집합이므로

$$X_\infty - \phi = X_\infty \in \mathscr{T}_\infty$$

$\phi \in \mathscr{T}$이고 $\mathscr{T} \subset \mathscr{T}_\infty$이므로 $\phi \in \mathscr{T}_\infty$이다.

(ii) $\forall_\alpha$, $G_\alpha \in \mathscr{T}$이면 $\bigcup_\alpha G_\alpha \in \mathscr{T}$이므로 $\bigcup_\alpha G_\alpha \in \mathscr{T}_\infty$이다. $\forall_\alpha$, $X_\infty - F_\alpha \in \mathscr{T}_\infty$이면 $\bigcup_\alpha (X_\infty - F_\alpha) = X_\infty - \bigcap_\alpha F_\alpha$이고 $\bigcap_\alpha F_\alpha$는 X에서 폐집합이고 컴팩트이므로 $\bigcup_\alpha (X_\infty - F_\alpha) \in \mathscr{T}_\infty$이다. $\forall_\alpha$, $G_\alpha \in \mathscr{T}$이고 $\forall_\beta$, $X_\infty - F_\beta \in \mathscr{T}_\infty$이면 $\bigcup_\alpha G_\alpha \in \mathscr{T}$이고 $\bigcup_\beta (X_\infty - F_\beta) = X_\infty - \bigcap_\beta F_\beta$ 이므로 $\bigcup_\alpha G_\alpha = G$, $\bigcap_\beta F_\beta = F$ 라고 두면 $G \in \mathscr{T}$이고 F는 X에서 폐집합이고 컴팩트이다. 따라서

$$(\bigcup_\alpha G_\alpha) \cup (\bigcup_\beta (X_\infty - F_\beta)) = G \cup (X_\infty - F) = X_\infty - (F \cap G^c)$$

이고 $F \cap G^c$는 X에서 폐집합이고 컴팩트이므로

$$(\bigcup_\alpha G_\alpha) \cup (\bigcup_\beta (X_\infty - F_\beta)) \in \mathscr{T}_\infty$$

이다.

(iii) $G, H \in \mathscr{T}$이면 $G \cap H \in \mathscr{T}$이므로 $G \cap H \in \mathscr{T}_\infty$이다. $X_\infty - F_1$, $X_\infty - F_2 \in \mathscr{T}_\infty$

이면 F_1과 F_2가 X에서 폐집합이고 컴팩트이므로 $F_1 \cup F_2$가 X에서 폐집합이고 컴팩트이다. 따라서

$$(X_\infty - F_1) \cap (X_\infty - F_2) = X_\infty - (F_1 \cup F_2) \in \mathscr{T}_\infty$$

이다. $G \in \mathscr{T}$이고 $X_\infty - F \in \mathscr{T}_\infty$이면 $G \cap (X_\infty - F) = G \cap (X - F) \in \mathscr{T}$이므로

$$G \cap (X_\infty - F) \in \mathscr{T}_\infty$$

이다. □

[정리 3.7] $(X, \mathscr{T})$는 $(X_\infty, \mathscr{T}_\infty)$의 조밀부분공간이다.

증명 먼저 $\overline{X} = X_\infty$임을 보이기 위해 $\infty \in \overline{X}$임을 보이자. ∞를 가지는 임의의 개집합을 $X_\infty - F$라고 하면

$$(X_\infty - F) \cap X = (X - F) \cap X = X - F \neq \phi$$

이다. 왜냐하면 F는 컴팩트이나 X는 컴팩트가 아니므로 $X \neq F$이기 때문이다. 따라서 $\infty \in \overline{X}$이다.

이제 $(X, \mathscr{T})$가 $(X_\infty, \mathscr{T}_\infty)$의 부분공간임을 보이기 위해 $U \in \mathscr{T}$이기 위한 필요충분조건이 $U = X \cap V$인 X_∞에서 개집합 V가 존재하는 것임을 보이자. $U \in \mathscr{T}$이면 $U \in \mathscr{T}_\infty$이므로 $U = X \cap U$인 X_∞에서 개집합 U가 존재한다. 역으로 $U = X \cap V$인 X_∞에서 개집합 V가 존재한다고 하자. 만일 $V \in \mathscr{T}$이면 $U = X \cap V \in \mathscr{T}$임은 자명하다. $V = X_\infty - F$이면

$$U = X \cap V = X \cap (X_\infty - F) = X \cap (X - F) = X - F$$

이고 F는 X에서 폐집합이므로 $U \in \mathscr{T}$이다. □

[정리 3.8] $(X_\infty, \mathscr{T}_\infty)$는 컴팩트공간이다.

증명 $\mathscr{G} = \{G_\alpha \mid \alpha \in \mathscr{A}\}$를 X_∞의 임의의 개피복이라 하면 $\infty \in G_{\alpha_0} = X_\infty - F$인 $G_{\alpha_0} \in \mathscr{G}$가 존재한다. $\mathscr{G}$는 다시 F의 개피복이 되고 F는 컴팩트이므로 유한부분피복

$\{G_{\alpha_1}, G_{\alpha_2}, \cdots, G_{\alpha_n}\}$이 존재한다. 이제 $\mathscr{G}'=\{G_{\alpha_0}, G_{\alpha_1}, G_{\alpha_2}, \cdots, G_{\alpha_n}\}$이라 두면

$$\cup \mathscr{G}' = G_{\alpha_0} \cup \left(\bigcup_{i=1}^{n} G_{\alpha_i} \right) = (X_\infty - F) \cup F = X_\infty$$

이므로 $\mathscr{G}'$은 $\mathscr{G}$의 유한부분피복이 되어 X_∞는 컴팩트 공간이다. □

[정리 3.9] $(X, \mathscr{T})$가 국소 컴팩트 공간이고 T_2-공간이면 $(X_\infty, \mathscr{T}_\infty)$는 T_2-공간이다.

증명 $x_1 \neq x_2 \in X_\infty$라고 하자. 만일 $x_1 \neq x_2 \in X$이면 X는 T_2-공간이므로 $x_1 \in U$, $x_2 \in V$이고 $U \cap V = \phi$인 X에서 개집합 U와 V가 존재하고 U와 V는 다시 X_∞에서 개집합이므로 $(X_\infty, \mathscr{T}_\infty)$는 T_2-공간이다. 만일 $x_1 \in X$이고 $x_2 = \infty$이면 X는 국소 컴팩트 공간이므로 컴팩트 근방 F가 존재하여 $x_1 \in F$이다. 즉, $x_1 \in U \subset F$인 X에서 개집합 U가 존재한다. 또 X가 T_2-공간이므로 F는 X에서 폐집합이 되어 $X_\infty - F$는 X_∞에서 개집합이다. 그러므로 $x_1 \in U$, $x_2 = \infty \in X_\infty - F$이고

$$U \cap (X_\infty - F) \subseteq F \cap (X_\infty - F) = \phi$$

이므로 $U \cap (X_\infty - F) = \phi$가 되어 $(X_\infty, \mathscr{T}_\infty)$는 T_2-공간이다. □

[예 3] 보통위상공간 $(R, \mathscr{U})$의 부분공간 $X=(0, 1)$이고 $\infty \notin X$일 때 X의 한 점 컴팩트화 $(X_\infty, \mathscr{T}_\infty)$를 생각해 보자. 먼저 $F=[a, b]$ $(0<a<b<1)$는 X에서 컴팩트이고 폐집합이므로 $X_\infty - F \in \mathscr{T}_\infty$이고 $X_\infty - F = \{\infty\} \cup (0, a) \cup (b, 1)$임을 알 수 있다. 이제 함수 $f : X_\infty = (0, 1) \cup \{\infty\} \to S^1$($\boldsymbol{R}^2$의 단위원)를 다음과 같이 정의하자.

$$f(t) = \begin{cases} (\cos 2\pi t, \sin 2\pi t) & , t \in (0, 1) \\ (1, 0) & , t = \infty \end{cases}$$

그러면 f는 위상동형사상이므로 단위원은 (0, 1)의 한점 컴팩트화이다. 또, 보통위상공간 $(R, \mathscr{U})$는 (0, 1)과 위상동형이므로 보통위상공간 $(R, \mathscr{U})$의 한점 컴팩트화는 단위원과 위상동형이다.

[예 4] 보통위상공간 ($\boldsymbol{R}^2$, $\mathscr{U}$)의 한점 컴팩트화는 구 S^2와 위상동형이다. 왜냐하면 S^2를 (0, 0, 1)을 중심으로 하고 반지름 1인 구면이라 하자. 이때 ∞ =(0, 0, 2)와 임의의 점 $p \in R^2$를 잇는 직선과 S^2와의 교점을 p'이라 하고 함수 $f : R^2 \cup \{\infty\} \to S^2$ 를 다음과 같이 정의하자.

$$f(p) = \begin{cases} p' & , p \in R^2 \\ (0,\ 0,\ 2) & , p = \infty \end{cases}$$

그러면 f는 위상동형사상이므로 S^2는 보통위상공간 ($\boldsymbol{R}^2$, $\mathscr{U}$)의 한점 컴팩트화이다.

이제 수열 컴팩트와 가산 컴팩트를 간략히 소개하기로 한다.

> **[정의 3.10]** 집합 A는 위상공간 (X, $\mathscr{T}$)의 부분집합이다. A의 원소로 이루어진 모든 수열이 A의 점으로 수렴하는 부분수열을 가질 때, A는 수열 컴팩트 (sequentially compact)라고 정의한다. 특히 X가 수열 컴팩트이면 X를 수열 컴팩트 공간이라 한다.

[예 5] 위상공간 (X, $\mathscr{T}$)의 유한부분집합 A는 수열 컴팩트이다. 왜냐하면 A의 원소로 이루어진 임의의 수열 $\langle a_n \rangle$을 택하면 A는 유한집합이므로 유한개의 항을 제외한 나머지 항은 모두 $p \in A$로 같다. 따라서 부분수열 $\langle p, p, p, \cdots \rangle$는 p로 수렴한다.

[예 6] 보통위상공간 (R, $\mathscr{U}$)의 부분집합 (0, 1)은 수열 컴팩트 집합이 아니다. 왜냐하면, 수열 $\langle a_n \rangle = \left\langle \frac{1}{2}, \frac{1}{3}, \cdots, \frac{1}{(n+1)}, \cdots \right\rangle$이 0으로 수렴하므로 모든 부분수열은 0으로 수렴하나 $0 \notin (0,\ 1)$이기 때문이다.

> **[정의 3.11]** A는 위상공간 (X, $\mathscr{T}$)의 부분집합이다. A의 임의의 가산 개피복이 유한부분피복을 가지면 A를 가산컴팩트(countably compact)라고 한다. 특히 X가 가산컴팩트이면 X를 가산컴팩트 공간이라 한다.

[예 7] 컴팩트 공간은 가산컴팩트 공간이다.

[정리 3.12] 수열 컴팩트 공간은 가산 컴팩트 공간이다.

증명 수열 컴팩트 공간 $(X, \mathscr{T})$를 가산 컴팩트 공간이 아니라고 가정하면 유한부분피복을 갖지 않는 X의 가산 개피복 $\mathscr{G}=\{G_1, G_2, \cdots, G_n, \cdots\}$가 존재한다. 따라서 각 자연수 n에 대해 $\bigcup_{i=1}^{n} G_i \neq X$이므로 $a_n \in X-(G_1 \cup G_2 \cup \cdots \cup G_n)$인 a_n을 선택하여 수열 $\langle a_n \rangle$을 만들자. 그러면 수열 $\langle a_n \rangle$은 수렴하는 부분수열을 갖지 않는다. 왜냐하면 임의의 $p \in X$에 대하여 $p \in G_{n_0}$인 $G_{n_0} \in \mathscr{G}$가 존재하고 $n \geq n_0$이면

$$a_n \in X-(G_1 \cup G_2 \cup \cdots \cup G_{n_0} \cup \cdots \cup G_n)$$

이므로 $a_n \notin G_{n_0}$이다. 따라서 수열 $\langle a_n \rangle$의 모든 부분수열은 p로 수렴하지 않는다. 이것은 X가 수열 컴팩트 공간이라는 사실에 모순이다. □

일반적으로 정리 3.12의 역은 성립하지 않는다. 그러나 제1가산공간인 경우는 역이 성립한다. 또한 거리공간에서는 컴팩트 공간, 가산컴팩트 공간, 그리고 수열 컴팩트 공간은 모두 같은 공간이 된다.

연습문제 (8)

1. 보통위상공간 $(R, \mathscr{U})$의 부분집합 $(0, 1)$과 $(0, 1]$은 모두 컴팩트가 아님을 보여라.

2. 여유한 공간 (X, C_f)는 컴팩트 공간임을 증명하라.

3. 유한개의 컴팩트들의 합집합은 역시 컴팩트임을 보여라.

4. 위상공간 $(X, \mathscr{T})$에서 E가 컴팩트이고 F가 폐집합이면 $E \cap F$가 컴팩트임을 보여라.

5. 여가산공간 (N, C_c)는 컴팩트 공간이 아님을 보여라.

6. 위상공간 $(X, \mathscr{T})$의 부분집합 A가 컴팩트일 필요충분조건은 부분공간 $(A, \mathscr{T}_A)$가 컴팩트 공간이 되는 것임을 증명하여라.

7. 보통위상공간 $(R, \mathscr{U})$의 부분집합 $A = \left\{\frac{1}{n} \mid n \in N\right\} \cup \{0\}$이 컴팩트임을 보여라. 또 이것을 일반화하여 위상공간 $(X, \mathscr{T})$의 수열 $\langle a_n \rangle$이 p에 수렴하면 집합 $A = \{a_n \mid n \in N\} \cup \{p\}$는 항상 컴팩트임을 증명하라.

8. $(X, \mathscr{T})$가 공간이고 $(X, \mathscr{T}^*)$가 T_2-공간일 때 $\mathscr{T}^* \subseteq \mathscr{T}$이면 $\mathscr{T}^* = \mathscr{T}$임을 증명하라.

9. $(X, \mathscr{T})$가 T_2-공간이고 $(X, \mathscr{T}^*)$가 컴팩트 공간일 때 $\mathscr{T} \subseteq \mathscr{T}^*$이면 $\mathscr{T}^* = \mathscr{T}$임을 증명하라.

10. 컴팩트 공간 X와 T_2-공간 Y에 대해 연속함수 $f : X \to Y$가 주어져 있다. 이때 다음에 답하라.

(1) f가 폐사상임을 보여라.

(2) f가 전사이고 $V \subset Y$이면 $\overline{V} \subset f[\overline{f^{-1}(V)}]$임을 보여라.

(3) f가 개사상이 되지 않는 예를 보여라.

11. 정칙공간 X의 컴팩트 부분집합 A와 $A \subset U$인 개집합 U에 대해 $A \subset V \subset \overline{V} \subset U$인 개집합 V가 존재함을 증명하라.

12. X가 린델뢰프 공간이고 수열 컴팩트 공간이면 X는 컴팩트 공간임을 증명하라.

13. X가 국소 컴팩트 T_2-공간이고 E는 X에서 컴팩트이다. 그러면 $E \subset G$인 개집합 G에 대해 연속함수 $f: X \to [0, 1]$가 존재하여 $f(E) \subseteq \{0\}$, $f(X-G) \subseteq \{1\}$이 성립함을 보여라.

14. 집합 $X = [-1, 1]$ 위에 위상 $\mathscr{T}$를 다음과 같이 정의할 때 $(X, \mathscr{T})$는 컴팩트 공간임을 증명하라.

$$\mathscr{T} = \{U \subset X \mid 0 \notin U\} \cup \{U \subset X \mid (-1, 1) \subset U\}$$

CHAPTER 9

연결공간

위상공간의 연결성은 주어진 위상공간이 분리되지 않고 하나의 조각으로 연결되어 있는지 아니면 두 개의 조각으로 이루어 졌는지를 다루는 문제이다. 즉 위상공간을 서로 소인 두 개집합으로 분리할 수 있는가 하는 문제로서 보통위상공간 $(R, \mathscr{U})$에서의 구간의 성질을 추상화 한 것이다. 이 연결성은 위상공간들을 동형으로 분류할 때 사용하는 중요한 위상적 성질이다.

1. 연결성

[정의 1.1] 위상공간 X가 공집합이 아닌 개집합의 쌍 (U, V)에 의하여 $X = U \cup V$이고 $U \cap V = \phi$인 성질을 가질 때 이 쌍 (U, V)를 X의 분리(separation) 또는 비연결(disconnection)이라 한다. 공간 X의 분리가 존재하지 않으면 X는 연결되었다고 하고 연결공간(connected space)이라 한다. 공간 X의 분리가 존재하면 X를 비연결공간(disconnected space)이라 한다.

[예 1] (1) $X=\{0, 1\}$이고 위상 $\mathscr{T}=\{X, \phi, \{0\}\}$이면 위상공간 $(X, \mathscr{T})$는 연결공간이다. 왜냐하면 $X=\{0\}\cup\{1\}$이나 $\{1\}$은 개집합이 아니기 때문이다.

(2) 비이산공간 $(X, \mathscr{I})$는 연결공간이다. 왜냐하면 공집합이 아닌 개집합은 X뿐이기 때문이다.

(3) 두 점 이상을 갖는 이산공간 $(X, \mathscr{D})$는 비연결공간이다. A가 공집합이 아닌 진부분집합이면 $(A, X-A)$가 X의 분리이기 때문이다.

[정리 1.2] X가 연결공간이기 위한 필요충분조건은 개집합인 동시에 폐집합인 X의 부분집합이 오직 ϕ와 X뿐일 때이다.

증명 X를 연결공간이라 하고 $A(\neq\phi)$를 개집합이고 동시에 폐집합인 X의 진부분집합이라 하자. 그러면 A와 $X-A$는 서로소인 개집합이 되고 $X=A\cup(X-A)$이므로 $(A, X-A)$는 X의 분리가 되어 X가 연결공간이라는데 모순이다. 따라서 X자신이 아니면서 ϕ이 아닌 X의 어떤 부분집합도 개집합이고 동시에 폐집합이 될 수 없다.

역으로 U와 V가 X의 분리라 하면 $U=X-V$가 되고 V가 개집합이므로 U는 폐집합이다. 또 $V\neq\phi$이므로 $U\neq X$이고 (U, V)가 X의 분리이므로 $U\neq\phi$이다. 따라서 U는 ϕ와 X가 아니면서 개집합이고 폐집합인 X의 부분집합이다. 이는 개집합이고 폐집합인 X의 부분집합이 ϕ와 X뿐이라는데 모순이다. □

[정리 1.3] Y를 X의 부분공간이라 하자. $A\neq\phi\neq B$일 때 (A, B)가 Y의 분리이기 위한 필요충분조건은 $Y=A\cup B$이고 $\overline{A}\cap B=\phi=A\cap\overline{B}$인 것이다.

증명 A와 B가 Y의 분리라 하자. 그러면 A는 Y의 개집합인 동시에 폐집합이 된다. A가 Y에서 폐집합이므로

$$A=\overline{A_Y}=\overline{A}\cap Y$$

이고 따라서

$$\phi=A\cap B=\overline{A_Y}\cap B=(\overline{A}\cap Y)\cap B=\overline{A}\cap B$$

이다. 같은 방법으로 $A\cap\overline{B}=\phi$이다.

역으로 $A\cup B=Y$이고 $\overline{A}\cap B=\phi=A\cap\overline{B}$라고 하자. 그러면 $A\cap B=\phi$이다. $\overline{A}\cap B=\phi$이므로

$$\overline{A}\cap Y=\overline{A}\cap(A\cup B)=(\overline{A}\cap A)\cup(\overline{A}\cap B)=A\cup\phi=A$$

이고 같은 방법으로 $\overline{B}\cap Y=B$이다. 따라서 A와 B는 Y의 폐집합이다. 그리고 $A=Y-B$이고 $B=Y-A$이므로 A와 B는 또 Y의 개집합이다. 그러므로 (A, B)는 Y의 분리이다. □

$\overline{A}\cap B=\phi=A\cap\overline{B}$일 때 두 집합 A, B는 분리되었다(separated)라고 한다.

[예 2] 보통위상공간 $(R, \mathscr{U})$의 부분공간 $Y=[0, 1]\cup\{2\}$는 연결공간이 아니다. 왜냐하면 $[0, 1]$과 $\{2\}$는 공집합이 아니고 서로 소인 Y의 개집합이므로 Y의 분리가 되기 때문이다. 같은 방법으로 부분공간 $Y=[0, 1)\cup(1, 2)$는 비연결공간이다.

[예 3] (1) 보통위상공간 $(R, \mathscr{U})$는 연결공간이다. 왜냐하면 R에서 개집합이고 동시에 폐집합인 것은 ϕ와 R 뿐이기 때문이다.

(2) 보통위상공간 $(R, \mathscr{U})$의 부분공간 $[a, b]$는 연결공간이다. 왜냐하면 $a<p<b$인 점 p에 대해 $[a, b]=[a, p]\cup(p, b]$라고 두면 $A=[a, p]$, $B=(p, b]$에 대해 $\overline{A}\cap B=\phi$이나

$$A\cap\overline{B}=[a, p]\cap[p, b]=\{p\}\neq\phi$$

이므로 (A, B)는 $[a, b]$의 분리가 아니기 때문이다. 같은 방법으로 $[a, b]=[a, p)\cup[p, b]$일 때도 증명된다.

[정의 1.4] $(X, \mathscr{T})$가 위상공간이고 $A\subset X$일때 부분공간 $(A, \mathscr{T}_A)$가 연결공간이면 A를 연결집합(connected set)이라 한다. A가 연결집합이 아닐때 A를 비연결집합(disconnected set)이라 한다.

[예 4] 집합 $X=\{a, b, c, d, e\}$ 위에 $\mathscr{T}=\{X, \phi, \{a, b, c\}, \{c, d, e\}, \{c\}\}$가 주가 주어져 있다. 그러면 $(X, \mathscr{T})$는 연결공간이나 부분집합 $A=\{a, d, e\}$는 비연결집합이다. 왜냐하면 A위의 부분위상 $\mathscr{T}_A=\{A, \phi, \{a\}, \{d, e\}\}$이고 $(\{a\}, \{d, e\})$는 부분공간 $(A, \mathscr{T}_A)$의 분리이기 때문이다.

[정리 1.5] (C, D)를 위상공간 X의 분리라고 하자. 만일 Y가 X의 연결부분집합이면 $Y \subset C$ 또는 $Y \subset D$이다.

증명 C와 D는 X에서 개집합이므로 $C \cap Y$와 $D \cap Y$는 Y에서 개집합이다. 그리고 이들은 서로 소이며 이들의 합집합은 Y가 된다. 만일 $C \cap Y \neq \phi$이고 $D \cap Y \neq \phi$라고 가정하면 Y는 이 두 개집합 $C \cap Y$와 $D \cap Y$에 의해 분리를 가지므로 Y가 연결이라는 가정에 모순이 된다. 따라서 $C \cap Y=\phi$이거나 $D \cap Y=\phi$이어야 한다. 즉 $Y \subset C^c=D$이거나 $Y \subset D^c=C$가 되어 Y는 C, D 중 어느 한쪽에 완전히 포함된다. □

[정리 1.6] $\alpha \in \mathscr{A}$에 대해 A_α를 위상공간 X의 연결부분집합이라 하자. 만일 $p \in \bigcap_\alpha A_\alpha$이면 $Y=\bigcup_\alpha A_\alpha$는 연결집합이다.

증명 (C, D)가 Y의 분리라고 가정하자. 그러면 점 p는 C와 D 중의 어느 하나에 속한다. 이 때 $p \in C$라고 하자. 위 정리에 의하여 A_α들이 연결이므로 A_α는 C, D 중의 어느 하나에 완전히 포함된다. 그러나 $p \in C$이므로 A_α는 D에 포함되지 않는다. 그러므로 모든 α에 대하여 $A_\alpha \subset C$가 되고 $\cup A_\alpha \subset C$이다. 따라서 $D=\phi$이므로 (C, D)가 Y의 분리라는 데 모순이다. □

[정리 1.7] A가 위상공간 X의 연결부분집합이고 $A \subset B \subset \overline{A}$이면 B는 연결집합이다.

증명 B가 비연결집합이라 가정하면 분리 (C, D)가 존재하고 A는 연결집합이므로 $A \subset C$ 또는 $A \subset D$이다. 이제 $A \subset C$라고 하면 $\overline{A} \subset \overline{C}$이다. 한편 $\overline{C} \cap D = \phi$이

므로 $\overline{A} \cap D = \phi$이고 따라서 $B \cap D = D = \phi$이다. 이것은 $D \neq \phi$에 모순이다. □

연결집합 A에 A의 극한점을 몇 개 또는 전부를 합해도 여전히 연결집합이 된다는 것을 정리 1.7로부터 알 수 있다.

[예 5] 보통위상공간 $(\boldsymbol{R}^2, \mathscr{U})$에서

$$A = \{(x, y) \mid y = \sin\frac{1}{x},\ 0 < x \leq 1\},\ B = \{(0, y) \mid -1 \leq y \leq 1\}$$

이라 하면 $A \cup B$는 연결집합이다. 왜냐하면 A가 연결집합이고 B의 모든점은 A의 극한점이기 때문이다.

[정리 1.8] X가 연결공간이고 $f: X \to Y$가 연속이면 $f(X)$도 연결공간이다.

증명 $f: X \to Y$가 연속이므로 f의 공역을 $f(X)$로 축소한 함수 $g: X \to f(X)$도 연속이다. 이제 $f(X)$를 비연결공간이라 가정하면 $f(X)$의 분리 (A, B)가 존재한다. 그러면 g가 연속이므로 $g^{-1}(A)$와 $g^{-1}(B)$는 X에서 개집합이다. 또

$$g^{-1}(A) \cap g^{-1}(B) = g^{-1}(A \cap B) = g^{-1}(\phi) = \phi \text{ 이고}$$
$$g^{-1}(A) \cup g^{-1}(B) = g^{-1}(A \cup B) = g^{-1}(f(X)) = X\text{이다.}$$

따라서 $(g^{-1}(A),\ g^{-1}(B))$는 X의 분리가 되고 이것은 X가 연결공간이라는 가정에 모순이다. □

[따름정리] 연결성은 위상적 성질이다.

[정리 1.9] 함수 $f: X \to Y$가 연속이고 X가 연결공간이면 f의 그래프 $G(f)$는 적공간 $X \times Y$의 연결부분공간이다.

증명 $G(f)$가 연결부분공간이 아니라고 가정하자. 그러면 $G(f)$는 $A \cup B$로 분리된다.

한편 사영함수 $\pi_1 : X \times Y \to X$는 연속함수이고 개사상이므로 축소함수 $\pi_1|_{G(f)} : G(f) \to X$도 개사상이고 전사이다. 이때 $\pi_1|_{G(f)}(A)$와 $\pi_1|_{G(f)}(B)$는 서로소인 개집합이고 $\pi_1|_{G(f)}(A) \cup \pi_1|_{G(f)}(B) = X$이므로 X는 연결공간이 아니다. 이것은 가정에 모순이므로 $G(f)$는 연결부분공간이다. □

[정리 1.10] 위상공간 X와 Y가 연결공간이면 적공간 $X \times Y$도 연결공간이다.

증명 $(a, b) \in X \times Y$라고 하자. 그러면 X가 연결공간이고 $X \times b$와 X가 위상동형이므로 $X \times b$도 연결공간이다. 또 Y가 연결공간이고 $x \times Y$와 Y가 위상동형이므로 $x \times Y$도 연결공간이다. 그러면 공간 $T_x = (X \times b) \cup (x \times Y)$는 연결공간이다. 왜냐하면 $X \times b$와 $x \times Y$가 공통점 (x, b)를 갖고 이들이 연결공간이기 때문이다. 그리고 임의의 $x \in X$에 대해 $(a, b) \in T_x$이므로 $\bigcup_{x \in X} T_x$는 연결공간이다. $\bigcup_{x \in X} T_x = X \times Y$이므로 $X \times Y$는 연결공간이다. □

중간값의 정리는 연결성으로부터 얻을 수 있다.

[정리 1.11] (중간값 정리) 연결공간 X에서 보통위상공간 $(R, \mathscr{U})$로 가는 함수 $f : X \to R$이 연속이라고 하자. $f(a), f(b) \in f(X)$이고 $f(a) < k < f(b)$이면 $f(c) = k$를 만족하는 점 $c \in X$가 존재한다.

증명 집합 A, B를 다음과 같이 정의하자.

$$A = f(X) \cap (-\infty, k), \ B = f(X) \cap (k, \infty)$$

그러면 $f(a) \in A$이고 $f(b) \in B$이므로 A, B는 공집합이 아니고 서로소이며 각각 $f(X)$에서 개집합이다. $f(c) = k$가 되는 점 $c \in X$가 존재하지 않는다면 $f(X) = \mathrm{A} \cup \mathrm{B}$이다. 즉 A와 B는 $f(X)$를 분리하게 된다. 이는 연결공간 X의 연속함수에 의한 상 $f(X)$가 연결이라는 데 모순이다. □

[정리 1.12] X, Y가 위상공간이고 $f : X \to Y$를 위상동형사상이라고 하자. 그러면 $A \subset X$에 대해 A와 $f(A)$, $X - A$와 $Y - f(A)$는 각각 위상동형이다.

증명 $f^{-1}: Y \to X$가 연속이므로 축소함수 $f^{-1}|_{f(A)}$도 연속이다. 그러면 축소함수 $f|_A$가 $f^{-1}|_{f(A)}$의 역함수이고 연속이다. 그리고 $f|_A \circ f^{-1}|_{f(A)} = 1_{f(A)}$이고 $f^{-1}|_{f(A)} \circ f|_A = 1_A$이므로 결국 $f|_A$는 연속이고 그 역함수 $f^{-1}|_{f(A)}$가 또한 연속이며 $f|_A$는 전단사이므로 $f|_A$는 위상동형사상이다. 따라서 A와 $f(A)$는 위상동형이다. 같은 방법으로 $X-A$와 $Y-f(A)$가 위상동형임을 보일 수 있다. □

[예 6] $n \geq 2$일 때 보통위상공간 $(R, \mathscr{U})$와 보통위상공간 $(\boldsymbol{R}^n, \mathscr{U})$는 위상동형이 아니다. 만일 R과 $\boldsymbol{R}^n$이 위상동형이라면 위상동형사상 $f: \boldsymbol{R}^n \to R$이 존재한다. 이때 $c = f^{-1}(0)$라고 하면 정리 1.12에 의해 $f|_{R^n - c}: \boldsymbol{R}^n - \{c\} \to R - \{0\}$가 위상동형사상이 된다. 그러나 $\boldsymbol{R}^n - \{c\}$는 연결공간이나 $R - \{0\}$은 비연결공간이므로 이것은 모순이다.

[예 7] A, B가 연결집합이고 $A \cap B \neq \phi$이면 일반적으로 $A \cup B$도 연결이다. 그러나 이 경우 $A \cap B$는 연결이 아닐 수도 있다. 예를 들면

$$A = [0,\ 1] \times [0,\ 1] - \left\{(a,\ 0) \mid \frac{1}{3} < a < \frac{2}{3}\right\}$$

$$B = [0,\ 1] \times [-1,\ 0] - \left\{(a,\ 0) \mid \frac{1}{3} < a < \frac{2}{3}\right\}$$

일 때 A와 B는 연결이다. 그러나

$$A \cap B = \left[0,\ \frac{1}{3}\right] \cup \left[\frac{2}{3},\ 1\right]$$

이므로 $A \cap B$는 연결이 아니다.

2. 호상연결공간과 성분

위상공간 X상의 한 점에서 다른 점까지 점을 연속적으로 보낼 수 있는 성질과 공간의 연결성과의 관계를 알아보자.

[정의 2.1] 위상공간 X의 두 점 x, y에 대하여 연속함수 $f:[a, b] \to X$가 $f(a)=x$, $f(b)=y$로 정의되어 있을 때 f를 X에서의 호(path)라고 한다. 또 X의 임의의 두 점이 X 내에서 호에 의하여 연결될 수 있으면 X는 호상연결공간(path connected space)이라 한다. 이 때 x를 호 f의 시점(initial point), y를 호 f의 종점(terminal point)이라 부른다.

위 정의에서 알 수 있는 것처럼 호(path)는 연속함수 f를 의미하고 그 상 $f([a, b])$를 곡선(curve)이라 하며 $f([a, b]) \subset X$이다.

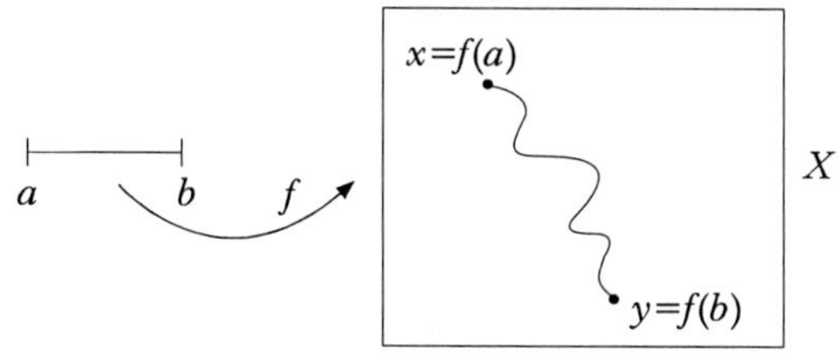

〈그림 9.1〉

앞으로 $[a, b]$ 대신 $[0, 1]$을 사용하기도 할 것이다.

[예 1] (1) 상수함수 $f:[0, 1] \to X$가 임의의 $x \in [a, b]$에 대해 $f(x)=c$로 정의되면 연속함수이므로 f는 c에서 c로의 호이다.

(2) $f:[0, 1] \to X$가 a에서 b로의 호일때 $g:[0, 1] \to X$를 $g(t)=f(1-t)$로 정의하면 g는 연속함수이므로 g는 b에서 a로의 호이다.

(3) $f:[0, 1] \to X$를 a에서 b로의 호라고 하고 $g:[0, 1] \to X$를 b에서 c로의 호라 하자. 이때 $f*g:[0, 1] \to X$을 다음과 같이 정의하자.

$$(f*g)(t)=\begin{cases} f(2t) & ,0 \le t \le \frac{1}{2} \\ g(2t-1) & ,\frac{1}{2} \le t \le 1 \end{cases}$$

그러면 연속보조정리에 의해 $f*g$는 연속함수이고

$(f*g)(0)=f(2\times 0)=f(0)=a$이고 $(f*g)(1)=g(2\times 1-1)=g(1)=c$

이므로 $f*g$는 a에서 c로의 호이다.

[정의 2.2] A를 위상공간 X의 부분집합이라 하자. 임의의 두 점 $a, b\in A$에 대해 $f([0, 1])\subset A$인 a에서 b로의 호 $f:[0, 1]\to X$가 존재할 때 A를 호상연결집합(path connected set)이라 한다.

[예 2] (1) $X=\{0, 1\}$이고 $\mathscr{T}=\{X, \phi, \{0\}\}$이면 위상공간 $(X, \mathscr{T})$는 호상연결공간이다. 왜냐하면 $f:[0, 1]\to X$를 다음과 같이 정의하자.

$$f(t)=\begin{cases}0 & ,0\le t<1\\ 1 & ,t=1\end{cases}$$

그러면 $f^{-1}(X)=[0, 1]$, $f^{-1}(\phi)=\phi$, $f^{-1}(\{0\})=[0, 1)$이고 이것은 모두 $[0, 1]$에서 개집합이므로 f는 연속이고 $f(0)=0$, $f(1)=1$이므로 f는 0에서 1로의 호이기 때문이다.

(2) 비이산공간 $(X, \mathscr{I})$가 호상연결공간임은 자명하다. 그러나 두 점 이상을 갖는 이산공간 $(X, \mathscr{D})$는 호상연결공간이 아니다. 왜냐하면 이산공간 $(X, \mathscr{D})$를 호상연결공간이라고 가정하면 $a, b\in X$에 대해 호 $f:[0, 1]\to X$가 존재한다. 그러면 $[0, 1]$이 연결공간이므로 $f[0, 1]\subset X$도 연결집합이다. 그러나 $a, b\in f[0, 1]$이고 X가 이산공간이므로 $f[0, 1]$은 비연결집합이 되므로 이것은 모순이다.

(3) 보통위상공간 $(\boldsymbol{R}^n, \mathscr{U})$ 상의 단위구 $B^n=\{x\in\boldsymbol{R}^n \mid \|x\|\le 1\}$은 호상연결집합이다. 왜냐하면 $x, y\in B^n$에 대해 함수 $f:[0, 1]\to\boldsymbol{R}^n$을 $f(t)=(1-t)x+ty$로 정의하면 f는 연속이고 $\|f(t)\|\le(1-t)\|x\|+t\|y\|\le 1$이므로 $f(t)\in B^n$이다. 따라서 $f(0)=x$, $f(1)=y$이므로 f는 x에서 y로의 호이다.

[정리 2.3] 호상연결집합의 연속함수에 의한 상은 호상연결집합이다.

증명 $f:X\to Y$가 연속함수이고 A를 X상의 호상연결집합이라 하자. 그러면 임의의 $p, q\in f(A)$에 대해 $f(a)=p$, $f(b)=q$인 점 $a, b\in A$가 존재한다. 또 A가 호상연결집합이므로 $g([0, 1])\subset A$이고 $g(0)=a$, $g(1)=b$인 연속함수 $g:[0, 1]\to X$가 존재한다. 따라서 $f\circ g:[0, 1]\to Y$는 연속함수이고

$$(f \circ g)([0, 1]) = f(g([0, 1])) \subset f(A),$$
$$(f \circ g)(0) = f(a) = p, \ (f \circ g)(1) = f(b) = q$$

이므로 $f \circ g$는 p에서 q로의 호이다. 그러므로 $f(A)$는 호상연결집합이다. □

[따름정리] 호상연결성은 위상적 성질이다.

[정리 2.4] 호상연결공간은 연결공간이다.

증명 호상연결공간 X가 비연결공간이라고 가정하면 X의 분리 (A, B)가 존재한다. 이제 $f: [0, 1] \to X$를 X의 두 점을 잇는 임의의 호라고 하면 f가 연속이므로 $f([0, 1])$는 연결집합이다. 그러면 $f([0, 1]) \subset A$이거나 $f([0, 1]) \subset B$이다. 따라서 $a \in A$, $b \in B$에 대해 a에서 b로의 호는 존재하지 않는다. 이것은 X가 호상연결공간이라는 사실에 모순이다. □

일반적으로 정리 2.4의 역은 성립하지 않는다. 보통위상공간 $(\boldsymbol{R}^n, \mathscr{U})$에서 $Y = \{(0, y) \mid -1 \leq y \leq 1\} \cup \{(x, y) \mid y = \sin \frac{1}{x}, \ 0 < x \leq 1\}$은 연결집합이나 호상연결집합은 아니다.

[정의 2.5] 위상공간 X의 극대연결부분집합을 X의 연결성분(connected component) 혹은 성분(component)이라 한다.

C를 위상공간 X의 한 성분이라 하면 C는 연결집합이고 X의 어떤 연결집합에 대해서도 진부분집합이 될 수 없다. 공집합 ϕ는 연결집합으로 볼 수 있지만 위상공간 X가 공집합이 아닌 경우 성분 C는 분명히 공집합은 될 수 없다. $x \in X$일 때 $\{x\}$는 연결집합이고 $\phi \subsetneq \{x\}$이기 때문이다. 특히 X가 연결공간일 때는 X의 성분은 X뿐이다.

[예 3] (1) 비이산공간 $(X, \mathscr{I})$은 연결공간이므로 X의 성분은 X뿐이고 이산공간 $(X, \mathscr{D})$에서는 두 점 이상을 가지는 모든 부분집합은 비연결집합이므

로 X의 성분들은 모두 단집합들이다.

(2) 여유한 공간 (X, C_f)에서 X가 유한집합이면 이산공간이 되므로 X의 성분들은 단집합들이고 X가 무한집합이면 X가 연결공간이므로 X의 성분은 X 뿐이다.

[정리 2.6] 위상공간 X의 성분 C는 폐집합이다.

증명 성분 C는 연결집합이므로 $\overline{C}$도 연결집합이 되고 $C \subset \overline{C}$이다. 그러나 C는 극대연결집합이므로 $C=\overline{C}$이다. □

[정리 2.7] 위상공간 X의 임의의 원소 p를 가지는 성분은 유일하다.

증명 p를 가지는 모든 연결집합들의 합집합을 C_p라고 하면 C_p는 연결집합이다. 만일 $p \in C_p \subset C$인 연결집합 C가 존재한다고 하면 C_p의 정의에 의해 $C \subset C_p$이므로 C_p는 극대연결집합 즉 성분이다. 만일 D가 p를 가지는 성분이면 C_p의 정의에 의해 $D \subset C_p$이고 D가 극대연결집합이므로 $D=C_p$이다. □

[정리 2.8] 위상공간 X의 모든 성분들의 집합은 X의 분할이다.

증명 $\mathscr{A}=\{C_p \mid C_p$는 p를 가지는 성분이고 $p \in X\}$라 하자.

(i) $C_p \neq \phi$, $C_p \subset X$임은 자명하다.

(ii) X의 각원소 p에 대해 $\{p\}$는 연결집합이고 C_p는 p를 가지는 모든 연결집합들의 합집합이므로 $p \in C_p$인 성분 C_p는 항상 존재한다. 따라서 $X=\bigcup_{p \in X} C_p$이다.

(iii) $C_p \cap C_q \neq \phi$이면 C_p와 C_q가 연결집합이므로 $C_p \cup C_q$도 연결집합이다. C_p가 성분이고 $C_p \subset C_p \cup C_q$이므로 $C_p=C_p \cup C_q$이다. 또한 C_q가 성분이고 $C_q \subset C_p \cup C_q$이므로 $C_q=C_p \cup C_q$이다. 따라서 $C_p=C_q$이다. □

정리 2.8에 의해 X의 임의의 연결부분집합은 X의 어떤 성분의 부분집합이 됨을 알 수 있다.

[예 4] $\mathscr{T}=\{X, \phi, \{a\}, \{c, d\}, \{a, c, d\}, \{b, c, d, e\}\}$가 $X=\{a, b, c, d, e\}$의 위상일때 X의 성분은 $\{a\}$와 $\{b, c, d, e\}$이고 $C_a=\{a\}$, $C_b=C_c=C_d=C_e=\{b, c, d, e\}$이다.

[정의 2.9] 위상공간 X의 극대 호상연결집합을 X의 호상성분(path component)이라 한다.

[정리 2.10] 위상공간 X의 호상성분은 X의 성분에 포함된다.

증명 X의 호상성분을 A라 하면 A는 호상연결집합이므로 역시 연결집합이다. $A \neq \phi$이므로 $p \in A$인 점 p를 택하면 $A \subset C_p$이다. □

[예 5] 보통위상공간 $(R, \mathscr{U})$의 부분공간 $Y=[-1, 0) \cup (0, 1]$의 성분은 $[-1, 0)$, $(0, 1]$이며 이것은 역시 Y의 호상성분이다.

[정의 2.11] 위상공간 X의 임의의 점을 p라 하자. p를 가지는 임의의 개집합 U에 대해 $p \in V \subset U$인 연결개집합 V가 존재할 때 X를 국소연결공간(locally connected space)이라 한다.

[예 6] (1) 이산공간 $(X, \mathscr{D})$의 임의의 점 p에 대해 $\{p\}$는 연결개집합이므로 $(X, \mathscr{D})$는 국소연결공간이다. 그러나 X가 두 점 이상을 가지면 비연결공간이다.

(2) 보통위상공간 $(\boldsymbol{R}^n, \mathscr{U})$은 국소연결공간이다.

(3) 보통위상공간 $(\boldsymbol{R}^2, \mathscr{U})$의 부분공간 X가 다음과 같이 주어져 있다.

$$X=\{(0, y) \mid -1 \leq y \leq 1\} \cup \{(x, y) \mid y=\sin\frac{1}{x},\ 0<x \leq 1\}$$

$p=(0,\ 1)$이라 하면 $B\left(p,\ \frac{1}{2}\right)\cap X$는 X에서 p를 가지는 개집합이나 연결 개집합을 포함하지 않으므로 국소연결공간이 아니다. 그러나 X는 연결공간이다.

[정의 2.12] 위상공간 X의 임의의 점을 p라 하자. p를 가지는 임의의 개집합 U에 대해 $p\in V\subset U$인 호상연결 개집합 V가 존재할 때 X를 국소호상연결공간(locally path connected space)이라 한다.

연습문제 (9)

1. $(X, \mathscr{T})$가 연결공간이고 $\mathscr{T}' \subset \mathscr{T}$이면 $(X, \mathscr{T}')$도 연결공간임을 보여라.

2. 집합 X에 대해 $p \notin X$일때 $Y = X \cup \{p\}$라고 하자. 이때 Y 위의 위상 $\mathscr{T} = \{U \subset Y \mid U = \phi$ 또는 $p \in U\}$가 주어지면 $(Y, \mathscr{T})$는 연결공간임을 보여라.

3. 보통위상공간 $(R, \mathscr{U})$에서 유리수의 집합 Q는 비연결집합임을 보여라.

4. X가 무한집합이면 여유한 공간 (X, C_f)는 연결공간임을 증명하라.

5. X가 연결공간이기 위한 필요충분조건은 X에서 이산공간 $(\{0, 1\}, \mathscr{D})$로 가는 전사인 연속함수가 존재하지 않는 것임을 증명하라.

6. 보통위상공간 $(\boldsymbol{R}^2, \mathscr{U})$의 부분집합 $X = \{(x, 0) \mid x > 0\} \cup \{(x, y) \mid y = \frac{1}{x},\ x > 0\}$는 비연결집합임을 보여라.

7. T_1-공간 X의 연결부분집합 E가 두점 이상을 가지면 E는 무한집합임을 보여라.

8. $f : [0, 1] \to [0, 1]$가 연속함수이면 $f(p) = p$인 점 $p \in [0, 1]$가 적어도 하나 존재함을 증명하라.

9. $[0, 1]$과 S^1은 위상동형이 아님을 보여라.

10. 보통위상공간 $(R, \mathscr{U})$의 부분공간 $K = \left\{\frac{1}{n} \mid n \in N\right\}$의 성분을 구하라.

11. 위상공간 X의 성분이 유한개이면 각 성분은 개집합임을 보여라.

CHAPTER 10

호모토피

앞서 배운 여러 가지 위상적 성질들만을 이용하여 두 위상공간이 위상적으로 동형인지 아닌지를 밝히는 데는 한계가 있다. 이에 위상공간 X에 기본군이라 불리는 군 G_X를 대응시키는 대수적 방법을 도입하며 위상공간 X와 Y가 위상동형이면 이에 대응되는 기본군 G_X와 G_Y는 군동형이 된다. 따라서 G_X와 G_Y가 군동형이 아니면 두 위상공간 X와 Y는 위상동형이 아님을 알 수 있다. 즉 군의 대수적 구조가 위상공간의 위상적 구조에 관한 정보를 알려주게 되는 것이다.

1. 호의 호모토피

[정의 1.1] X와 Y가 위상공간이고 $I=[0, 1]$이라 하자. 두 개의 연속함수 $f_0, f_1 : X \to Y$에 대하여 연속함수 $F : X \times I \to Y$가 존재하여 $F(x, 0)=f_0(x)$, $F(x, 1)=f_1(x)$일 때 f_0와 f_1은 호모토픽(homotopic)이라 하며 $f_0 \simeq f_1$ 또는 $f_0 \overset{F}{\simeq} f_1$로 표시한다. 또한 F를 f_0와 f_1 사이의 호모토피(homotopy)라 한다.

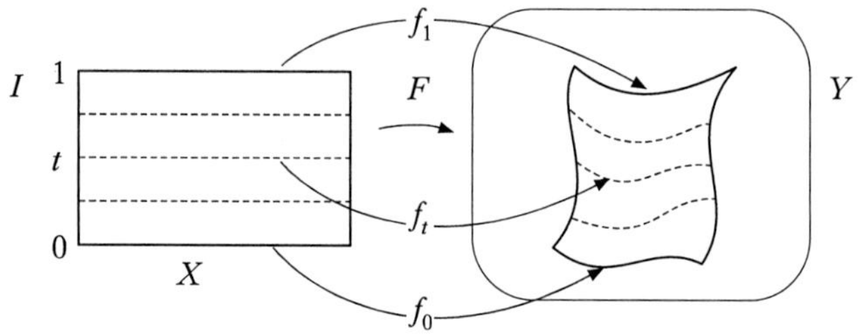

〈그림 10.1〉

f_0와 f_1이 호모토픽하다는 것은 시간 t가 0에서 1까지 변할 때 f_0가 연속적으로 변하여 f_1으로 변형시킬 수 있음을 의미한다.

[예 1] X가 위상공간일 때 $f, g : X \to R^2$가 연속함수라고 하자. $F : X \times I \to R^2$를 $F(x, t) = (1-t)f(x) + tg(x)$, $t \in I$라고 정의하면 F는 연속함수이고 $F(x, 0) = f(x)$, $F(x, 1) = g(x)$이므로 F는 f와 g 사이의 호모토피이다. 따라서 $f \simeq g$이다.

연속함수 $f : I \to X$에 대하여 $f(0) = x_0$, $f(1) = x_1$일 때 함수 f를 X에서 x_0로부터 x_1까지의 호(path)라고 하며 x_0를 f의 시점, x_1을 f의 종점이라고 한다.

[정의 1.2] $f_0, f_1 : I \to X$을 x_0로부터 x_1까지의 호라고 하자. 이때 연속함수 $F : I \times I \to X$가 존재하여 $s, t \in I$에 대하여 $F(s, 0) = f_0(s)$, $F(s, 1) = f_1(s)$, $F(0, t) = x_0$, $F(1, t) = x_1$일 때 f_0와 f_1은 호 호모토픽(path homotopic)이라 하며 $f_0 \simeq_p f_1$으로 표시한다. 또한 F를 f_0와 f_1 사이의 호 호모토피(path homotopy)라고 한다.

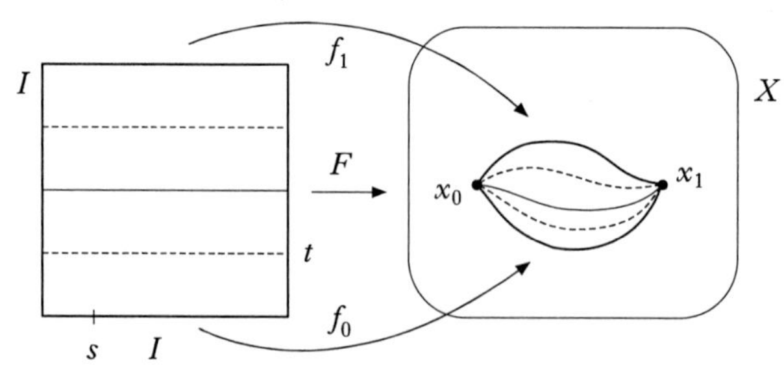

〈그림 10.2〉

[정리 1.3] 관계 '$\simeq$', '$\simeq_p$'는 동치관계이다.

증명 관계 '$\simeq_p$'가 동치관계임을 보이자.

(1) $f : I \to X$가 x_0에서 x_1으로의 호라고 할 때 $F : I \times I \to X$를 $F(s, t) = f(s)$라고 정의하면

$$F(s, 0) = f(s),\ F(s, 1) = f(s),\ F(0, t) = f(0) = x_0,\ F(1, t) = f(1) = x_1$$

이고 F는 연속함수이므로 $f \simeq_p f$이다.

(2) f_0, $f_1 : I \to X$가 x_0에서 x_1으로의 호라고 하고 $f_0 \simeq_p f_1$이라 하자. 그러면 호 호모토피 $F : I \times I \to X$가 존재하고 $F(s, 0) = f_0(s)$, $F(s, 1) = f_1(s)$, $F(0, t) = x_0$, $F(1, t) = x_1$이 성립한다. 이제 $H : I \times I \to X$를 $H(s, t) = F(s, 1-t)$라고 하면 H는 연속이고

$$H(s, 0) = F(s, 1) = f_1(s),\ H(s, 1) = F(s, 0) = f_0(s),$$
$$H(0, t) = x_0,\ H(1, t) = x_1$$

이므로 H는 f_1과 f_0 사이의 호 호모토피이다. 따라서 $f_1 \simeq_p f_0$이다.

(3) f_0, f_1, $f_2 : I \to X$가 x_0에서 x_1으로의 호라고 하고 $f_0 \simeq_p f_1$이고 $f_1 \simeq_p f_2$라고 하자. 그러면 호 호모토피 $F : I \times I \to X$가 존재하여 $F(s, 0) = f_0(s)$, $F(s, 1) = f_1(s)$, $F(0, t) = x_0$, $F(1, t) = x_1$이 성립한다. 또 호 호모토피 $G : I \times I \to X$가 존재하여 $G(s, 0) = f_1(s)$, $G(s, 1) = f_2(s)$, $G(0, t) = x_0$, $G(1, t) = x_1$이 성립한다. 이제 $H : I \times I \to X$를

$$H(s, t) = \begin{cases} F(s, 2t) & , 0 \le t \le \dfrac{1}{2} \\ G(s, 2t-1) & , \dfrac{1}{2} \le t \le 1 \end{cases}$$

이라 정의하면 연속보조정리에 의해 H는 연속이다. 또한

$$H(s, 0) = F(s, 0) = f_0(s),\ H(s, 1) = G(s, 1) = f_2(s),$$
$$H(0, t) = x_0,\ H(1, t) = x_1$$

이므로 H는 f_0와 f_2 사이의 호 호모토피이다. 따라서 $f_0 \simeq_p f_2$이다. 같은 방법으로 관계 '$\simeq$'가 동치관계임을 보일 수 있다. □

[예 2] $f, g, h : I \to R^2 - \{(0, 0)\}$가 다음과 같이 정의된 호들이다. $f(s) = (\cos \pi s, \sin \pi s)$, $g(s) = (\cos \pi s, 2\sin \pi s)$, $h(s) = (\cos \pi s, -\sin \pi s)$. 그러면 $f \simeq_p g$이다. 왜냐하면 호 호모토피 $H : I \times I \to R^2 - \{(0, 0)\}$, $H(s, t) = (1-t) f(s) + tg(s)$가 존재하기 때문이다. 그러나 $f \not\simeq_p h$이다.

> **[정의 1.4]** A가 위상공간 X의 부분집합이고 $f_0, f_1 : X \to Y$가 연속함수라고 하자. 이때 f_0와 f_1 사이의 호모토피 $F : X \times I \to Y$가 존재하여 모든 $a \in A$에 대해 $F(a, t) = f_0(a) = f_1(a)$이면 f_0와 f_1은 A를 고정한 호모토픽(homotopic relative to A)이라 하고 $f_0 \simeq f_1 (\text{rel } A)$로 표시한다.

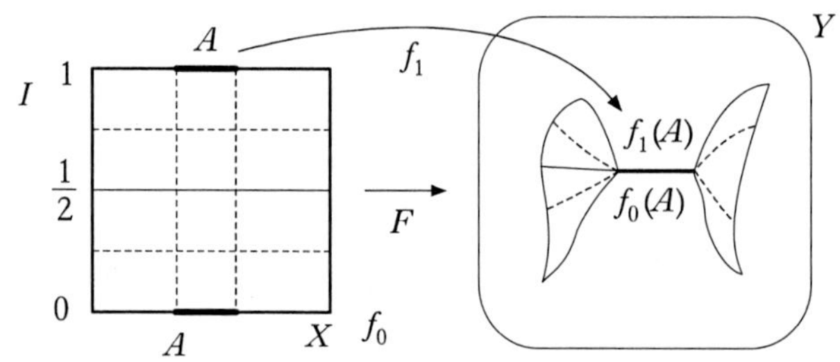

〈그림 10.3〉

> **[정리 1.5]** $f, g : X \to Y$와 $h, k : Y \to Z$가 연속함수이고 $A \subset X$, $B \subset Y$에 대하여 $f(A) \subset B$일 때 $f \simeq g (\text{rel } A)$이고 $h \simeq k (\text{rel } B)$이면 $h \circ f \simeq k \circ g (\text{rel } A)$이다.

증명 $f \simeq g(\text{rel } A)$이므로 호모토피 $F : X \times I \to Y$가 존재하여 $F(x, 0) = f(x)$, $F(x, 1) = g(x)$, 모든 $a \in A$에 대하여 $F(a, t) = f(a) = g(a)$이다. 또 $h \simeq k(\text{rel } B)$이므로 호모토피 $G : Y \times I \to Z$가 존재하여 $G(y, 0) = h(y)$, $G(y, 1) = k(y)$, 모든 $b \in B$에 대하여 $G(b, t) = h(b) = k(b)$이다. 이제 $H : X \times I \to Z$를 다음과 같이 정의하자.

$$H(x, t) = \begin{cases} h(F(x, 2t)) & , 0 \le t \le \frac{1}{2} \\ G(g(x), 2t-1)) & , \frac{1}{2} \le t \le 1 \end{cases}$$

그러면 H는 연속이고 $H(x, 0)=h(F(x, 0))=h(f(x))$, $H(x, 1)=G(g(x), 1)=k(g(x))$이다. 또 A의 각 원소 a에 대하여 $f(a)=g(a)\in B$이므로 $h(g(a))=k(g(a))$이며

$$H(a, t)=\begin{cases} h(F(a, 2t))=h(f(a))=h(g(a)) & ,0\le t\le \dfrac{1}{2} \\ G(g(a), 2t-1))=h(g(a))=k(g(a)) & ,\dfrac{1}{2}\le t\le 1 \end{cases}$$

이다. 따라서 $H(a, t)=(h\circ f)(a)=(k\circ g)(a)$이므로 $h\circ f\simeq k\circ g$ (rel A)이다.

□

[정의 1.6] 연속함수 $f: X\to Y$와 $g: Y\to X$가 존재하여 $g\circ f\simeq 1_X$이고 $f\circ g\simeq 1_Y$이면 X와 Y는 같은 호모토피형(same homotopy type)을 갖는다고 한다. 이때 f와 g는 서로 호모토피 동치(homotopy equivalent) 라고 한다.

[예 3] 단위원 S^1과 환형 $A=\{y\in R^2 \mid 1\le\|y\|\le 2\}$는 같은 호모토피형을 갖는다. 왜냐하면 $f: S^1\to A$를 $f(x)=x\,(x\in S^1)$로 정의하고 f의 호모토피 동치 $g: A\to S^1$을 $g(y)=\dfrac{y}{\|y\|}\,(y\in A)$라 하면 $g\circ f=1_{S^1}$이고 $(f\circ g)(y)=\dfrac{y}{\|y\|}$이다. 이때 $F: A\times I\to A$를 $F(y, t)=ty+(1-t)\dfrac{y}{\|y\|}$로 정의하면 F는 $f\circ g$에서 1_A로의 호모토피가 되어 f와 g는 호모토피 동치이다.

X와 Y가 위상동형이면 같은 호모토피 형을 가짐은 명백하다. 그러나 그 역은 일반적으로 성립하지 않는다.

[예 4] R^2에서 한점 a를 택하여 $D=\{x\in R^2 \mid d(a, x)\le 1\}$이라 두면 $a\in D$이다. 또 함수 $f: \{a\}\to D$, $f(a)=a$, $g: D\to\{a\}$, $g(x)=a$라고 정의하면 f와 g는 연속이다. 그러면 $g\circ f=1_{\{a\}}$이고 $(f\circ g)(x)=a$, $\forall x\in D$이다. $F: D\times I\to D$를 $F(x, t)=(1-t)x+ta$라고 두면 F는 $f\circ g$와 1_D 사이의 호모토피이므로 $f\circ g\simeq 1_D$이다. 따라서 $\{a\}$와 D는 같은 호모토피형을 가진다. 그러나 $\{a\}$와 D는 위상동형이 아님은 명백하다.

2. 기본군

위상공간 X상의 두 호 $f,\ g : I \to X$가 $f(1)=g(0)$일 때

$$(f*g)(t)=\begin{cases} f(2t) & ,0 \le t \le \frac{1}{2} \\ g(2t-1) & ,\frac{1}{2} \le t \le 1 \end{cases} \quad \text{인}$$

호 $f*g : I \to X$를 정의하였다. 이때 $f*g$를 f와 g의 곱(path product)이라 한다.

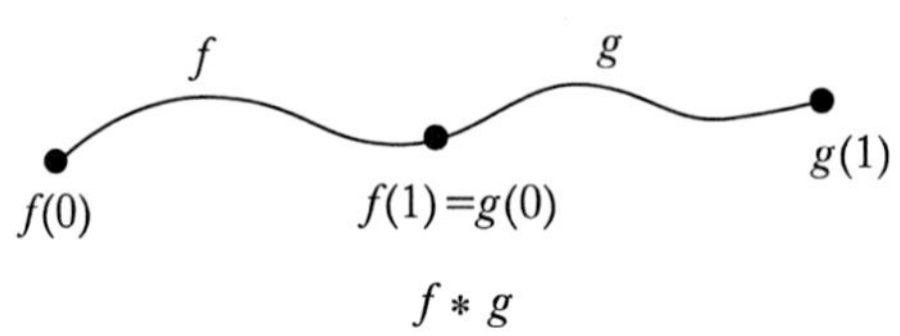

〈그림 10.4〉

[정의 2.1] (1) $\alpha : I \to X$가 $\alpha(0)=\alpha(1)=x_0$인 호일 때 α를 루프(loop) 또는 폐호라고 하며 x_0를 기본점(base point)이라 한다.
(2) x_0를 기본점으로 가지는 두 루프 $\alpha,\ \beta$에 대하여 연속함수 $H : I\times I \to X$가 존재하여 $H(s,\ 0)=\alpha(s)$, $H(s,\ 1)=\beta(s)$, $H(0,\ t)=H(1,\ t)=x_0$일 때 두 루프 α와 β는 동치(equivalent)라고 하며 $\alpha \simeq_{x_0} \beta$로 표시한다.

[정리 2.2] 관계 '$\simeq_{x_0}$'는 동치관계이다.

증명 정리 1.3의 증명과 거의 동일하게 증명된다.

[정의 2.3] X가 위상공간이고 $x_0 \in X$라고 하자. $\mathscr{L}=\{\alpha \mid \alpha$는 x_0를 기본점으로 갖는 X상의 루프$\}$라고 하면 관계 '$\simeq_{x_0}$'는 $\mathscr{L}$ 위의 동치관계이다. 이제

$[\alpha]$를 루프 α의 동치류라고 할 때 $\pi_1(X, x_0)=\{[\alpha]\,|\,\alpha\in\mathscr{L}\}$라고 두자. 또 $[\alpha]$, $[\beta]\in\pi_1(X, x_0)$에 대하여 곱 $\circ$를 다음과 같이 정의하자.

$$[\alpha]\circ[\beta]=[\alpha*\beta]$$

이때 $(\pi_1(X, x_0), \circ)$를 기본점 x_0에서의 X의 기본군(fundamental group)이라 부른다.

기본군의 개념은 1900년경 프랑스의 수학자 Poincaré에 의해 소개되었으며 제 1호모토피군 또는 포앙카레 군으로 불리기도 한다.

이제 $(\pi_1(X, x_0), \circ)$가 실제로 군이 됨을 증명하여 보자.

[정리 2.4] $\pi_1(X, x_0)$ 위의 곱 $\circ$는 잘 정의되어진다.
즉, $[\alpha]=[\alpha']$이고 $[\beta]=[\beta']$이면 $[\alpha]\circ[\beta]=[\alpha']\circ[\beta']$이다.

증명 $[\alpha]\circ[\beta]=[\alpha*\beta]$이고 $[\alpha']\circ[\beta']=[\alpha'*\beta']$이므로 $\alpha\simeq_{x_0}\alpha'$이고 $\beta\simeq_{x_0}\beta'$일 때 $\alpha*\beta\simeq_{x_0}\alpha'*\beta'$임을 보이면 된다. $\alpha\simeq_{x_0}\alpha'$이므로 호모토피 $F: I\times I\to X$가 존재하여 $F(s, 0)=\alpha(s)$, $F(s, 1)=\alpha'(s)$, $F(0, t)=F(1, t)=x_0$이다. 또 $\beta\simeq_{x_0}\beta'$이므로 호모토피 $G: I\times I\to X$가 존재하여 $G(s, 0)=\beta(s)$, $G(s, 1)=\beta'(s)$, $G(0, t)=G(1, t)=x_0$이다. 이제 $H: I\times I\to X$를

$$H(s, t)=\begin{cases} F(2s, t) & ,0\le s\le \frac{1}{2} \\ G(2s-1, t) & ,\frac{1}{2}\le s\le 1 \end{cases}$$

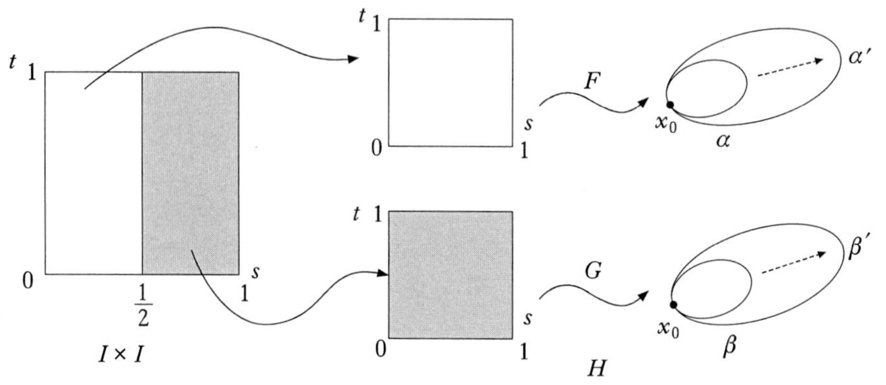

〈그림 10.5〉

이라 정의하면 H는 연속함수이다. 그림 10.5를 참고하라.

$$H(s,\ 0)=\begin{cases} F(2s,\ 0) & ,0\le s\le \frac{1}{2} \\ G(2s-1,\ 0) & ,\frac{1}{2}\le s\le 1 \end{cases}=\begin{cases} \alpha(2s) & ,0\le s\le \frac{1}{2} \\ \beta(2s-1) & ,\frac{1}{2}\le s\le 1 \end{cases}=(\alpha*\beta)(s)$$

$$H(s,\ 1)=\begin{cases} F(2s,\ 1) & ,0\le s\le \frac{1}{2} \\ G(2s-1,\ 1) & ,\frac{1}{2}\le s\le 1 \end{cases}=\begin{cases} \alpha'(2s) & ,0\le s\le \frac{1}{2} \\ \beta'(2s-1) & ,\frac{1}{2}\le s\le 1 \end{cases}=(\alpha'*\beta')(s)$$

$$H(0,\ t)=F(0,\ t)=x_0,\ H(1,\ t)=G(1,\ t)=x_0$$

이므로 H는 $\alpha*\beta$와 $\alpha'*\beta'$ 사이의 호모토피이고 따라서 $\alpha*\beta\simeq_{x_0}\alpha'*\beta'$이다. □

[정리 2.5] $\pi_1(X,\ x_0)$ 위의 곱 $\circ$에 대해 결합법칙이 성립한다. 즉

$$([\alpha]\circ[\beta])\circ[\gamma]=[\alpha]\circ([\beta]\circ[\gamma])$$

증명 $([\alpha]\circ[\beta])\circ[\gamma]=[(\alpha*\beta)*\gamma]$이고 $[\alpha]\circ([\beta]\circ[\gamma])=[\alpha*(\beta*\gamma)]$이므로 $(\alpha*\beta)*\gamma\simeq_{x_0}\alpha*(\beta*\gamma)$임을 보이면 된다.

$$((\alpha*\beta)*\gamma)(s)=\begin{cases} (\alpha*\beta)(2s) & ,0\le s\le \frac{1}{2} \\ \gamma(2s-1) & ,\frac{1}{2}\le s\le 1 \end{cases}$$

$$
=\begin{cases} \alpha(2(2s)) & ,0 \le s \le \frac{1}{4} \\ \beta(2(2s)-1) & ,\frac{1}{4} \le s \le \frac{1}{2} \\ \gamma(2s-1) & ,\frac{1}{2} \le s \le 1 \end{cases}
$$

$$
=\begin{cases} \alpha(4s) & ,0 \le s \le \frac{1}{4} \\ \beta(4s-1) & ,\frac{1}{4} \le s \le \frac{1}{2} \\ \gamma(2s-1) & ,\frac{1}{2} \le s \le 1 \end{cases}
$$

이고

$$
(\alpha * (\beta * \gamma))(s) = \begin{cases} \alpha(2s) & ,0 \le s \le \frac{1}{2} \\ (\beta * \gamma)(2s-1) & ,\frac{1}{2} \le s \le 1 \end{cases}
$$

$$
=\begin{cases} \alpha(2s) & ,0 \le s \le \frac{1}{2} \\ \beta(2(2s-1)) & ,\frac{1}{2} \le s \le \frac{3}{4} \\ \gamma(2(2s-1)-1) & ,\frac{3}{4} \le s \le 1 \end{cases}
$$

$$
=\begin{cases} \alpha(2s) & ,0 \le s \le \frac{1}{2} \\ \beta(4s-2) & ,\frac{1}{2} \le s \le \frac{3}{4} \\ \gamma(4s-3) & ,\frac{3}{4} \le s \le 1 \end{cases}
$$

이다. 이제 $H : I \times I \to X$를 다음과 같이 정의하자.

$$
H(s,\ t) = \begin{cases} \alpha\left(\frac{4s}{1+t}\right) & ,0 \le s \le \frac{1+t}{2} \\ \beta(4s-t-1) & ,\frac{1+t}{4} \le s \le \frac{2+t}{4} \\ \gamma\left(\frac{4s-t-2}{2-t}\right) & ,\frac{2+t}{4} \le s \le 1 \end{cases}
$$

그러면 H는 연속이다. 그림 10.6을 참고하라.

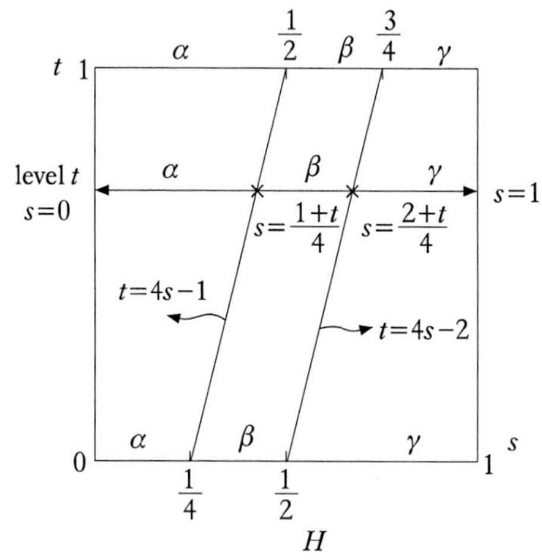

〈그림 10.6〉

$$H(s,\ 0)=\begin{cases}\alpha(4s) & ,0\le s\le \frac{1}{4}\\ \beta(4s-1) & ,\frac{1}{4}\le s\le \frac{1}{2}\\ \gamma(2s-1) & ,\frac{1}{2}\le s\le 1\end{cases}=((\alpha*\beta)*\gamma)(s)$$

$$H(s,\ 1)=\begin{cases}\alpha(2s) & ,0\le s\le \frac{1}{2}\\ \beta(4s-2) & ,\frac{1}{2}\le s\le \frac{3}{4}\\ \gamma(4s-3) & ,\frac{3}{4}\le s\le 1\end{cases}=(\alpha*(\beta*\gamma))(s)$$

$$H(0,\ t)=\alpha(0)=x_0,\ H(1,\ t)=\gamma(1)=x_0$$

이므로 H는 $(\alpha*\beta)*\gamma$과 $\alpha*(\beta*\gamma)$ 사이의 호모토피이다. 따라서

$$(\alpha*\beta)*\gamma\simeq_{x_0}\alpha*(\beta*\gamma)$$

이다. □

[정리 2.6] $C_{x_0}: I\to X,\ C_{x_0}(t)=x_0$를 상수루프라고 하자. 그러면 $\pi_1(X,\ x_0)$는 항등원 $[C_{x_0}]$를 가진다. 즉 임의의 $[\alpha]\in\pi_1(X,\ x_0)$에 대해 $[\alpha]\circ[C_{x_0}]=[\alpha]$이고 $[C_{x_0}]\circ[\alpha]=[\alpha]$이다.

증명 (1) $[\alpha]\circ[C_{x_0}]=[\alpha]$를 보이기 위해 $\alpha * C_{x_0} \simeq_{x_0} \alpha$임을 증명하자.

$$(\alpha * C_{x_0})(s)=\begin{cases}\alpha(2s) & ,0 \le s \le \frac{1}{2} \\ C_{x_0}(2s-1) & ,\frac{1}{2} \le s \le 1\end{cases}=\begin{cases}\alpha(2s) & ,0 \le s \le \frac{1}{2} \\ x_0 & ,\frac{1}{2} \le s \le 1\end{cases}$$

이므로 $H: I\times I \to X$를 다음과 같이 정의하자.

$$H(s,\ t)=\begin{cases}\alpha\left(\frac{2s}{1+t}\right) & ,0 \le s \le \frac{1+t}{2} \\ x_0 & ,\frac{1+t}{2} \le s \le 1\end{cases}$$

그러면 H는 연속함수이다. 그림 10.7을 참고하라.

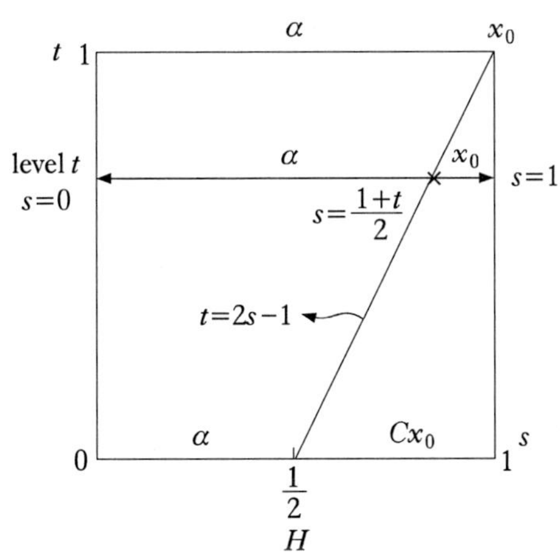

〈그림 10.7〉

$$H(s,\ 0)=\begin{cases}\alpha(2s) & ,0 \le s \le \frac{1}{2} \\ x_0 & ,\frac{1}{2} \le s \le 1\end{cases}=(\alpha * C_{x_0})(s)$$

$$H(s,\ 1)=\begin{cases}\alpha(s) & ,0 \le s \le 1 \\ x_0 & ,s=1\end{cases}=\alpha(s)$$

$$H(0,\ t)=\alpha(0)=x_0,\ H(1,\ t)=x_0$$

이므로 H는 $\alpha * C_{x_0}$와 α 사이의 호모토피이다. 따라서 $\alpha * C_{x_0} \simeq_{x_0} \alpha$이다.

(2) $[C_{x_0}]\circ[\alpha]=[\alpha]$임을 보이기 위해 $C_{x_0} * \alpha \simeq_{x_0} \alpha$임을 증명하자.

$$(C_{x_0} * \alpha)(s) = \begin{cases} C_{x_0}(2s) & ,0 \le s \le \dfrac{1}{2} \\ \alpha(2s-1) & ,\dfrac{1}{2} \le s \le 1 \end{cases} = \begin{cases} x_0 & ,0 \le s \le \dfrac{1}{2} \\ \alpha(2s-1) & ,\dfrac{1}{2} \le s \le 1 \end{cases}$$

이므로 $H : I \times I \to X$를 다음과 같이 정의하자.

$$H(s,\ t) = \begin{cases} C_{x_0}\left(\dfrac{2s}{1-t}\right) = x_0 & ,0 \le s \le \dfrac{1-t}{2} \\ \alpha\left(\dfrac{2s+t-1}{1+t}\right) & ,\dfrac{1-t}{2} \le s \le 1 \end{cases}$$

그러면 H는 연속함수이다. 그림 10.8을 참고하라.

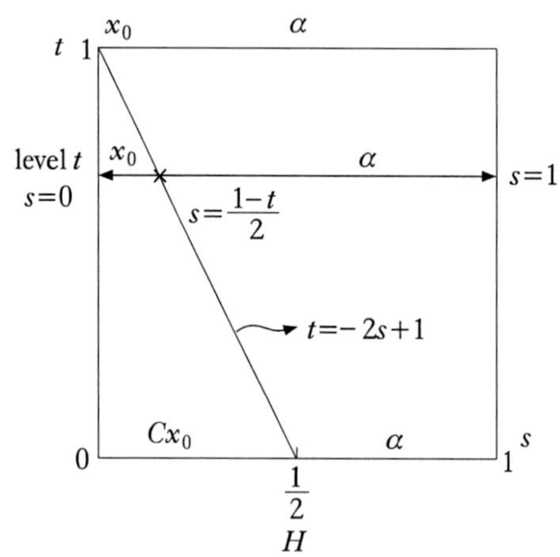

〈그림 10.8〉

$$H(s,\ 0) = \begin{cases} x_0 & ,0 \le s \le \dfrac{1}{2} \\ \alpha(2s-1) & ,\dfrac{1}{2} \le s \le 1 \end{cases} = (C_{x_0} * \alpha)(s)$$

$$H(s,\ 1) = \begin{cases} x_0 & ,s = 0 \\ \alpha(s) & ,0 \le s \le 1 \end{cases} = \alpha(s)$$

$$H(0,\ t) = x_0,\ H(1,\ t) = \alpha(1) = x_0$$

이므로 H는 $C_{x_0} * \alpha$와 α 사이의 호모토피이다. 따라서 $C_{x_0} * \alpha \simeq_{x_0} \alpha$이다.

□

α가 기본점 x_0를 갖는 루프일 때 $\bar{\alpha} : I \to X$, $\bar{\alpha}(s) = \alpha(1-s)$라고 하자.

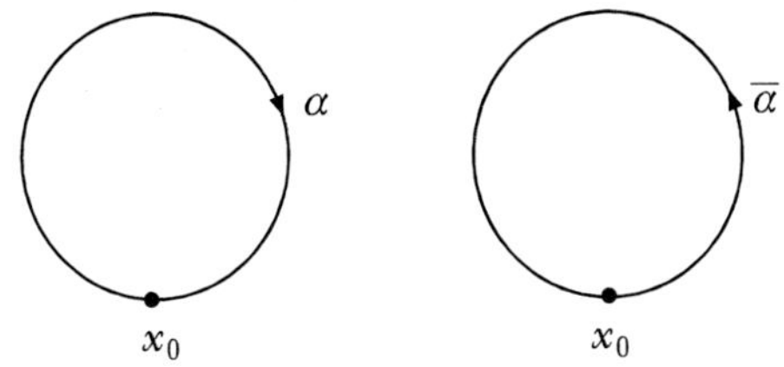

〈그림 10.9〉

[정리 2.7] 임의의 $[\alpha]\in\pi_1(X,\ x_0)$에 대하여 역원 $[\alpha]^{-1}=[\overline{\alpha}]\in\pi_1(X,\ x_0)$이 존재한다. 즉

$$[\alpha]\circ[\overline{\alpha}]=[C_{x_0}]=[\overline{\alpha}]\circ[\alpha]$$

증명 (1) $[\alpha]\circ[\overline{\alpha}]=[C_{x_0}]$임을 보이기 위해 $C_{x_0}\simeq_{x_0}\alpha*\overline{\alpha}$임을 증명하자.

$$(\alpha*\overline{\alpha})(s)=\begin{cases}\alpha(2s) & ,0\le s\le\dfrac{1}{2}\\ \overline{\alpha}(2s-1) & ,\dfrac{1}{2}\le s\le 1\end{cases}=\begin{cases}\alpha(2s) & ,0\le s\le\dfrac{1}{2}\\ \alpha(2-2s) & ,\dfrac{1}{2}\le s\le 1\end{cases}$$

이므로 $H:I\times I\to X$를 다음과 같이 정의하자.

$$H(s,\ t)=\begin{cases}\alpha(2s) & ,0\le s\le\dfrac{t}{2}\\ \alpha(t) & ,\dfrac{t}{2}\le s\le\dfrac{2-t}{2}\\ \overline{\alpha}(2s-1) & ,\dfrac{2-t}{2}\le s\le 1\end{cases}$$

그러면 H는 연속함수이다. 그림 10.10을 참고하라.

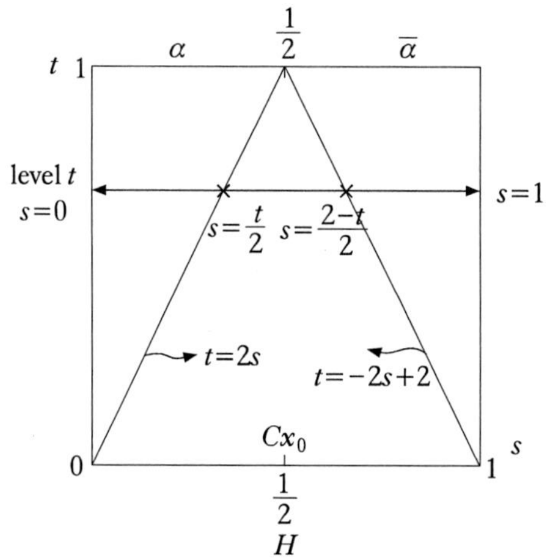

〈그림 10.10〉

$$H(s,\ 0)=\begin{cases}\alpha(2s)=\alpha(0) & ,s=0\\ \alpha(0) & ,0\le s\le 1=C_{x_0}(s)\\ \alpha(0) & ,s=1\end{cases}$$

$$H(s,\ 1)=\begin{cases}\alpha(2s)=\alpha(0) & ,0\le s\le \frac{1}{2}\\ \alpha(1) & ,s=\frac{1}{2} \qquad =(\alpha*\overline{\alpha})(s)\\ \overline{\alpha}(2s-1) & ,\frac{1}{2}\le s\le 1\end{cases}$$

$$H(0,\ t)=\alpha(0)=x_0,\ H(1,\ t)=\overline{\alpha}(1)=\alpha(0)=x_0$$

이므로 H는 C_{x_0}와 $\alpha*\overline{\alpha}$ 사이의 호모토피이다. 따라서 $C_{x_0}\simeq_{x_0}\alpha*\overline{\alpha}$이다.

(2) $\overline{\overline{\alpha}}:I\to X$, $\overline{\overline{\alpha}}(s)=\overline{\alpha}(1-s)=\alpha(s)$이므로 $[\overline{\alpha}]\circ[\alpha]=[\overline{\alpha}]\circ[\overline{\overline{\alpha}}]$이다. 따라서 (1)에 의해 $[\overline{\alpha}]\circ[\alpha]=[C_{x_0}]$이다. □

정리 2.4부터 정리 2.7까지에 의해 $(\pi_1(X,\ x_0),\ \circ)$가 군임이 증명되었다.

[예 1] $\pi_1(R^n,\ x_0)=\{0\}$ 즉, 단순군이다. 왜냐하면 α를 기본점 x_0를 가지는 R^n상의 임의의 루프라고 하자. 이제 $F:I\times I\to R^n$, $F(s,\ t)=tx_0+(1-t)\alpha(s)$라고 하면 F는 연속이다. 또 $F(s,\ 0)=\alpha(s)$, $F(s,\ 1)=x_0=C_{x_0}(s)$, $F(0,\ t)=\alpha(0)=x_0$, $F(1,\ t)=\alpha(1)=x_0$이므로 F는 α와 C_{x_0} 사이의 호모토피이다.

따라서 $\alpha \simeq_{x_0} C_{x_0}$이므로 $[\alpha]=[C_{x_0}]$이다. 그러므로 $\pi_1(R^n, x_0)=\{[C_{x_0}]\}=\{0\}$이다.

X가 호상연결공간이면 X의 기본군은 기본점 x_0의 선택에 독립적 임을 보이자.

[정리 2.8] X가 호상연결공간이고 $x_0, x_1 \in X$일 때 $\pi_1(X, x_0)$와 $\pi_1(X, x_1)$은 군동형이다.

증명 $\rho : I \to X$가 x_0에서 x_1으로의 호이고 $\alpha : I \to X$가 기본점 x_0를 가지는 루프라고 하자. 그러면 $(\bar{\rho} * \alpha) * \rho$는 기본점 x_1을 가지는 루프이다.

이제 $P : \pi_1(X, x_0) \to \pi_1(X, x_1)$을 다음과 같이 정의하자. 임의의 $[\alpha] \in \pi_1(X, x_0)$에 대해 $P([\alpha])=[(\bar{\rho} * \alpha) * \rho]$.

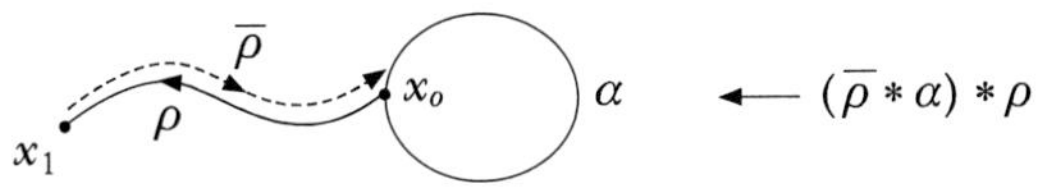

〈그림 10.11〉

그러면 (1) P는 잘 정의된 함수임은 명백하다.
(2) $[\alpha], [\beta] \in \pi_1(X, x_0)$일 때

$$\begin{aligned} P([\alpha] \circ [\beta]) &= P([\alpha * \beta]) \\ &= [\bar{\rho} * \alpha * \beta * \rho] \\ &= [\bar{\rho} * \alpha * C_{x_0} * \beta * \rho] \\ &= [\bar{\rho} * \alpha * \rho * \bar{\rho} * \beta * \rho] \\ &= [(\bar{\rho} * \alpha * \rho) * (\bar{\rho} * \beta * \rho)] \\ &= [\bar{\rho} * \alpha * \rho] \circ [\bar{\rho} * \beta * \rho] \\ &= P([\alpha]) \circ P([\beta]) \end{aligned}$$

따라서 P는 준동형사상(homomorphism)이다.
(3) $Q : \pi_1(X, x_1) \to \pi_1(X, x_0)$를 다음과 같이 정의하자. 임의의 $[\sigma] \in$

$\pi_1(X, x_1)$에 대해 $Q([\sigma])=[\rho * \sigma * \bar{\rho}]$. 그러면

$$\begin{aligned} PQ([\alpha]) &= Q([\bar{\rho} * \alpha * \rho]) \\ &= [\rho * (\bar{\rho} * \alpha * \rho) * \bar{\rho}] \\ &= [(\rho * \bar{\rho}) * \alpha * (\rho * \bar{\rho})] \\ &= [\rho * \bar{\rho}] \circ [\alpha] \circ [\rho * \bar{\rho}] \\ &= [C_{x_0}] \circ [\alpha] \circ [C_{x_0}] \\ &= [\alpha] = 1_{\pi_1(X, x_0)}([\alpha]) \end{aligned}$$

이므로 P는 단사이다.

$$\begin{aligned} PQ([\sigma]) &= P([\rho * \sigma * \bar{\rho}]) \\ &= [\bar{\rho} * (\rho * \sigma * \bar{\rho}) * \rho] \\ &= [(\bar{\rho} * \rho) * \sigma * (\bar{\rho} * \rho)] \\ &= [\bar{\rho} * \rho] \circ [\sigma] \circ [\bar{\rho} * \rho] \\ &= [C_{x_1}] \circ [\sigma] \circ [C_{x_1}] \\ &= [\sigma] = 1_{\pi_1(X, x_1)}([\sigma]) \end{aligned}$$

이므로 P는 전사이다.

그러므로 (1), (2), (3)에 의해 P는 군동형사상이다. □

[정의 2.9] 위상공간 X가 단집합 $\{p\}$와 호모토피 동치일 때 X를 가축공간(contractible space)이라 한다. 즉, 호모토피 $H : X \times I \to X$가 존재하여 $H(x, 0)=x$, $H(x, 1)=\{p\}$, $H(p, t)=p$, $\forall t \in I$이다.

직관적으로 위상공간이 가축이라는 것은 그 공간이 자신 안의 한 점으로 연속적으로 축소변형될 수 있음을 나타낸다.

[정리 2.10] X가 위상공간이고 Y가 가축공간일 때 $f, g : X \to Y$가 연속함수이면 $f \simeq g$이다.

증명 먼저 $f : X \to Y$가 상수함수 $C : X \to Y$, $C(x)=y_0$와 호모토픽함을 보이자. Y가

가축공간이므로 호모토피 $H: Y\times I \to Y$가 존재하여 $H(y, 0)=y$, $H(y, 1)=y_0$, $H(y_0, t)=y_0$, $\forall t\in I$이다.

이제 $G: X\times I \to Y$를 $G(x, t)=H(f(x), t)$라고 정의하면 G는 연속이고 $G(x, 0)=H(f(x), 0)=f(x)$, $G(x, 1)=H(f(x), 1)=y_0=C(x)$이다. 따라서 G는 f와 C 사이의 호모토피이다. 그러므로 $f\simeq C$이다. 같은 방법으로 $g\simeq C$임을 보일 수 있으므로 결국 $f\simeq g$가 성립한다. □

[정의 2.11] X가 호상연결공간이고 $\pi_1(X)=\{0\}$일 때 X를 단연결공간(simply connected space)이라 한다.

[정리 2.12] X가 가축공간이면 X는 단연결공간이다.

증명 X가 가축공간이므로 한 점 $x_0\in X$가 존재하고 호모토피 $H: X\times I \to X$, $H(x, 0)=x$, $H(x, 1)=x_0$, $H(x_0, t)=x_0$가 존재한다.

(1) X가 호상연결공간임을 보이자. 임의의 $x\in X$에 대해 $\alpha_x: I \to X$, $\alpha_x(t)=H(x, t)$라고 정의하면 α_x는 연속이고 $\alpha_x(0)=H(x, 0)=x$, $\alpha_x(1)=H(x, 1)=x_0$이므로 α_x는 x에서 x_0로의 호이다. 이제 임의의 두 점 x, y를 택하면 $\alpha_x * \overline{\alpha_y}: I\to X$는 연속이고 $(\alpha_x * \overline{\alpha_y})(0)=\alpha_x(0)=x$, $(\alpha_x * \overline{\alpha_y})(1)=\overline{\alpha_y}(1)=\alpha_y(0)=y$이므로 $\alpha_x * \overline{\alpha_y}$는 x에서 y로의 호이다.

(2) 임의의 $[\alpha]\in\pi_1(X, x_0)$에 대해 $G: I\times I \to X$를 $G(s, t)=H(\alpha(s), t)$라고 정의하면 G는 연속이다.

$$G(s, 0)=H(\alpha(s), 0)=\alpha(s),$$
$$G(s, 1)=H(\alpha(s), 1)=x_0=C_{x_0}$$
$$G(0, t)=H(\alpha(0), t)=H(x_0, t)=x_0,$$
$$G(1, t)=H(\alpha(1), t)=H(x_0, t)=x_0$$

이므로 G는 α와 C_{x_0} 사이의 호모토피이다. 따라서 $\alpha\simeq_{x_0} C_{x_0}$이다. 그러므로 $\pi_1(X, x_0)=\{[C_{x_0}]\}=\{0\}$이다. □

3. 유도된 준동형사상

[정의 3.1] 두 위상공간 (X, x_0), (Y, y_0)에 대해 $h:(X, x_0) \to (Y, y_0)$가 연속이고 $h(x_0)=y_0$라고 하고 $h_*:\pi_1(X, x_0) \to \pi_1(Y, y_0)$를 다음과 같이 정의하자. 임의의 $[\alpha]\in\pi_1(X, x_0)$에 대해 $h_*([\alpha])=[h\circ\alpha]$. 이때 h_*를 기본점 x_0를 고정하고 h에 의해 유도된 준동형사상(homomorphism induced by h relative to the base point x_0)이라 한다.

[정리 3.2] $h_*:\pi_1(X, x_0) \to \pi_1(Y, y_0)$는 준동형사상이다.

증명 (1) 먼저 h_*가 잘 정의된 함수임을 보이자.

$h\circ\alpha$는 기본점 y_0를 가지는 Y상의 루프이므로 $h_*([\alpha])=[h\circ\alpha]\in\pi_1(Y, y_0)$이다.

또 $[\alpha]=[\alpha']$이면 $\alpha\simeq_{x_0}\alpha'$이므로 호모토피 $H: I\times I\to X$가 존재하여 $H(s, 0)=\alpha(s)$, $H(s, 1)=\alpha'(s)$, $H(0, t)=H(1, t)=x_0$이다. 이제 $h\circ H: I\times I \to Y$는 연속이고

$$(h\circ H)(s, 0)=h(\alpha(s))=(h\circ\alpha)(s),$$
$$(h\circ H)(s, 1)=h(\alpha'(s))=(h\circ\alpha')(s),$$
$$(h\circ H)(0, t)=h(x_0)=y_0, \quad (h\circ H)(1, t)=h(x_0)=y_0$$

이므로 $h\circ H$는 $h\circ\alpha$와 $h\circ\alpha'$ 사이의 호모토피이다. 따라서 $[h\circ\alpha]=[h\circ\alpha']$이다. 그러므로 $h_*([\alpha])=h_*([\alpha'])$이다.

(2) 임의의 $[\alpha]$, $[\beta]\in\pi_1(X, x_0)$에 대해

$$((h\circ\alpha)*(h\circ\beta))(s)=\begin{cases}(h\circ\alpha)(2s) & ,0\le s\le\frac{1}{2}\\ (h\circ\beta)(2s-1) & ,\frac{1}{2}\le s\le 1\end{cases}$$

$$=\begin{cases}h(\alpha(2s)) & ,0\le s\le\frac{1}{2}\\ h(\beta(2s-1)) & ,\frac{1}{2}\le s\le 1\end{cases}$$

$$= h((\alpha * \beta)(s))$$
$$= (h \circ (\alpha * \beta))(s)$$

이므로

$$(h \circ \alpha) * (h \circ \beta) = h \circ (\alpha * \beta)$$

이다. 그러므로

$$\begin{aligned} h_*([\alpha] \circ [\beta]) &= h_*([\alpha * \beta]) \\ &= [h \circ (\alpha * \beta)] \\ &= [(h \circ \alpha) * (h \circ \beta)] \\ &= [h \circ \alpha] \circ [h \circ \beta] \\ &= h_*([\alpha]) \circ h_*([\beta]) \end{aligned}$$

이다. □

[정리 3.3] 두 위상공간 (X, x_0), (Y, y_0)에 대해 $h, k : (X, x_0) \to (Y, y_0)$가 연속이고 $h(x_0) = k(x_0) = y_0$, $h \simeq k \,(\text{rel } x_0)$이면

$$h_* = k_* : \pi_1(X, x_0) \to \pi_1(Y, y_0)$$

증명 $h \simeq k \,(\text{rel } x_0)$이므로 호모토피 $H : X \times I \to Y$가 존재하여 $H(x, 0) = h(x)$, $H(x, 1) = k(x)$, $H(x_0, t) = y_0$이다. 이제 임의의 $[\alpha] \in \pi_1(X, x_0)$에 대하여 $h_*([\alpha]) = k_*([\alpha])$임을 보이기 위해 $h \circ \alpha \simeq_{y_0} k \circ \alpha$임을 증명하자. $G : I \times I \to Y$를 $G(s, t) = H(\alpha(s), t)$라고 정의하면 G는 연속이다. 또

$$G(s, 0) = H(\alpha(s), 0) = h(\alpha(s)) = (h \circ \alpha)(s),$$
$$G(s, 1) = H(\alpha(s), 1) = k(\alpha(s)) = (k \circ \alpha)(s),$$
$$G(0, t) = H(\alpha(0), t) = H(x_0, t) = y_0,$$
$$G(1, t) = H(\alpha(1), t) = H(x_0, t) = y_0,$$

이다. 따라서 G는 $h \circ \alpha$와 $k \circ \alpha$ 사이의 호모토피이므로 $h \circ \alpha \simeq_{y_0} k \circ \alpha$가 성립한다. 그러므로

$$h_*([\alpha])=[h\circ\alpha]=[k\circ\alpha]=k_*([\alpha])\text{이고 } h_*=k_*$$

가 된다. □

[정리 3.4] 세 위상공간 (X, x_0), (Y, y_0), (Z, z_0)에 대해 $h:(X, x_0)\rightarrow(Y, y_0)$가 연속이고 $h(x_0)=y_0$이며 $k:(Y, y_0)\rightarrow(Z, z_0)$가 연속이고 $k(y_0)=z_0$이면 다음이 성립한다.

(1) $(k\circ h)_*=k_*\circ h_*$

(2) 항등함수 $1_X:(X, x_0)\rightarrow(X, x_0)$는 항등 준동형사상 $1_{X_*}:\pi_1(X, x_0)\rightarrow\pi_1(X, x_0)$를 유도한다.

증명 (1) 임의의 $[\alpha\}\in\pi_1(X, x_0)$에 대하여

$$\begin{aligned}(k\circ h)_*([\alpha])&=[(k\circ h)\circ\alpha]\\&=[k\circ(h\circ\alpha)]\\&=k_*([h\circ\alpha])\\&=k_*(h_*([\alpha]))\\&=(k_*\circ h_*)([\alpha])\end{aligned}$$

이므로

$$(k\circ h)_*=k_*\circ h_*$$

이다.

(2) 임의의 $[\alpha]\in\pi_1(X, x_0)$에 대하여

$$1_{X_*}([\alpha])=[1_X\circ\alpha]=[\alpha]$$

이다. □

[정의 3.5] 두 위상공간 (X, x_0), (Y, y_0)에 대하여 연속함수 $f:(X, x_0)\rightarrow(Y, y_0)$, $f(x_0)=y_0$와 연속함수 $g:(Y, y_0)\rightarrow(X, x_0)$, $g(y_0)=x_0$가 존재하여 $g\circ f\simeq 1_X\ (\text{rel } x_0)$, $f\circ g\simeq 1_Y\ (\text{rel } y_0)$를 만족할 때 (X, x_0)와 (Y, y_0)는 같은 호모토피형을 갖는다 라고 한다.

[정리 3.6] 두 위상공간 (X, x_0)와 (Y, y_0)가 같은 호모토피형을 가지면 $\pi_1(X, x_0)$와 $\pi_1(Y, y_0)$는 군동형이다.

증명 (X, x_0)와 (Y, y_0)가 같은 호모토피형을 가지므로 연속함수 $f:(X, x_0) \to (Y, y_0)$, $f(x_0)=y_0$와 연속함수 $g:(Y, y_0) \to (X, x_0)$, $g(y_0)=x_0$가 존재하여 $g \circ f \simeq 1_X$ (rel x_0), $f \circ g \simeq 1_Y$ (rel y_0)가 성립한다. 그러면 정리 3.4에 의해 $(g \circ f)_* = g_* \circ f_* = 1_{X_*}$이고 $(f \circ g)_* = f_* \circ g_* = 1_{Y_*}$이므로 $f_*:\pi_1(X, x_0) \to \pi_1(Y, y_0)$는 전단사함수이다. 또 정리 3.2에 의해 f_*는 준동형 사상이므로 결국 f_*는 군동형사상이 된다. 그러므로 $\pi_1(X, x_0)$와 $\pi_1(Y, y_0)$는 군동형이다. □

4. S^1의 기본군

보통위상공간 R과 R^2의 부분공간인 단위원 $S^1=\{(x, y)\in R^2 \mid x^2+y^2=1\}$에 대하여, 함수 $p:R \to S^1$, $p(x)=(\cos 2\pi x, \sin 2\pi x)$는 R로서 S^1을 감는(wrap) 함수로 생각할 수 있다. 특히 n이 정수이면 $p|_{[n, n+1)}:[n, n+1) \to S^1$는 전단사함수가 된다. 또 U가 S^1가 개집합이면 $p^{-1}(U)$는 R상의 서로소인 개구간들의 합집합이 된다.

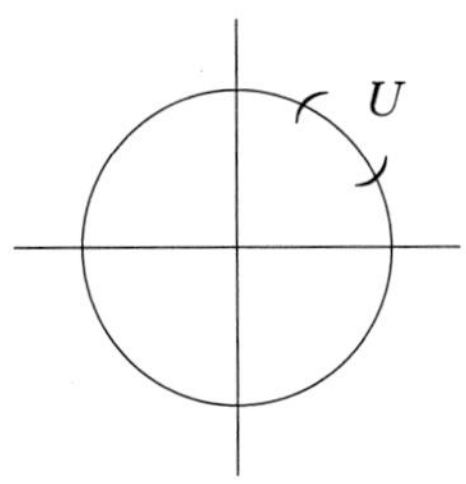

〈그림 10.12〉

특히 $U=\{(x, y)\in S^1 \mid x>0$이고 $y>0\}$이고 $x\in p^{-1}(U)$이면 $\cos 2\pi x, \sin 2\pi x >0$ 이므로 $p^{-1}(U)=\bigcup_{n\in Z}\left(n, n+\frac{1}{4}\right)$이다. 더구나 각 $n\in Z$에 대하여 $p|_{[n, n+\frac{1}{4}]}$:

$\left[n,\ n+\frac{1}{4}\right] \to \overline{U}$는 전단사이고 $\left[n,\ n+\frac{1}{4}\right]$이 컴팩트이므로 $p|_{[n,\ n+\frac{1}{4}]}$은 위상동형사상이다. 따라서 $p|_{(n,\ n+\frac{1}{4})} : \left(n,\ n+\frac{1}{4}\right) \to$ U도 위상동형사상이다.

다음 결과는 Covering Path Property로 알려져 있다.

[정리 4.1] $\alpha : I \to S^1$이 $p(x_0)=\alpha(0)$. $x_0 \in R$인 호이면 호 $\beta : I \to R$이 유일하게 존재하여 $\beta(0)=x_0$이고 $p \circ \beta = \alpha$이다.

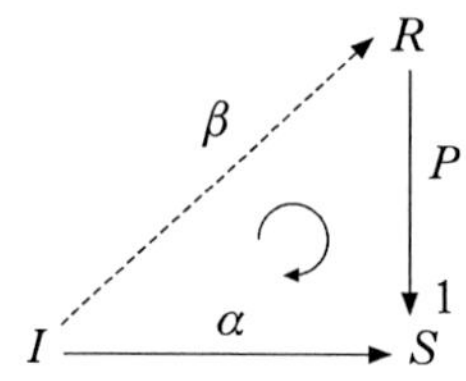

〈그림 10.13〉

증명 α가 연속이므로 각 $t \in I$에 대해 $t \in U_t$이고 $\alpha(U_t) \subset S^1$인 연결 개집합 U_t가 존재한다. 그러면 $\{U_t | t \in I\}$는 I의 개피복이고 I가 컴팩트이므로 유한부분피복 $\{U_1,\ U_2,\ \cdots,\ U_m\}$이 존재한다. 만일 적당한 i에 대해 $U_i = I$이면 $\alpha(I)$는 S^1의 연결부분집합이다. 만일 모든 i에 대해 $U_i \neq I$이면 $0 \in U_i$인 U_i를 선택하자. 그러면 $t' \neq 0$, $[0,\ t'] \subseteq U_i$이고 $j \neq i$인 적당한 j에 대해 $t' \in U_i \cap U_j$인 $t' \in I$이 존재한다. 만일 $U_i \cup U_j = I$이면 $\alpha([0,\ t'])$과 $\alpha'([t',\ 1])$은 S^1의 연결부분집합이다. 만일 $U_i \cup U_j \neq I$이면 다시 $t'' > t'$, $[t',\ t''] \subseteq U_j$이고 $i \neq k \neq j$인 적당한 k에 대해 $t'' \in U_j \cap U_k$인 t''을 선택한다. $\{U_1,\ U_2,\ \cdots,\ U_m\}$이 I의 유한부분피복이므로 이 과정을 유한번 함으로써 $0=t_0$, $t_n=1$, $t_{i-1} < t_i$이고 각 $i=1,\ 2,\ \cdots,\ n$에 대해 $\alpha([t_{i-1},\ t_i])$가 S^1의 연결부분집합이 되는 $t_0,\ t_1,\ \cdots,\ t_n$을 얻을 수 있다. 이제 각 $i=1,\ 2,\ \cdots,\ n$에 대해 연속함수 $\beta_i : [0,\ t_i] \to R$이 존재하여 $\beta_i(0)=x_0$이고 $p \circ \beta_i(0) = \alpha|_{[0,\ t_i]}$임을 보이자. $i=0$이면 명백히 성립하므로 $0 < i \leq n$에 대해 $i-1$일 때 성립한다고 가정하자. V_{i-1}이 $p^{-1}(\alpha[t_{i-1},\ t_i])$의 성분이고 $\beta_{i-1}(t_{i-1}) \in V_{i-1}$라고 하면 $p|_{V_{i-1}} : V_{i-1} \to (\alpha[t_{i-1},\ t_i])$는 위상동형사상이다.

$\beta_i : [0, t_i] \to R$ 을 다음과 같이 정의하자.

$$\beta_i(t) = \begin{cases} \beta_{i-1}(t) & ,0 \le t \le t_{i-1} \\ p|_{V_{i-1}}^{-1}(\alpha(t)) & ,t_{i-1} \le t \le t_i \end{cases}$$

그러면 β_i 는 연속이고 $\beta_i(0)=x_0$, $p \circ \beta_i = \alpha|_{[0,\ t_i]}$이다. $\beta_i' : [0, t_i] \to R$가 $\beta_i'(0)=x_0$, $p \circ \beta_i' = \alpha|_{[0,\ t_i]}$을 만족하는 또 다른 연속함수라고 하자. 만일 $0 \le t \le t_{i-1}$이면 $\beta_i'(t)=\beta_i(t)$임은 명백하다.

$t_{i-1} < t \le t_i$라고 두자. $(p \circ \beta_i')(t) = \alpha(t) \in \alpha([t_{i-1}, t_i])$이므로

$$\beta_i'(t) \in p^{-1}(\alpha[t_{i-1}, t_i])$$

이다. 또 β_i'이 연속이고 V_{i-1}이 $p^{-1}(\alpha[t_{i-1}, t_i])$의 성분이므로 $\beta_i'(t) \in V_{i-1}$이다. 그러므로 $\beta_i(t)$, $\beta_i'(t) \in V_{i-1}$이고

$$(p|_{V_{i-1}} \circ \beta_i)(t) = (p|_{V_{i-1}} \circ \beta_i')(t)$$

이다. $p|_{V_{i-1}}$이 위상동형사상이므로 결국 $\beta_i(t) = \beta_i'(t)$ 이다. □

다음 결과는 Covering Homotopy Property로 알려져 있다.

[정리 4.2] X가 위상공간이고 $f : X \to R$과 $H : X \times I \to S^1$이 각 $x \in X$에 대해 $H(x, 0) = (p \circ f)(x)$인 연속함수이다. 그러면 연속함수 $F : X \times I \to R$이 유일하게 존재하여 $F(x, 0) = f(x)$이고 각 $(x, t) \in X \times I$에 대해 $(p \circ F)(x, t) = H(x, t)$가 성립한다.

증명 각 $x \in X$에 대해 $\alpha_x : I \to S^1$을 $\alpha_x(t) = H(x, t)$라고 하자. 그러면 $(p \circ f)(x) = \alpha_x(0)$이므로 정리 4.1에 의해 호 $\beta_x : I \to R$이 유일하게 존재하여 $\beta_x(0) = f(x)$이고 $p \circ \beta_x = \alpha_x$이다. $F : X \times I \to R$을 $F(x, t) = \beta_x(t)$라고 정의하면 $(p \circ F)(x, t) = (p \circ \beta_x)(t) = H(x, t)$, $F(x, 0) = \beta_x(0) = f(x)$가 성립한다. 이제 F가 연속임을 보이기 위해 $x_0 \in X$라고 하면 $t \in I$에 대해 $x_0 \in M_t$인 개집합 M_t와 $t \in N_t$인 연결개집합 N_t가 존재하여 $H(M_t \times N_t)$의 S^1의 적당한 연결부분집합에 포함된다.

$\{N_t | t \in I\}$는 I의 개피복이고 I가 컴팩트이므로 유한부분피복 $\{N_{t_1}, N_{t_2}, \cdots,$

$N_{t_n}\}$이 존재한다. $M=\bigcap_{i=1}^{n} M_{t_i}$라고 두면 M은 x_0를 가지는 개집합이고 각 $i=1$, 2, …, n에 대해 $H(M\times N_{t_i})$는 S^1의 적당한 연결부분집합에 포함된다. 따라서 $t_0, t_1, \cdots, t_m$이 존재하여 $t_0=0$, $t_m=1$, 그리고 각 $j=1, 2, \cdots, m$에 대해 $t_{j-1}<t_j$이고 $H(M\times[t_{j-1}, t_j])$는 S^1의 적당한 연결부분집합에 포함된다. 이제 각 $j=0, 1, \cdots, m$에 대해 유일한 연속함수 $G_j : M\times[0, t_j] \to R$이 존재하여 $G_j(x, 0)=f(x)$이고 $(p\circ G_j)(x, t)=H(x, t)$임을 증명하자. $j=0$일 때 성립함은 명백하므로 $0<j\leq m$이고 $j-1$일 때 성립한다고 가정하자. U_{j-1}은 S^1의 연결부분집합이며 $H(M\times I_{j-1})$을 포함하고 V_{j-1}은 $p^{-1}(U_{j-1})$의 성분이며 $G_{j-1}(M\times\{t_{j-1}\})$을 포함한다고 하자. 그러면 $p|_{V_{j-1}} : V_{j-1} \to U_{j-1}$은 위상동형사상이다.

$G_j : M\times[0, t_j] \to R$을 다음과 같이 정의하자.

$$G_j(x, t)=\begin{cases} G_{j-1}(x, t) & ,0\leq t\leq t_{j-1} \\ (p|_{V_{j-1}})^{-1}(H(x, t)) & ,t_{j-1}\leq t\leq t_j \end{cases}$$

그러면 G_j는 연속이고 $G_j(x, 0)=f(x)$, $(p\circ G_j)(x, t)=H(x, t)$이다. G_j가 유일함을 보이기 위해 $G_j' : M\times[0, t_j] \to R$이 연속함수이고 $G_j'(x, 0)=f(x)$, $(p\circ G_j')(x, t)=H(x, t)$라고 가정하자. $0\leq t\leq t_{j-1}$이면 $G_j'(x, t)=G_j(x, t)$이다. $t_{j-1}<t\leq t_j$이면 $(p\circ G_j)(x, t)=H(x, t)\in U_{j-1}$이므로 $G_j'(x, t)\in p^{-1}(U_{j-1})$이다. 따라서 G_j'이 연속이고 V_{j-1}이 $p^{-1}(U_{j-1})$의 성분이므로 $G_j'(x, t)\in V_{j-1}$이다. 그러므로 $G_j(x, t)$, $G_j'(x, t)\in V_{j-1}$이고

$$(p|_{V_{j-1}}\circ G_j)(x, t)=(p|_{V_{j-1}}\circ G_j')(x, t)$$

이다. 그런데 $p|_{V_{j-1}}$이 위상동형사상이므로 결국 $G_j(x, t)=G_j'(x, t)$가 성립한다. 이제 연속함수 $G : M\times I \to R$가 유일하게 존재하여 $G(x, 0)=f(x)$이고 $(p\circ G)(x, t)=H(x, t)$임을 증명하였다. 그러므로 $G=F|_{M\times I}$이다. 한편 M은 x_0를 가지는 X상의 개집합이므로 모든 $t\in I$에 대해 F가 (x_0, t)에서 연속이 된다. x_0는 X의 임의의 원소이므로 결국 F는 연속함수이다. □

[정의 4.3] 함수 $p : R \to S^1$, $p(x)=(\cos 2\pi x, \sin 2\pi x)$와 기본점 (1, 0)를 갖는 루프 $\alpha : I \to S^1$에 대하여 $p(0)=\alpha(0)$이므로 정리 4.1에 의해 호 $\beta : I \to R$이 유일하게 존재하여 $\beta(0)=0$이고 $p \circ \beta=\alpha$이다.

$$(p \circ \beta)(1)=p(\beta(1))=(\cos 2\pi\beta(1), \sin 2\pi\beta(1))=\alpha(1)=(1, 0)$$

이므로 $\beta(1)$은 정수이어야 한다. 이때 정수 $\beta(1)$을 루프 α의 차수(degree)라고 한다. 즉 $\beta(1)=\deg(\alpha)$.

[예 1] $\alpha : I \to S^1$을 $\alpha(x)=(\cos 4\pi x, -\sin 4\pi x)$라고 하면 $\alpha(0)=\alpha(1)=(1, 0)$이므로 S^1상의 루프이다. 따라서 호 $\beta : I \to R$이 유일하게 존재하여 $\beta(0)=0$이고 $p \circ \beta=\alpha$이다. 따라서 $(p \circ \beta)(x)=\alpha(x)$에서 $\beta(x)=-2x$이다. 그러므로 α의 차수 $\deg(\alpha)=\beta(1)=-2$이다.

[참고] α가 기본점 (1, 0)을 갖는 S^1상의 루프일 때 α가 S^1을 시계방향으로 n번 감으면 $\deg(\alpha)=-n$이고 시계반대방향으로 n번 감으면 $\deg(\alpha)=n$이다.

[정리 4.4] α_1, α_2가 기본점 (1, 0)을 가지는 S^1상의 루프이면 다음이 성립한다.

$$\alpha_1 \simeq_p \alpha_2 \Leftrightarrow \deg(\alpha_1)=\deg(\alpha_2)$$

증명 ($\Leftarrow$) $\deg(\alpha_1)=\deg(\alpha_2)$라고 가정하자. 그러면 $(1, 0)=\alpha_1(0)=\alpha_2(0)=p(0)$이므로 정리 4.1에 의해 호 $\beta_1, \beta_2 : I \to R$이 존재하여 $\beta_1(0)=0=\beta_2(0)$, $\beta_1(1)=\beta_2(1)$, 그리고 $p \circ \beta_1(1)=\alpha_1$, $p \circ \beta_2=\alpha_2$가 성립한다.

$H : I \times I \to R$을 $H(s, t)=(1-t)\beta_1(s)+t\beta_2(s)$라고 정의하면 H는 연속이다. 또 $H(s, 0)=\beta_1(s)$, $H(s, 1)=\beta_2(s)$, $H(0, t)=0$, $H(1, t)=\beta_1(1)=\beta_2(1)$이다. 이제 $p \circ H : I \times I \to S^1$을 고려해 보면 $p \circ H$는 명백히 연속이다.

$$(p \circ H)(s, 0)=p(H(s, 0))=p(\beta_1(s))=\alpha_1(s)$$

$$(p \circ H)(s, 1) = p(H(s, 1)) = p(\beta_2(s)) = \alpha_2(s)$$
$$(p \circ H)(0, t) = p(H(0, t)) = p(0) = (1, 0)$$
$$(p \circ H)(1, t) = p(H(1, t)) = p(\beta_1(1)) = p(\beta_2(1))$$
$$= (p \circ \beta_2)(1) = \alpha_2(1) = (1, 0)$$

이므로 $p \circ H$는 α_1과 α_2 사이의 호 호모토피이다. 따라서 $\alpha_1 \simeq_p \alpha_2$이다.

(⇒) $\alpha_1 \simeq_p \alpha_2$라고 가정하면 호모토피 $H : I \times I \rightarrow S^1$이 존재하여

$$H(s, 0) = \alpha_1(s),\ H(s, 1) = \alpha_2(s),\ H(0, t) = H(1, t) = (1, 0)$$

가 성립한다. $\alpha_1(0) = (1, 0) = p(0)$ 이므로 정리 4.1에 의해 호 $\beta_1 : I \rightarrow R$이 존재하여 $\beta_1(0) = 0$, $p \circ \beta_1 = \alpha_1$이다. 또 정리 4.2에 의해 호모토피 $F : I \times I \rightarrow R$ 이 존재하여 $p \circ F = H$, $F(s, 0) = \beta_1(s)$이다. $\gamma : I \rightarrow R$ 을 $\gamma(t) = F(0, t)$라고 정의하면 γ은 연속이고

$$(p \circ \gamma)(t) = p(\gamma(t)) = p(F(0, t)) = (p \circ F)(0, t) = H(0, t) = (1, 0)$$

이므로 각 $t \in I$에 대해 $\gamma(t) \in p^{-1}(1)$ 즉 $\gamma(I) \subset p^{-1}(1)$이다. $\gamma(I)$는 연결집합이고 $p^{-1}(1) = Z$는 보통위상공간 R의 이산위상부분공간이므로 적당한 정수 n_0에 대해 $\gamma(I) \subset \{n_0\}$이다. 따라서 γ은 상수함수이다. 또 $F(0, t) = \gamma(t) = \gamma(0) = F(0, 0) = \beta_1(0) = 0$이다. $\beta_2 : I \rightarrow R$을 $\beta_2(s) = F(s, 1)$라고 정의하면 $\beta_2(0) = F(0, 1) = 0 = p(0) = \alpha_2(0)$이고 $(p \circ \beta_2)(s) = p \circ (F(s, 1)) = (p \circ F)(s, 1) = H(s, 1) = \alpha_2(s)$이다. 따라서 $\beta_1(1) = \deg(\alpha_2)$이고 $\beta_2(1) = \deg(\alpha_2)$이다. 이제 호 $\delta : I \rightarrow R$을 $\delta(t) = F(1, t)$라고 정의하면

$$(p \circ \delta)(t) = p(\delta(t)) = p(F(1, t)) = (p \circ F)(1, t) = H(1, t) = (1, 0)$$

이므로 임의의 $t \in I$에 대해 $\delta(t) \in p^{-1}(1)$ 즉, $\delta(I) \subset p^{-1}(1)$이다. 따라서 δ는 상수함수이다. 또 $F(1, t) = \delta(t) = \delta(0) = F(1, 0) = \beta_1(1)$이다. 그러므로

$$\deg(\alpha_1) = \beta_2(1) = F(1, 1) = F(1, 0) = \beta_1(1) = \deg(\alpha_1)$$

이다. □

이제 S^1의 기본군이 정수군(group of integers)과 군동형임을 보이자.

[정리 4.5] $\pi_1(S^1, (1, 0))$은 정수군 $(Z, +)$와 군동형이다.

증명 $\phi : \pi_1(S^1, (1, 0)) \to (Z, +)$를 임의의 $[\alpha] \in \pi_1(S^1, (1, 0))$에 대해 $\phi([\alpha]) = \deg(\alpha)$라고 정의하자.

(1) 임의의 $[\alpha\}$, $[\beta] \in \pi_1(S^1, (1, 0))$에 대해

$$[\alpha] = [\beta] \to \alpha \simeq_p \beta \to \deg(\alpha) = \deg(\beta) \to \phi([\alpha]) = \phi([\beta])$$

이므로 ϕ는 잘 정의된 함수이다.

(2) 임의의 $[\alpha\}$, $[\beta] \in \pi_1(S^1, (1, 0))$에 대해

$$\phi([\alpha]) = \phi([\beta]) \to \deg(\alpha) = \deg(\beta) \to \alpha \simeq_p \beta \to [\alpha] = [\beta]$$

이므로 ϕ는 단사이다.

(3) 임의의 $n \in Z$에 대해 $\gamma : I \to S^1$을 $\gamma(t) = (\cos 2\pi nt, \sin 2\pi nt)$라고 정의하면 $\gamma(0) = (1, 0) = p(0)$이므로 정리 4.1에 의해 호 $\delta : I \to R$이 존재하여 $\delta(0) = 0$이고 $p \circ \delta = \gamma$이다. 따라서

$$\begin{aligned}(p \circ \delta)(t) &= p(\delta(t)) = (\cos 2\pi\delta(t), \sin 2\pi\delta(t)) \\ &= \gamma(t) = (\cos 2\pi nt, \sin 2\pi nt)\end{aligned}$$

이므로 $\delta(t) = nt$이다. 그러므로 $\deg(\gamma) = \delta(1) = n$이고 $\phi([\gamma]) = \deg(\gamma) = n$인 $[\gamma] \in \pi_1(S^1, (1, 0))$가 존재한다. 따라서 ϕ는 전사이다.

(4) 임의의 $[\alpha\}$, $[\beta] \in \pi_1(S^1, (1, 0))$에 대해 $\alpha(0) = (1, 0) = p(0)$이고 $\beta(0) = (1, 0) = p(0)$이므로 정리 4.1에 의해 호 δ_1, $\delta_2 : I \to R$이 존재하여 $\delta_1(0) = 0$, $p \circ \delta_1 = \alpha$, $\delta_2(0) = 0$, $p \circ \delta_2 = \beta$를 만족한다. $f : I \to R$을

$$f(t) = \begin{cases} \delta_1(2t) & , 0 \le t \le \dfrac{1}{2} \\ \delta_1(1) + \delta_2(2t - 1) & , \dfrac{1}{2} \le t \le 1 \end{cases}$$

라고 정의하면 f가 호임은 명백하고 $f(0) = \delta_1(0) = 0$ 이다. $0 \le t \le \frac{1}{2}$이면

$$(p \circ f)(t) = (p \circ \delta_1)(2t) = \alpha(2t)$$

이고 $\frac{1}{2} \le t \le 1$이면

$$\begin{aligned}(p \circ f)(t) = p(f(t)) &= p(\delta_1(1) + \delta_2(2t-1)) \\ &= p(\delta_1(1)) \cdot p(\delta_2(2t-1)) \\ &= p(\delta_2(2t-1)) = \beta(2t-1)\end{aligned}$$

이므로 $p \circ f = \alpha * \beta$이다. 그러므로

$$\begin{aligned}\phi([\alpha] \circ [\beta]) = \phi([\alpha * \beta]) &= \deg(\alpha * \beta) \\ &= f(1) = \delta_1(1) + \delta_2(1) \\ &= \deg(\alpha) + \deg(\beta) \\ &= \phi([\alpha]) + \phi([\beta])\end{aligned}$$

이다.

따라서 ϕ는 준동형사상이다. □

연습문제 (10)

1. 연속함수 $f_1, f_2 : X \to Y$가 $f_1 \simeq f_2$이고 연속함수 $g_1, g_2 : Y \to Z$가 $g_1 \simeq g_2$이면 $g_1 \circ f_1 \simeq g_2 \circ f_2 : X \to Z$ 임을 보여라.

2. X가 호상연결공간이면 임의의 두 상수함수 $f, g : X \to X$에 대해 $f \simeq g$임을 보여라.

3. 연속 함수 $f, g : X \to Y$와 연속 함수 $h : Y \to Z$에 대하여 $f \simeq g(\text{rel } A)$이면 $h \circ f \simeq h \circ g\ (\text{rel } A)$임을 보여라(단, $A \subset X$이다).

4. 보통위상공간 R과 부분공간 $\{0\}$은 같은 호모토피형을 가짐을 보여라.

5. 호 $f, g : I \to X$에 대해 $f \simeq_p g$이면 $\overline{f} \simeq_p \overline{g}$임을 보여라. (단, $\overline{f} : I \to X$, $\overline{f}(s) = f(1-s)$ 이다)

참고문헌(References)

1. 사공정숙 · 노영순, 「위상수학」, 경문사 1993
2. 이승온 · 이석종, 「위상수학의 기초」, 교우사 2002
3. 우무하, 「위상수학」, 경문사 1993
4. 박배훈 · 이부영 · 박진한, 「일반위상수학」, 교우사 1999
5. 장영식, 「위상수학기초론」, 경문사 2003
6. 이홍천, 「집합론」, 경문사 1993
7. F.H. Croom, 「Basic concepts of algebraic topology」, Springer-Verlag, New York 1978
8. J. Dugundji, 「Topology」, Allyn and Bacon, Boston 1966
9. S.Lipschutz, 「General Topology」, Schaum's outline series, McGraw-Hill Inc. 1965
10. J.R. Munkres, 「Topology a first course」, Prentice-Hall, NJ 1975
11. C.W. Patty, 「Foundations of topology」, PWS-KENT Pub. Com, Boston 1993
12. S. Willard, 「General topology」, Addison-Wesley Pub. Com 1970

연습문제 풀이와 힌트

연습문제 (1)

1. (1) $\mathscr{P}(A:B)$는 B를 포함하는 A의 부분집합들의 집합이므로

$$\mathscr{P}(A:B)=\{B,\ \{a,\ b,\ c\},\ \{a,\ b,\ d\},\ \{a,\ b,\ e\},\ \{a,\ b,\ c,\ d\},\ \{a,\ b,\ c,\ e\},\ \{a,\ b,\ d,\ e\},\ A\}$$

(2) $\mathscr{P}(A:B)$의 원소의 수는 $\mathscr{P}(A-B)$의 원소의 수와 같으므로 2^{n-m}개이다.

2. $X\in\mathscr{P}(A) \Rightarrow X\subseteq A \Rightarrow X\subseteq B(\because\ A\subseteq B) \Rightarrow X\in\mathscr{P}(B)$

3.
$$\begin{aligned}(A\cup B)-(A\cap B)&=(A\cup B)\cap(A\cap B)^C\\&=(A\cup B)\cap(A^C\cup B^C)\\&=[(A\cup B)\cap A^C]\cup[(A\cup B)\cap B^C]\\&=[(A\cap A^C)\cup(B\cap A^C)]\cup[(A\cap B^C)\cup(B\cap B^C)]\\&=[\phi\cup(B\cap A^C)]\cup[(A\cap B^C)\cup\phi]\\&=(B\cap A^C)\cup(A\cap B^C)\\&=(B-A)\cup(A-B)\\&=(A-B)\cup(B-A)\end{aligned}$$

4. $(x,\ y)\in(A\times C)\cap(B\times D) \Leftrightarrow (x,\ y)\in A\times C$이고 $(x,\ y)\in B\times D$

$\Leftrightarrow [x\in A$이고 $y\in C]$이고 $[x\in B$이고 $y\in D]$

$\Leftrightarrow$ [$x \in A$이고 $x \in B$]이고 [$y \in C$이고 $y \in D$]

$\Leftrightarrow$ $x \in A \cap B$이고 $y \in C \cap D$

$\Leftrightarrow$ $(x, y) \in (A \cap B) \times (C \cap D)$

5. $(c, a) \in \mathscr{R}$이고 $(a, b) \in \mathscr{R}$이나 $(c, b) \notin \mathscr{R}$이므로 $\mathscr{R}$은 추이적이 아니다.

6. X의 임의의 원소가 Y의 원소에 대응되는 경우의 수가 n이므로 함수의 개수는 $\underbrace{n \times n \times \cdots \times n}_{m\text{개}} = n^m$이다.

7. (1) $x \in A \Rightarrow f(x) \in f(A) \Rightarrow x \in f^{-1}(f(A))$

(2) $y \in f(f^{-1}(B)) \Rightarrow \exists x \in f^{-1}(B) : y = f(x)$

$\Rightarrow f(x) \in B$

$\Rightarrow y \in B$

8. X의 원소 m개를 고정하여 두고 Y의 원소 n개중에서 m개를 선택하여 일렬로 배열할 때 마다 단사함수가 꼭 하나씩 생기므로 단사함수의 개수는

${}_n p_m = \dfrac{n!}{(n-m)!}$이다.

9. $n \times (n-1) \times (n-2) \times \cdots \times 3 \times 2 \times 1 = n!$ 이다.

10. (1) $A \subseteq f^{-1}(f(A))$는 f가 함수이면 항상 성립하므로 $f^{-1}(f(A)) \subseteq A$임을 보이면 된다.

$$\begin{aligned} x \in f^{-1}(f(A)) &\Rightarrow f(x) \in f(A) \\ &\Rightarrow \exists x' \in A : f(x) = f(x') \\ &\Rightarrow x = x' \ (\because f\text{는 단사}) \\ &\Rightarrow x \in A. \end{aligned}$$

(2) $f(f^{-1}(B)) \subseteq B$는 f가 함수이면 항상 성립하므로 $B \subseteq f(f^{-1}(B))$임을 보이면 된다.

$$\begin{aligned} y \in B &\Rightarrow \exists x \in X : y = f(x) \ (\because f\text{는 전사}) \\ &\Rightarrow f(x) \in B \\ &\Rightarrow x \in f^{-1}(B) \end{aligned}$$

$$\Rightarrow f(x) \in f(f^{-1}(B))$$
$$\Rightarrow y \in f(f^{-1}(B))$$

11. f는 단사이므로 $x \notin B \Leftrightarrow f(x) \notin f(B)$임을 알 수 있다.

$$\begin{aligned} y \in f(A-B) &\Leftrightarrow \exists x \in A-B : y=f(x) \\ &\Leftrightarrow x \in A\text{이고 } x \notin B\text{이고 } y=f(x) \\ &\Leftrightarrow [x \in A\text{이고 } y=f(x)]\text{이고 } [x \notin B\text{이고 } y=f(x)] \\ &\Leftrightarrow y \in f(A)\text{이고 } y \notin f(B) \\ &\Leftrightarrow y \in f(A)-f(B) \end{aligned}$$

12. f가 전단사이므로 $f(x)=y \Leftrightarrow f^{-1}(y)=x$이다.

① 임의의 $x \in X$에 대해 $(f^{-1} \circ f)(x)=f^{-1}(f(x))=f^{-1}(y)=x=1_X(x)$이다. 또, $f^{-1} \circ f : X \to X$이고 $1_X : X \to X$이므로 따라서 $f^{-1} \circ f=1_X$이다.

② 임의의 $y \in Y$에 대해 $(f \circ f^{-1})(y)=f(f^{-1}(y))=f(x)=y=1_Y(y)$이다. 또, $f \circ f^{-1} : Y \to Y$이고 $1_Y : Y \to Y$이므로 따라서 $f \circ f^{-1}=1_Y$이다.

13. (1) $x_1, x_2 \in X$에 대해 $(g \circ f)(x_1)=(g \circ f)(x_2)$라고 하면

$$\begin{aligned} g(f(x_1))=g(f(x_2)) &\Rightarrow f(x_1)=f(x_2) \ (\because g\text{가 단사}) \\ &\Rightarrow x_1=x_2 \ (\because f\text{가 단사}) \end{aligned}$$

따라서 $g \circ f$는 단사이다.

(2) $(g \circ f)(X)=g(f(X))=g(Y)=Z$이므로 $g \circ f$는 전사이다.

14. ① $(g \circ f) \circ (f^{-1} \circ g^{-1})=g \circ (f \circ f^{-1}) \circ g^{-1}=g \circ 1_Y \circ g^{-1}$
$=(g \circ 1_Y) \circ g^{-1}=g \circ g^{-1}=1_Z$

② $(f^{-1} \circ g^{-1}) \circ (g \circ f)=f^{-1} \circ (g^{-1} \circ g) \circ f=f^{-1} \circ 1_Y \circ f$
$=(f^{-1} \circ 1_Y) \circ f=f^{-1} \circ f=1_X$

따라서 ①②에 의해 $f^{-1} \circ g^{-1}$는 $g \circ f$의 역함수이다. 그러므로 $(g \circ f)^{-1}= f^{-1} \circ g^{-1}$이다.

연습문제 (2)

1. 자연수의 집합 N이 무한집합이고 $N \subset Z \subset Q \subset R$이므로 Z, Q, R은 모두 무한집합이다.

2. A가 무한집합이므로 $\exists f$(단사함수) : $A \to A$, $f(A) \neq A$. 이제 함수 $g : A \times A \to A \times A$를 $g(x, y) = (f(x), f(y))$ 라고 정의하면 g는 단사이고 $g(A \times A) \neq A \times A$이므로 $A \times A$는 무한집합이다.

3. $(X-Y) \sim (Y-X)$이므로 $\exists f$(전단사함수) : $X-Y \to Y-X$. 이제 함수 $g : X \to Y$를 $g(x) = \begin{cases} f(x) & ,x \in X-Y \\ x & ,x \in X \cap Y \end{cases}$ 라고 정의하면 g가 단사임을 쉽게 알 수 있다. 또

$$\begin{aligned} g(X) &= g((X-Y) \cup (X \cap Y)) = g(X-Y) \cup g(X \cap Y) = f(X-Y) \cup (X \cap Y) \\ &= (Y-X) \cup (X \cap Y) = Y \end{aligned}$$

이므로 g가 전단사가 되어 $X \sim Y$이다.

4. 유한집합 Y를 포함하는 가부번 집합을 Z라 하면 $X \cup Y \subseteq X \cup Z$이고 두 가부번 집합의 합집합은 역시 가부번 집합이므로 $X \cup Y$는 가부번 집합 $X \cup Z$의 무한부분집합이다. 따라서 $X \cup Y$는 가부번 집합이다.

5. 함수 $\phi : \mathscr{P}(A) \to 2^A$를 다음과 같이 정의하자.

임의의 $B \in \mathscr{P}(A)$에 대해 $\phi(B) = \chi_B : A \to 2$, 단 χ_B는 A에서 B의 특성함수이다. 즉 $\chi_B(x) = \begin{cases} 1, & x \in B \\ 0, & x \notin B \end{cases}$. 그러면 $\phi(B) = \chi_B \in 2^A$ 임은 명백하다.

① $B_1, B_2 \in \mathscr{P}(A)$에 대해 $\phi(B_1) = \phi(B_2)$라고 하면 ϕ의 정의에 의해 $\chi_{B_1} = \chi_{B_2}$이고 따라서 $B_1 = \{x \in A \mid \chi_{B_1}(x) = 1\} = \{x \in A \mid \chi_{B_2}(x) = 1\} = B_2$이므로 ϕ는 단사이다.

② 임의의 $f \in 2^A$에 대해 $f : A \to 2$인 함수이므로 $B = \{x \in A \mid f(x) = 1\}$라고 두면 $B \subseteq A$이므로 $B \in \mathscr{P}(A)$이고 $\phi(B) = f$이다.

왜냐하면 $\phi(B) = \chi_B : A \to 2$이고 임의의 $x \in A$에 대해 만일 $x \in B$이면 $\chi_B(x) = 1$이고 $f(x) = 1$이다. 또 $x \notin B$이면 $\chi_B(x) = 0$이고 $f(x) = 0$이다.

그러므로 $\chi_B=\phi(B)=f$ 이고 따라서 ϕ는 전사이다. ①②에서 ϕ는 전단사이므로 $\mathscr{P}(A) \sim 2^A$이다.

6. $K=\{C|C$는 중심의 좌표가 (x, y)이고 반지름이 z인 원, $x, y, z\in Q\}$라고 할 때 함수 $f: K \to Q\times Q\times Q$를 $f(C)=(x, y, z)$라고 정의하면 f가 단사임은 쉽게 보일 수 있다. 따라서 $f(K)\sim K$이다. 한편 $Q\times Q\times Q\sim(Q\times Q)\times Q\sim Q\times Q \sim Q\sim N$이므로 $Q\times Q\times Q$는 가부번 집합이다. $f(K)$는 무한집합이고 $f(K)\subset Q\times Q\times Q$이르로 $f(K)$가 가부번 집합이 되고 따라서 K도 가부번 집합이다.

7. $I=\{x\in Q\,|\,0<x<1\}$라고 하면 $\left\{\frac{1}{2}, \frac{1}{3}, \frac{1}{4}, \cdots, \frac{1}{n}, \cdots\right\}$은 무한집합이고 $\left\{\frac{1}{2}, \frac{1}{3}, \frac{1}{4}, \cdots, \frac{1}{n}, \cdots\right\}\subset I$이므로 I는 무한집합이다. 따라서 $I\subset Q$이고 Q는 가부번 집합이므로 I도 가부번 집합이다.

8. $J=\{x|0<x<1,\ x$는 무리수$\}$라고 하면 $\left\{\frac{\sqrt{2}}{2}, \frac{\sqrt{2}}{3}, \frac{\sqrt{2}}{4}, \cdots, \frac{\sqrt{2}}{n}, \cdots\right\}$은 무한집합이고 $\left\{\frac{\sqrt{2}}{2}, \frac{\sqrt{2}}{3}, \frac{\sqrt{2}}{4}, \cdots, \frac{\sqrt{2}}{n}, \cdots\right\}\subset J$이므로 J는 무한집합이다. 이제 J를 가부번 집합이라 가정하고 $I=\{x\in Q|0<x<1\}$이라 두면 I가 가부번이므로 $I\cup J=(0, 1)$이 가부번 집합이다. 이것은 $(0, 1)$이 비가산 집합이라는 사실에 모순이므로 따라서 J는 가부번 집합이 아니다. 그러므로 J는 가부번이 아닌 무한집합이므로 J는 비가산집합이다.

9. B가 비가산집합이 아니라고 가정하면 B는 유한집합이거나 가부번 집합이다. 만일 B가 유한집합이면 이와 대등한 A도 유한집합이 되고 B가 가부번 집합이면 이와 대등한 A도 가부번 집합이 되므로 두 경우 모두 A는 가산집합이 된다. 이는 A가 비가산집합이라는 가정에 모순이므로 B는 비가산집합이다.

10. $K=\{C|C$는 중심의 좌표가 (x, y)이고 반지름이 z인 원, $x, y, z\in R\}$라고 할 때 함수 $f: K \to R\times R\times R^+$를 $f(C)=(x, y, z)$라고 정의하면 f가 전단사임은 쉽게 보일 수 있다. 한편 $R\times R\times R^+\sim(R\times R)\times R^+\sim R\times R^+\sim R$이므로 $R\times R\times R^+$ 은 비가산 집합이고 $K\sim R\times R\times R^+$ 이므로 K는 비가산 집합이다.

연습문제 (3)

1. ① $X-\phi=X$이고 ϕ는 유한집합이므로 $X\in C_f$이고 C_f의 정의에서 $\phi\in C_f$이다.

② $\forall_\alpha$, $X-F_\alpha\in C_f$라고 하면 $\bigcup_\alpha(X-F_\alpha)=X-\bigcap_\alpha F_\alpha$이고 각 F_α가 유한집합이므로 $\bigcap_\alpha F_\alpha$도 유한집합이다. 따라서 $\bigcup_\alpha(X-F_\alpha)\in C_f$이다.

③ $X-F_1$, $X-F_2\in C_f$라고 하면 $(X-F_1)\cap(X-F_2)=X-(F_1\cup F_2)$이고 F_1과 F_2가 유한집합이므로 $F_1\cup F_2$도 유한집합이다. 따라서 $(X-F_1)\cap(X-F_2)\in C_f$이다.

그러므로 ①, ②, ③에 의해 C_f는 X위의 위상이다.

[참고] 여유한 위상 C_f는 $C_f=\{X-F|F$는 유한집합 또는 $X\}$로 나타내기도 한다.

2. ① $\phi\in\mathscr{T}$이고 $f^{-1}(\phi)=\phi$이므로 $\phi\in\mathscr{T}^*$이고 $Y\in\mathscr{T}$이고 $f^{-1}(Y)=X$이므로 $X\in\mathscr{T}^*$이다.

② $\forall_\alpha$, $f^{-1}(G_\alpha)\in\mathscr{T}^*$라고 하면 각 α에 대해 $G_\alpha\in\mathscr{T}$이다. 그러면 $\bigcup_\alpha f^{-1}(G_\alpha)=f^{-1}(\bigcup_\alpha G_\alpha)$이고 $\bigcup_\alpha G_\alpha\in\mathscr{T}$이므로 $\bigcup_\alpha f^{-1}(G_\alpha)\in\mathscr{T}^*$이다.

③ $f^{-1}(G_1)$, $f^{-1}(G_2)\in\mathscr{T}^*$라고 하면 $G_1, G_2\in\mathscr{T}$이다. 그러면 $f^{-1}(G_1)\cap f^{-1}(G_2)=f^{-1}(G_1\cap G_2)$이고 $G_1\cap G_2\in\mathscr{T}$이므로 $f^{-1}(G_1)\cap f^{-1}(G_2)\in\mathscr{T}^*$이다.

그러므로 ①, ②, ③에 의해 $\mathscr{T}^*$는 X 위의 위상이다.

3. ① $\phi\in\mathscr{T}$이고 $f(\phi)=\phi$이므로 $\phi\in\mathscr{T}^*$이고 $X\in\mathscr{T}$이고 $f(X)=Y(\because f$가 전사)이므로 $Y\in\mathscr{T}^*$이다.

② $\forall_\alpha$, $f(G_\alpha)\in\mathscr{T}^*$라고 하면 각 α에 대해 $G_\alpha\in\mathscr{T}$이다.

그러면 $\bigcup_\alpha f(G_\alpha)=f(\bigcup_\alpha G_\alpha)$이고 $\bigcup_\alpha G_\alpha\in\mathscr{T}$이므로 $\bigcup_\alpha f(G_\alpha)\in\mathscr{T}^*$이다.

③ $f(G_1)$, $f(G_2)\in\mathscr{T}^*$라고 하면 $G_1, G_2\in\mathscr{T}$이다.

그러면 $f(G_1)\cap f(G_2)=f(G_1\cap G_2)$ ($\because f$가 단사)이고 $G_1\cap G_2\in\mathscr{T}$이므로

$f(G_1) \cap f(G_2) \in \mathscr{T}^*$이다.

그러므로 ①, ②, ③에 의해 $\mathscr{T}^*$는 Y위의 위상이다.

4. ① $n \in \phi$이고 $m|n$이면 $m \in \phi$이다는 참이므로 $\phi \in \mathscr{T}$이다. $n \in N$이고 $m|n$이면 m은 n의 약수이므로 m은 자연수이다. 따라서 $m \in N$이므로 $N \in \mathscr{T}$이다.

② $\forall_\alpha$, $U_\alpha \in \mathscr{T}$일 때 $n \in \bigcup_\alpha U_\alpha$이고 $m|n$이라 하자. 그러면 $\exists U_{\alpha_0} : n \in U_{\alpha_0}$. $m|n$이므로 $m \in U_{\alpha_0}$이고 따라서 $m \in \bigcup_\alpha U_\alpha$가 되어 $\bigcup_\alpha U_\alpha \in \mathscr{T}$이다.

③ U_1, $U_2 \in \mathscr{T}$일 때 $n \in U_1 \cap U_2$이고 $m|n$이라 하자. 그러면 $n \in U_1$이고 $m|n$이므로 $m \in U_1$이다. 또 $n \in U_2$이고 $m|n$이므로 $m \in U_2$이다. 그러므로 $m \in U_1 \cap U_2$가 되어 $U_1 \cap U_2 \in \mathscr{T}$이다.

따라서 ①, ②, ③에 의해 $\mathscr{T}$는 N 위의 위상이다.

5. (힌트) ϕ는 R의 유한부분집합이므로 $R^* - \phi = R^* \in \mathscr{T}$이고 $\phi \in 2^R$이므로 $\phi \in \mathscr{T}$이다. 이제 $\mathscr{T}$가 두 연산 임의의 개의 합집합과 두 개의 교집합에 대하여 닫혀 있음을 보이기 위해 $U \in 2^R$일 때 $U \cup (R^* - A) \in \mathscr{T}$이고 $U \cap (R^* - A) \in \mathscr{T}$임을 보이면 된다.

6. (힌트) $0 \notin \phi$이므로 $\phi \in \mathscr{T}$이고 $(-1, 1) \subset X$이므로 $X \in \mathscr{T}$이다. 또 $(-1, 1) \subset U$인 $U = (-1, 1)$, $(-1, 1]$, $[-1, 1)$, X 뿐이다. 이제 $\mathscr{T}$가 두 연산 임의의 의 개의 합집합과 두 개의 교집합에 대하여 닫혀 있음을 보이기 위해 $0 \notin U_1$, $(-1, 1) \subset U_2$인 U_1과 U_2에 대해 $U_1 \cup U_2 \in \mathscr{T}$이고 $U_1 \cap U_2 \in \mathscr{T}$임을 증명하면 된다.

7. (1) 구하는 위상은 $\mathscr{T}_1 \cap \mathscr{T}_2 = \{X, \phi\}$이다.

(2) 구하는 위상 $\mathscr{T}$는 $\mathscr{T}_1 \cup \mathscr{T}_2 = \{X, \phi, \{a, b\}, \{b, c\}\}$를 부분기저로 가지는 위상이다. 따라서 $\mathscr{T}$는 기저로 $\mathscr{B} = \{X, \phi, \{a, b\}, \{b, c\}, \{b\}\}$를 가지므로 위상 $\mathscr{T} = \{X, \phi, \{a, b\}, \{b, c\}, \{b\}\}$이다. (주의) 이 경우는 기저 $\mathscr{B}$ =위상 $\mathscr{T}$이다.

8. $\mathscr{T}$의 기저 $\mathscr{B}$는 부분기저 S의 원소들의 유한 개의 교집합들의 집합이므로

$$\mathscr{B} = \{X, \{a, b, c\}, \{c, d\}, \{d, e\}, \{c\}, \phi, \{d\}\}$$

이다. 따라서 위상

$$\mathscr{T}=\{X,\ \{a,\ b,\ c\},\ \{c,\ d\},\ \{d,\ e\},\ \{c\},\ \phi,\ \{d\},\ \{a,\ b,\ c,\ d\},\ \{c,\ d,\ e\}\}$$

이다.

9. 임의의 $U\in\mathscr{T}$에 대해 U는 기저 $\mathscr{B}$의 원소들의 합집합으로 나타낼 수 있어야 하므로 그런 기저들 중에서 원소의 개수가 가장 작은 것은

$$\mathscr{B}=\{\{a\},\ \{c,\ d\},\ \{b,\ c,\ d,\ e\}\}$$

이다.

10. 임의의 $n\in N$에 대해 $\{n\}=\left(n-\dfrac{1}{2},\ n+\dfrac{1}{2}\right)\cap N$이고 $\left(n-\dfrac{1}{2},\ n+\dfrac{1}{2}\right)$은 보통위상공간 $(R,\ \mathscr{U})$에서 개집합이므로 $\{n\}$은 부분공간 N에서 개집합이다. 그러므로 부분위상 $\mathscr{T}_N$은 이산위상이다.

11. $A=(-\sqrt{3},\ \sqrt{3})\cap Q$이므로 A는 부분공간 Q에서 개집합이다. A가 Q에서 폐집합이 되는 것도 같은 방법으로 보일 수 있다.

12. (1) X에서 폐집합들은 $\phi,\ X,\ \{b,\ c,\ d,\ e\},\ \{c,\ d,\ e\},\ \{b,\ e\},\ \{c,\ d\},\ \{e\}$이므로 $\overline{A}=X$이다. 따라서 A는 X에서 조밀하다.

(2) a점을 조사하면 a를 가지는 개집합 $U=X,\ \{a\},\ \{a,\ b\},\ \{a,\ c,\ d\},\ \{a,\ b,\ e\},\ \{a,\ b,\ c,\ d\}$이고 $U=\{a\}$라고 두면 $(U-\{a\})\cap A=\phi\cap A=\phi$이므로 $a\notin A'$이다. 또 c점을 조사하면 c를 가지는 개집합 $U=X,\ \{a,\ c,\ d\},\ \{a,\ b,\ c,\ d\}$이고 각각의 U에 대해 $(U-\{c\})\cap A\neq\phi$이므로 $c\in A'$이다. 같은 방법으로 $b,\ d,\ e$점을 조사하면 $A'=\{c,\ d\}$이다.

(3) 부분위상 $\mathscr{T}_A=\{U\cap A\,|\,U\in\mathscr{T}\}$이므로

$$\begin{aligned}\mathscr{T}_A&=\{X\cap A,\ \phi\cap A,\ \{a\}\cap A,\ \{a,\ b\}\cap A,\ \{a,\ c,\ d\}\cap A,\ \{a,\ b,\ e\}\cap A,\\&\quad\ \{a,\ b,\ c,\ d\}\cap A\}\\&=\{A,\ \phi,\ \{a\},\ \{a,\ b\},\ \{a,\ c\}\}\end{aligned}$$

이다.

(4) $\operatorname{int}A$는 A에 포함되는 개집합들의 합집합이므로 $\operatorname{int}A=\phi\cup\{a\}\cup\{a,\ b\}$

$=\{a, b\}$이다.

또 $\overline{A}=X$이므로 $b(A)=\overline{A}-\text{int}\,A=X-\{a, b\}=\{c, d, e\}$이다.

13. $A\cap B\subset A$이므로 $\overline{A\cap B}\subset\overline{A}$이고 $A\cap B\subset B$이므로 $\overline{A\cap B}\subset\overline{B}$이다. 따라서 $\overline{A\cap B}\subset\overline{A}\cap\overline{B}$이다. 이제 보통위상공간$(R, \mathscr{U})$에서 $A=(0, 1)$, $B=(1, 2)$라고 두면 $A\cap B=\phi$이므로 $\overline{A\cap B}=\overline{\phi}=\phi$이다. 그래서 $\overline{A}=[0, 1]$이고 $\overline{B}=[1, 2]$이므로 $\overline{A}\cap\overline{B}=\{1\}$이다. 따라서 $\overline{A\cap B}\neq\overline{A}\cap\overline{B}$이다.

14. (힌트) $A\cup B=(A-B)\cup B$와 $\overline{A\cup B}=\overline{A}\cup\overline{B}$ 이용하면 쉽게 증명된다.

15. (1) $\mathscr{B}$를 $\mathscr{F}$가 생성하는 기저라고 하면 임의의 $B\in\mathscr{B}$에 대해

$$\begin{aligned}B&=(R-\{p_1\})\cap(R-\{p_2\})\cap\cdots\cap(R-\{p_n\})\\&=R-\{p_1, p_2, \cdots, p_n\}=R-F,\ (F\text{는 유한집합})\end{aligned}$$

따라서 $\mathscr{B}=\{R-F\,|\,F$는 유한부분집합$\}$이다.

이제 $\mathscr{B}$가 생성하는 위상을 $\mathscr{T}$라고 하면 $U\in\mathscr{T}$일 때 $U=\mathscr{B}$의 원소들의 0개의 합집합이면 $U=\phi$이고 $U=\bigcup_{\alpha}(R-F_\alpha)$이면 $U=R-\bigcap_{\alpha}F_\alpha=R-F$($F$는 유한집합)이므로 $\mathscr{T}=\{R-F\,|\,F$는 유한부분집합$\}\cup\{\phi\}$이다. 그러므로 $\mathscr{T}$는 R 위의 여유한 위상이다.

16. 폐포의 정의와 각 위상의 성질들을 이용해서 구할 수 있다.

(1) $\overline{Q}=R$이고 $\overline{Z}=Z$이다.

(2) $\overline{Q}=Q$이고 $\overline{Z}=Z$이다.

(3) $\overline{Q}=R$이고 $\overline{Z}=R$이다.

(4) $\overline{Q}=R$이고 $\overline{Z}=R$이다.

(5) $\overline{Q}=Q$이고 $\overline{Z}=Z$이다.

17. (1) ① $\phi\in\mathscr{T}$이고 $N=E_1\in\mathscr{T}$이다.

② K가 N의 공집합이 아닌 임의의 부분집합이면 K는 최소원소 n_0를 가진다. $\bigcup_{n\in K}E_n=E_{n_0}\in\mathscr{T}$이다.

③ E_n, $E_m\in\mathscr{T}$일 때 $n>m$이라 하면 $E_n\cap E_m=E_m\in\mathscr{T}$이다.

따라서 ①, ②, ③에 의해 $\mathscr{T}$는 N 위의 위상이다.

(2) E_1, E_2, E_3, E_4이다.

(3) $n \geq 37$이면 $n \notin A'$이고 $n \leq 36$이면 $n \in A'$이므로 $A' = \{1, 2, 3, \cdots, 36\}$이다.

(4) 공집합도 아니고 X도 아닌 폐집합들은 $E_n^c (n \geq 2)$이고 $E_n^c = \{1, 2, \cdots, n-1\}$ 이므로 $\overline{A} = E_{86}^c = \{1, 2, 3, \cdots, 85\}$이다.

(5) A의 내부$=\operatorname{int} A = A$에 포함되는 최대의 개집합이므로 $\operatorname{int} A = E_7$이다.

18. $\overline{K} = K$이므로 K는 폐집합이고 $\operatorname{int} K = \phi \neq K$이므로 K는 개집합이 아니다. 만일 $K = \{\frac{1}{n} | n \in N\}$이면 $\overline{K} = K \cup \{0\} \neq K$이므로 K는 폐집합이 아니고 $\operatorname{int} K = \phi \neq K$이므로 개집합도 아니다.

19. (1) $\overline{A} = (-\infty, 2]$, $A' = (-\infty, 2]$, $\operatorname{int} A = \phi$, $b(A) = (-\infty, 2]$

(2) $\overline{N} = R$이므로 N은 R에서 조밀하다. $N' = R$, $\operatorname{int} N = \phi$, $b(N) = R$.

20. 임의의 $x \in R$에 대하여 $U = \{x\}$는 x를 가지는 개집합이고 $(U - \{x\}) \cap Z = \phi \cap Z = \phi$이므로 $x \notin Z'$이다. 따라서 $Z' = \phi$이다.

21. 임의의 $n \in N$에 대해 n을 가지는 개집합을 U라 하자. 그러면 $U \not\subset N$이므로 $n \notin \operatorname{int} N$이다. 따라서 $\operatorname{int} N = \phi \neq N$이므로 N은 개집합이 아니다. 임의의 $x \in R$에 대해 x를 가지는 개집합을 U라 하면 $U \cap N \neq \phi$이므로 $x \in \overline{N}$이다. 따라서 $\overline{N} = R \neq N$이므로 N은 폐집합도 아니다.

22. (1) $\left[1, \frac{3}{2}\right) = \left(0, \frac{3}{2}\right) \cap Y$이므로 $\left[1, \frac{3}{2}\right)$은 Y에서 개집합이다.

(2) Y에서 $\left(3, \frac{7}{2}\right)$의 폐포$=R$에서 $\left(3, \frac{7}{2}\right)$의 폐포 $\cap \mathrm{Y}$

$$= \left[3, \frac{7}{2}\right] \cap Y = \left(3, \frac{7}{2}\right]$$

(3) $\{2\}$는 R에서 폐집합이고 $\{2\} = \{2\} \cap Y$이므로 $\{2\}$는 Y에서 폐집합이다.

(4) Y는 R에서 개집합도 폐집합도 아니다.

23. 비이산공간이므로 폐집합은 X, ϕ 뿐이다. 따라서 $A \neq \phi$이면 $\overline{A} = X$이므로 A는 X에서 조밀하다.

24. $A'=\{1\}$, $\overline{A}=A\cup\{1\}$, $\text{int}\,A=\phi$

25. $x\in A\cap\overline{B}$이면 $x\in A$이고 $x\in\overline{B}$이다. 그러면 x를 가지는 임의의 개집합 U에 대해 $U\cap B\neq\phi$이다. 한편 A는 x를 가지는 개집합이므로 $U\cap A$도 역시 x를 가지는 개집합이다. 따라서 $(U\cap A)\cap B\neq\phi$이다. 즉, $U\cap(A\cap B)\neq\phi$ 이므로 $x\in\overline{A\cap B}$ 이다.

26. $A=\phi$이면 $A'=\phi$ 는 명백하다. $A=\{p\}$이면 $p\neq x$인 임의의 $x\in X$에 대해 x를 가지는 개집합은 X뿐이고 $(X-\{x\})\cap A=\{p\}\neq\phi$이므로 $x\in A'$이고 따라서 $A'=X-\{p\}$이다. 만일 $\text{card}\,A\geq 2$이면 임의의 $x\in X$에 대해 x를 가지는 개집합은 X뿐이고 $(X-\{x\})\cap A\neq\phi$ 이므로 $x\in A'$이다. 따라서 $A'=X$이다.

27. $A\subset B$이면 $A'\subset B'$임은 극한점의 정의에 의해 명백하다.

① $A, B\subseteq A\cup B$이므로 $A'\subseteq(A\cup B)'$이고 $B'\subseteq(A\cup B)'$이다. 따라서 $A'\cup B'\subseteq(A\cup B)'$이다.

② $x\in(A\cup B)'$이면 x를 가지는 임의의 개집합 U에 대해 $(U-\{x\})\cap(A\cup B)\neq\phi$ 이다.

즉, $\phi\neq[(U-\{x\})\cap A]\cup[(U-\{x\})\cap B]$

따라서 $(U-\{x\})\cap A\neq\phi$ 또는 $(U-\{x\})\cap B\neq\phi$ 이므로 $x\in A'$ 또는 $x\in B'$ 이다. 그러므로 $x\in A'\cup B'$가 되어 $(A\cup B)'\subseteq A'\cup B'$이다.

28. $(\Rightarrow)$ $\mathscr{T}\subset\mathscr{T}^*$라고 하자. 그러면

$$\begin{aligned}(X,\ \mathscr{T}^*)\text{에서의 }\overline{A}&=\cap\{F\,|\,A\subset F,\ F\text{는 }(X,\ \mathscr{T}^*)\text{에서 폐집합}\}\\&\subset\cap\{F\,|\,A\subset F,\ F\text{는 }(X,\ \mathscr{T})\text{에서 폐집합}\}\\&=(X,\ \mathscr{T})\text{에서 }\overline{A}\end{aligned}$$

$(\Leftarrow)$ $(X,\ \mathscr{T}^*)$에서의 $\overline{A}\subset(X,\ \mathscr{T})$에서의 $\overline{A}$라고 하자. 그러면 $\mathscr{T}$의 임의의 원소 U에 대해 $X-U$는 $(X,\ \mathscr{T})$에서 폐집합이고 $(X,\ \mathscr{T}^*)$에서의 $\overline{X-U}\subset(X,\ \mathscr{T})$에서의 $\overline{X-U}=X-U$.

따라서 $(X,\ \mathscr{T}^*)$에서의 $\overline{X-U}=X-U$이고 $X-U$는 $(X,\ \mathscr{T}^*)$에서 폐집합이므로 $U\in\mathscr{T}^*$이다. 그러므로 $\mathscr{T}\subset\mathscr{T}^*$이다.

29. $(\Rightarrow)$ A가 폐집합이면 $A=\overline{A}$이고 $\overline{A}=\text{int}\,(A)\cup b(A)$이므로 $b(A)\subset A$이다.

($\Leftarrow$) $b(A) \subset A$이면 $\text{int}(A) \subset A$이므로 $\overline{A} = b(A) \cup \text{int}(A) \subset A$이다. 따라서 $\overline{A} = A$이므로 A는 폐집합이다.

30. m을 가지는 임의의 개집합을 U라 하자. 그러면 $U \neq \phi$이므로 U^c는 유한집합이다. 따라서 U는 수열 $\langle a_n \rangle$의 점을 기껏해야 유한개를 제외하고 모두 가지므로 $\langle a_n \rangle$은 m에 수렴한다.

31. $G \cap D \subset G$이므로 $\overline{G \cap D} \subset \overline{G}$가 성립한다. 임의의 $x \in \overline{G}$에 대해 x를 가지는 개집합을 U라 하면 $U \cap G \neq \phi$이다. 그러면 $z \in U \cap G$인 z가 존재하고 $U \cap G$는 개집합이다. $\overline{D} = X$이므로 $z \in \overline{D}$이고 따라서 $(U \cap G) \cap D \neq \phi$이다.
즉, $U \cap (G \cap D) \neq \phi$ 이므로 $x \in \overline{G \cap D}$ 이다. 그러므로 $\overline{G} \subset \overline{G \cap D}$가 성립하고 결국 $\overline{G \cap D} = \overline{G}$이다.

연습문제 (4)

1. $f(r) = q$를 가지는 개집합을 $U = \{q\}$라고 하면 r을 가지는 개집합은 $V = \{q, r, s\}$ 또는 X이고 $f(V) = \{q, r, s\}$이므로 $f(V) \not\subset U$이다. 따라서 f는 r에서 불연속이다. 한편 $f(p) = q$를 가지는 개집합은 $U = \{q\}$, $\{p, q\}$, $\{q, r, s\}$, X이고 $V = \{p\}$라 하면 V는 p를 가지는 개집합이고 $f(V) = \{q\} \subset U$이므로 f는 p에서 연속이다. 같은 방법으로 f는 q와 s에서 연속임을 보일 수 있다. 따라서 불연속점은 r이다.

2. ($\Rightarrow$) $\text{int}(A)$는 Y에서 개집합이고 f는 연속이므로 $f^{-1}[\text{int}(A)]$는 X에서 개집합이다. 따라서 $f^{-1}[\text{int}(A)] = \text{int}\, f^{-1}[\text{int}(A)]$이고 $\text{int}(A) \subset A$이므로
$f^{-1}[\text{int}(A)] \subset \text{int}\, f^{-1}(A)$이다.
그러므로 $f^{-1}[\text{int}(A)] = \text{int}\, f^{-1}[\text{int}(A)] \subset \text{int}\, f^{-1}(A)$이다.
($\Leftarrow$) Y에서 임의의 개집합 V를 택하면 $\text{int}(V) = V$이다.
그러면 $f^{-1}(V) = f^{-1}[\text{int}(V)]$이고 가정에서 $f^{-1}[\text{int}(V)] \subset \text{int}\, f^{-1}(V)$이므로

$f^{-1}(V) \subset \operatorname{int} f^{-1}(V)$이다.

그러므로 $f^{-1}(V) = \operatorname{int} f^{-1}(V)$가 되어, $f^{-1}(V)$는 X에서 개집합이므로 f는 연속함수이다.

3. ($\Rightarrow$) $\overline{B}$는 Y에서 폐집합이고 f가 연속이므로 $f^{-1}(\overline{B})$는 X에서 폐집합이다. 또 $f^{-1}(B) \subset f^{-1}(\overline{B})$이고 $\overline{f^{-1}(B)}$는 $f^{-1}(B)$를 포함하는 최소의 폐집합이므로 $\overline{f^{-1}(B)} \subset f^{-1}(\overline{B})$이다.

($\Leftarrow$) B를 Y에서 폐집합이라 하자. 그러면 가정에서 $\overline{f^{-1}(B)} \subset f^{-1}(\overline{B}) = f^{-1}(B)$이고 $f^{-1}(B) \subset \overline{f^{-1}(B)}$는 항상 성립하므로 결국 $f^{-1}(B) = \overline{f^{-1}(B)}$가 되어 $f^{-1}(B)$는 X에서 폐집합이다. 그러므로 f는 연속함수이다.

4. ($\Rightarrow$) $\chi_A : X \to R$, $\chi_A(x) = \begin{cases} 1, & x \in A \\ 0, & x \in A^c \end{cases}$

$\{1\}$은 R에서 폐집합이고 χ_A가 연속이므로 $\chi_A^{-1}(\{1\}) = A$는 X에서 폐집합이다. 같은 방법으로 $\chi_A^{-1}(\{0\}) = A^c$는 X에서 폐집합이므로 A는 X에서 개집합이다. 따라서 A는 X에서 개집합이고 동시에 폐집합이다.

($\Leftarrow$) (힌트) R에서 폐집합 F에 대해 $\chi_A^{-1}(F)$가 X에서 폐집합임을 보이면 되고 $1 \in F$, $0 \in F$, $1, 0 \in F$, $1, 0 \notin F$인 경우로 나누어 증명한다.

5. $\mathscr{T}^*$가 X위의 위상이고 $f : (X, \mathscr{T}^*) \to Y$가 연속이라 하자. 이제 $G \in \mathscr{T}$라고 하면 $\mathscr{T}$의 정의에 의해 $G = f^{-1}(H)$, $H \in \mathscr{T}_Y$이다. $f : (X, \mathscr{T}^*) \to Y$가 연속이므로 $f^{-1}(H) \in \mathscr{T}^*$이고 따라서 $G \in \mathscr{T}^*$이다. 그러므로 $\mathscr{T} \subset \mathscr{T}^*$이므로 $\mathscr{T}$는 f를 연속으로 만드는 X위의 최소의 위상이다.

6. (힌트) f가 연속임을 보이기 위해 R 위의 보통위상에 대한 기저의 원소인 개구간 (a, b)에 대하여 $f^{-1}(a, b)$가 개집합임을 보이면 된다. 같은 방법으로 f가 개사상이 아님을 쉽게 보일 수 있다.

7. (힌트) 연속함수의 정의에 의해 f는 상수함수이어야 하므로 1개이다.

8. A가 X에서 조밀하므로 $\overline{A} = X$이다. 또 f는 전사이므로 $Y = f(X) = f(\overline{A})$이고 f가 연속이므로 $f(\overline{A}) \subset \overline{f(A)}$이다. 따라서 $Y \subset \overline{f(A)}$이므로 결국 $Y = \overline{f(A)}$가

되어 $f(A)$는 Y에서 조밀하다.

9. $f: X \to X$가 전단사이어야 하므로 $f^{-1}(\{a, b\}) \neq \phi$, X이고 f가 연속이기 위해서는 $f^{-1}(\{a, b\}) = \{a, b\}$ 또는 $\{c, d\}$이다. 따라서 두 경우 모두 f가 4개씩 생기므로 위상동형사상의 개수는 $4+4=8$이다.

10. (1) 참

(2) 참

(3) 거짓

11. $y = \dfrac{d-c}{b-a}(x-a)+c$는 $[a, b]$에서 $[c, d]$로의 위상동형사상이다.

12. (1) $f^{-1}(Z)=R$이고 $(R, \mathscr{U})$에서 개집합이므로 $Z \in \mathscr{T}$이다.

$f^{-1}(\phi)=\phi$이고 $(R, \mathscr{U})$에서 개집합이므로 $\phi \in \mathscr{T}$이다.

이제 $U \neq \phi$이고 $U \subset Z$라고 하자. 그러면 임의의 $n \in Z$에 대하여 $f^{-1}(\{n\}) = [n, n+1)$이므로 $f^{-1}(U) = \bigcup_{m \in U} [m, m+1)$이고 $(R, \mathscr{U})$에서 개집합이 아니다. 따라서 $U \notin \mathscr{T}$이다. 그러므로 $\mathscr{T} = \{Z, \phi\}$ 즉, 비이산위상이다.

(2) 임의의 $n \in Z$에 대해 $f^{-1}(\{n\}) = [n, n+1)$이고 R 위의 하한위상의 기저이므로 하한위상공간 R에서 개집합이다. 따라서 임의의 단집합이 개집합이므로 $\mathscr{T}$는 Z 위의 이산위상이다.

13. (1) 이산공간 $(X, 2^X)$는 기저 $\mathscr{B} = \{\{1\}, \{2\}, \{3\}, \{4\}, \{5\}\}$를 가진다. 따라서 임의의 $B \in \mathscr{B}$에 대하여 $f^{-1}(B) \in \mathscr{T}$이므로 f는 연속이다.

(2) (힌트) 1을 가지고 3을 가지지 않는 개집합들의 역상은 2를 가지고 4는 가지지 않는다. 마찬가지로 3을 가지고 1을 가지지 않는 개집합들의 역상은 4를 가지고 2를 가지지 않는다는 사실을 이용하면 조건을 만족하는 h는 1개뿐이다.

14. $P \notin F$이므로 $P \in F^C$: 개집합이고, $\mathscr{B}$가 기저이므로 $P \in V \subset F^C$인 개집합 $V \in \mathscr{B}$가 존재한다.

이제 $f: X \to R$을 $f(x) = \begin{cases} 0, & x \in V \\ 1, & x \in V^C \end{cases}$ 라고 두면 f는 연속함수이다.

15. $(a, b) \in \overline{A \times B}$라고 하자. 그러면 (a, b)를 가지는 임의의 개집합 $U \times V$에 대해 $(U \times V) \cap (A \times B) \neq \phi$이다. 한편, $(U \times V) \cap (A \times B) = (U \cap A) \times (V \cap B)$이므로 $U \cap A \neq \phi$이고 $V \cap B \neq \phi$이다. 따라서 $a \in \overline{A}$이고 $b \in \overline{B}$이므로 $(a, b) \in \overline{A} \times \overline{B}$이다. 역도 같은 방법으로 증명된다.

16.

폐포 :

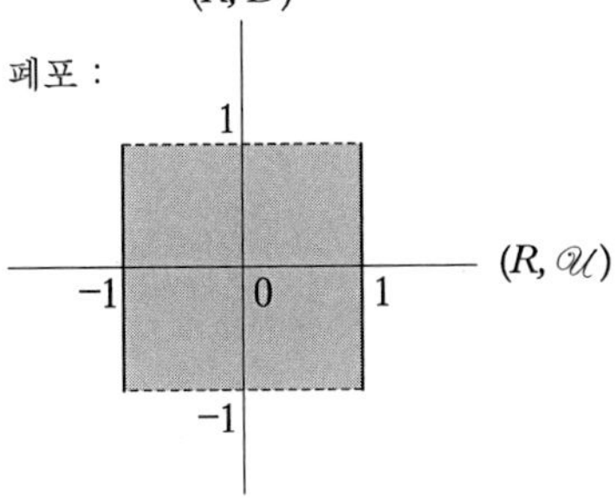

경계 :

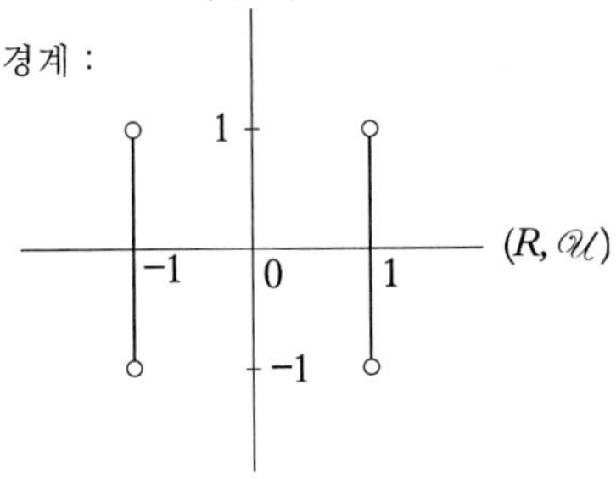

연습문제 (5)

1. 먼저 d_1이 X 위의 거리함수임을 보이자.

① $d(x, y) \geq 0$이므로 $d_1(x, y) \geq 0$은 명백하다.

② $d_1(x, y) = 0 \Leftrightarrow d(x, y) = 0 \Leftrightarrow x = y$

③ $d_1(x, y) = \dfrac{d(x, y)}{1 + d(x, y)} = \dfrac{d(y, x)}{1 + d(y, x)} = d_1(y, x)$

④ $d_1(x, y) + d_1(y, z) - d_1(x, z) = \dfrac{d(x, y)}{1 + d(x, y)} + \dfrac{d(y, z)}{1 + d(y, z)} - \dfrac{d(x, z)}{1 + d(x, z)}$

이제 $d(x, y) = a$, $d(y, z) = b$, $d(x, z) = c$라고 두면 $a, b, c \geq 0$이고 $a + b \geq c$이다.

$$\text{윗식} = \frac{a}{1+a} + \frac{b}{1+b} - \frac{c}{1+c} = \frac{(a+b-c) + 2ab + abc}{(1+a)(1+b)(1+c)} \geq 0$$

따라서 $d_1(x, y) + d_1(y, z) \geq d_1(x, z)$이다.

그러므로 d_1은 X 위의 거리함수이다.

한편 $0 \le d_1(x, y) = \dfrac{d(x, y)}{1+d(x, y)} < 1$이므로 임의의 $x, y \in X$에 대해 $d_1(x, y) < 1$이다. 따라서 거리공간 (X, d_1)은 유계하다.

2. (힌트) 먼저 $d^*(a, b) = \min\{1, d(a, b)\} \le 1$임을 이용한다. 그리고 삼각부등식 $d^*(a, c) \le d^*(a, b) + d^*(b, c)$를 증명하기 위해 $d^*(a, b)=1$ 또는 $d^*(b, c)=1$인 경우와 $d^*(a, b)<1$이고 $d^*(b, c)<1$인 경우 두 가지로 나누어서 푼다. 또 $d^*(a, b) \le d(a, b)$임도 이용한다.

3. 임의의 점 $x_0 \in X$와 임의의 $\varepsilon > 0$이 주어졌다고 하자. $x \in X$일 때 $a \in A$에 대하여 $d(x, a) \le d(x, x_0) + d(x_0, a)$이므로

$$\begin{aligned} d(x, A) = \inf_{a \in A}\{d(x, a)\} &\le d(x, x_0) + \inf_{a \in A}\{d(x_0, a)\} \\ &= d(x, x_0) + d(x_0, A) \end{aligned}$$

임을 알 수 있다. 이제 $\delta = \varepsilon$으로 놓으면 $d(x, x_0) < \delta$일 때

$$|f(x) - f(x_0)| = |d(x, A) - d(x_0, A)| \le d(x, x_0) < \delta = \varepsilon$$

이다. 따라서 f는 연속함수이다.

4. ① $d_1(x, y) \ge 0$은 자명이다.

② $d_1(x, y) = |x_1 + y_1| + |x_2 - y_2| = |y_1 - x_1| + |y_2 - x_2| = d_1(y, x)$

③ $z = (z_1, z_2)$라고 두면

$$\begin{aligned} d_1(x, y) &= |x_1 - y_1| + |x_2 - y_2| \\ &= |x_1 - z_1 + z_1 - y_1| + |x_2 - z_2 + z_2 - y_2| \\ &\le |x_1 - z_1| + |z_1 - y_1| + |x_2 - z_2| + |z_2 - y_2| \\ &= |x_1 - z_1| + |x_2 - z_2| + |z_1 - y_1| + |z_2 - y_2| \\ &= d_1(x, z) + d_1(z, y) \end{aligned}$$

④ $d_1(x, y) = 0 \Leftrightarrow |x_1 - y_1| = 0$이고 $|x_2 - y_2| = 0 \Leftrightarrow x = y$

5. 임의의 점 $(a, b) \in X \times X$에 대해 임의의 $\varepsilon > 0$이 주어졌다고 하자.

그러면 $B_d\left(a, \frac{\varepsilon}{2}\right)\times B_d\left(b, \frac{\varepsilon}{2}\right)$은 (a, b)를 가지는 개집합이고 임의의 $(x, y)\in B_d\left(a, \frac{\varepsilon}{2}\right)\times B_d\left(b, \frac{\varepsilon}{2}\right)$에 대해

$$d(x, y) \le d(x, a)+d(a, b)+d(b, y) < \frac{\varepsilon}{2}+d(a, b)+\frac{\varepsilon}{2} = d(a, b)+\varepsilon$$

이다. 또 같은 방법으로 $d(a, b)<d(x, y)+\varepsilon$이 성립함을 보일 수 있으므로 $|d(x, y)-d(a, b)|<\varepsilon$이 되어 거리함수 d는 (a, b)에서 연속이다.

6. X와 $\{x_0\}\times X$는 위상동형이므로 위상동형사상 $g: X \to \{x_0\}\times X$, $g(x)=(x_0, x)$가 존재한다. 또 $d: X\times X \to R$이 연속함수이고 $\{x_0\}\times X\subset X\times X$이므로 $d|_{\{x_0\}\times X}: \{x_0\}\times X \to R$도 연속함수이다. 따라서 $f=d\circ g$도 연속함수이다.

7. (1) ($\Rightarrow$) $A\neq\phi$이고 A가 단집합이 아니라고 가정하면 A는 적어도 서로 다른 두 점 a, b를 가지고 $d(a, b)>0$이므로 $d(A)>0$이다. 이것은 $d(A)=0$이라는 가정에 모순이다.

($\Leftarrow$) 자명하다.

(2) $d(A)=\sup\{d(a_1, a_2)\,|\,a_1, a_2\in A\}\le\sup\{d(b_1, b_2)\,|\,b_1, b_2\in B\}=d(B)$

(3) $A\subset\overline{A}$이므로 $d(A)\le d(\overline{A})$이다. 이제 $d(\overline{A})\le d(A)$임을 보이기 위해 임의의 $\varepsilon>0$에 대해 $d(\overline{A})<d(A)+\varepsilon$임을 보이자. $x, y\in\overline{A}$일 때 $a, b\in A$에 대해 $d(x, a)<\frac{\varepsilon}{3}$이고 $d(b, y)<\frac{\varepsilon}{3}$이라 두자. 그러면

$$d(x, y) \le d(x, a)+d(a, b)+d(b, y) < d(A)+\frac{2}{3}e < d(A)+\varepsilon$$

이다. 따라서 $d(\overline{A})<d(A)+\varepsilon$이므로 $d(\overline{A})\le d(A)$이다. 그러므로 $d(\overline{A})=d(A)$이다.

연습문제 (6)

1. X가 린델뢰프공간이고 $f: X \to Y$를 위상동형사상이라고 하자. 이제 $\mathscr{G}=\{G_\alpha | \alpha \in \mathscr{A}\}$를 Y의 임의의 개피복이라 하면 f가 연속이므로 각 $\alpha \in \mathscr{A}$에 대해 $f^{-1}(G_\alpha)$는 X에서 개집합이다. 또 $\bigcup_{\alpha \in \mathscr{A}} f^{-1}(G_\alpha)=f^{-1}(\bigcup_{\alpha \in \mathscr{A}} G_\alpha)=f^{-1}(Y)=X$이므로 $\{f^{-1}(G_\alpha) | \alpha \in \mathscr{A}\}$는 X의 개피복이다. X가 린델뢰프공간이므로 가산부분피복 $\{f^{-1}(G_n) | n \in N\}$이 존재한다. 그러면 $\mathscr{G}'=\{G_n | n \in N\}$은 $\mathscr{G}$의 가산부분피복이 된다. 따라서 Y는 린델뢰프공간이다.

2. 여유한 공간 (X, C_f)에서 폐집합은 ϕ와 X 그리고 유한부분집합들이다. 따라서 A를 X의 가부번 부분집합이라고 하면 A를 포함하는 폐집합은 X뿐이므로 $\overline{A}=X$이다. 따라서 (X, C_f)는 가분공간이다.

3. 수열 $\langle a_n \rangle \to p \Leftrightarrow \forall \varepsilon > 0, \exists n_0 \in N: n > n_0 \to a_n \in B_d(p, \varepsilon)$

$$\Leftrightarrow \forall \varepsilon > 0, \exists n_0 \in N: n > n_0 \to d(p, a_n) < \varepsilon$$

$$\Leftrightarrow \lim_{n \to \infty} d(p, a_n)=0$$

4. 하한위상공간 R_l의 각점 x에 대하여 $\mathscr{B}_x=\{[x, x+\frac{1}{n}) | n \in N\}$는 x에서의 가산국소기저이므로 하한위상공간 R_l은 제1가산공간이다. 또 $\mathscr{B}$를 하한위상공간 R_l의 임의의 기저라고 하자. 그러면 각 점 x에 대해 $[x, x+1)$은 x를 가지는 개집합이므로 $x \in B_x \subset [x, x+1)$인 기저의 원소 B_x가 존재한다. $x \neq y \in R_l$이면 $x=\min B_x$, $y=\min B_y$이므로 $B_x \neq B_y$이다. 따라서 R은 비가산집합이므로 $\mathscr{B}$도 비가산집합이다. 그러므로 하한위상공간 R_l은 가산기저를 갖지 않으므로 R_l은 제2가산공간이 아니다.

5. (R, C_f)를 제1가산공간이라고 가정하면 각점 x에서 가산국소기저 $\mathscr{B}_x=\{B_n | n \in N\}$가 존재한다. 그러면 $A=\bigcup_{n \in N} B_n^c$는 (R, C_f)의 가산부분집합이고 따라서 $x \neq a$인 $a \in X-A$가 존재한다. A의 정의에 의해 모든 $n \in N$에 대해 $a \in B_n$이

다. 그러나 $\{a\}^c$는 x를 가지는 개집합이므로 $x \in B_{n_0} \subset \{a\}^c$인 $B_{n_0} \in \mathscr{B}_x$가 존재한다. 그러므로 $a \notin B_{n_0}$가 되고 이것은 모순이다.

연습문제 (7)

1. $G(f)^c$가 개집합임을 보이기 위해 $(x, y) \in G(f)^c$라고 두면 $(x, y) \notin G(f)$이므로 $y \neq f(x)$이다. Y가 T_2-공간이므로 $y \in U$, $f(x) \in V$, $U \cap V = \phi$인 Y에서 개집합 U, V가 존재한다. 그러면 $x \in f^{-1}(V)$이고 f가 연속이므로 $f^{-1}(V)$는 X에서 개집합이다. 따라서 $(x, y) \in f^{-1}(V) \times U$이고 $f^{-1}(V) \times U \subset G(f)^c$이므로 $G(f)^c$는 $X \times Y$에서 개집합이다. 그러므로 $G(f)$는 $X \times Y$에서 폐집합이다.

2. A^c가 개집합임을 보이기 위해 $x \in A^c$라고 하면 $f(x) \neq g(x) \in Y$이고 Y가 T_2-공간이므로 $f(x) \in G$, $g(x) \in H$, $G \cap H = \phi$인 Y상의 개집합 G, H가 존재한다. 그러면 f와 g가 연속이므로 $f^{-1}(G) \cap g^{-1}(H)$는 X에서 개집합이고 $x \in f^{-1}(G) \cap g^{-1}(H)$이다. 이제 $z \in f^{-1}(G) \cap g^{-1}(H)$라고 하면 $f(z) \in G$이고 $g(z) \in H$이다. 그러면 $G \cap H = \phi$이므로 $f(z) \neq g(z)$이고 따라서 $z \notin A$ 즉 $z \in A^c$이다. 그러므로 $x \in f^{-1}(G) \cap g^{-1}(H) \subset A^c$이므로 A^c는 X에서 개집합이다.

3. (힌트) A위의 부분위상 $\mathscr{T}_A = \{A, \phi, \{a\}, \{a, b\}, \{a, c\}\}$이므로 부분공간 A상의 폐집합들은 ϕ, A, $\{b, c\}$, $\{c\}$, $\{b\}$이다. 정규공간의 정의를 만족하지 않는 반례를 들어 증명하면 된다.

4. X상의 폐집합들은 ϕ, X, $\{b, c\}$, $\{a\}$이다. 이제 서로소인 두 폐집합을 F_1, F_2라고 하자. $F_1 = \phi$이고 $F_2 = X$ 또는 $\{b, c\}$ 또는 $\{a\}$인 경우는 $U = \phi$, $V = F_2$라고 두면 $F_1 \subset U$, $F_2 \subset V$, $U \cap V = \phi$가 성립한다. $F_1 = \{a\}$, $F_2 = \{b, c\}$인 경우 $U = F_1$, $V = F_2$라고 두면 $F_1 \subset U$, $F_2 \subset V$, $U \cap V = \phi$가 성립한다.

5. ($\Rightarrow$) (힌트) 임의의 $y \in X$에 대해 $X - \{y\}$는 개집합임을 이용한다.

(⇐) $x \neq y \in X$라고 하자. 그러면 $\{x\} = \bigcap_{\alpha} \{U_\alpha \mid \{x\} \subset U_\alpha$이고 U_α는 개집합$\}$이므로 $x \in U_{\alpha_0}$이고 $y \notin U_{\alpha_0}$인 개집합 U_{α_0}가 존재한다. 또 $\{y\} = \bigcap_{\alpha} \{U_\alpha \mid \{y\} \subset U_\alpha$이고 U_α는 개집합$\}$이므로 $y \in U_{\alpha_1}$이고 $x \notin U_{\alpha_1}$인 개집합 U_{α_1}이 존재한다. 따라서 X는 T_1-공간이다.

6. (힌트) $x \neq y \in X$이면 X가 T_2-공간이므로 $y \notin \overline{U_{\alpha_0}}$인 x를 가지는 개집합 U_{α_0}가 존재한다. 따라서 $y \notin \bigcap_{\alpha} \{\overline{U_\alpha} \mid U_\alpha$는 x를 가지는 개집합$\}$이다.

7. 임의의 $x \in D$에 대해 $f(x) = g(x)$이므로 $D \subset \{x \in X \mid f(x) = g(x)\}$이고 따라서 $\overline{D} = X \subset \overline{\{x \in X \mid f(x) = g(x)\}}$이다. $\{x \in X \mid f(x) = g(x)\}$는 X에서 폐집합이므로 결국 $X \subset \{x \in X \mid f(x) = g(x)\}$이다. 그러므로 임의의 $x \in X$에 대해 $f(x) = g(x)$이므로 $f = g$가 된다.

8. $x \neq y \in Y$라고 하면 f가 전단사이므로 $f^{-1}(x) \neq f^{-1}(y) \in X$이다. X가 T_2-공간이므로 $f^{-1}(x) \in U$이고 $f^{-1}(y) \in V$, $U \cap V = \phi$인 X에서 개집합 U, V가 존재한다. 한편 f가 전단사이므로 f가 폐사상인 것과 f가 개사상인 것은 동치가 되고 $f(U)$와 $f(V)$는 Y에서 개집합이다. 또 $x = ff^{-1}(x) \in f(U)$이고 $y = ff^{-1}(y) \in f(V)$이며 $f(U) \cap f(V) = f(U \cap V) = f(\phi) = \phi$이다. 따라서 Y는 T_2-공간이다.

9. $(x_1, y_1) \neq (x_2, y_2) \in X \times Y$라고 하면 $x_1 \neq x_2$ 또는 $y_1 \neq y_2$이므로 일반성을 잃지 않고 $x_1 \neq x_2$라고 하자. 그러면 X가 T_2-공간이므로 $x_1 \in U_1$, $x_2 \in U_2$, $U_1 \cap U_2 = \phi$인 X에서 개집합 U_1, U_2가 존재한다. 이제 $U_1 \times Y$, $U_2 \times Y$를 생각해 보면 $(x_1, y_1) \in U_1 \times Y$, $(x_2, y_2) \in U_2 \times Y$이고 $U_1 \times Y$, $U_2 \times Y$는 적공간 $X \times Y$에서 개집합이다. 또한 $(U_1 \times Y) \cap (U_2 \times Y) = (U_1 \cap U_2) \times Y = \phi \times Y = \phi$이다. 그러므로 $X \times Y$는 T_2-공간이다.

(주의) 역도 참이므로 증명해 보라.

10. R을 실수의 집합, $\mathscr{U}$를 R 위의 보통위상이라고 하자. 이제 $A = \{\frac{1}{n} \mid n \in N\}$이라 할 때 $\mathscr{U} \cup \{A^c\}$을 부분기저로 갖는 R위의 위상을 $\mathscr{T}$라 하면 $\mathscr{U} \subsetneq \mathscr{T}$이고

$(R, \mathscr{U})$가 T_2-공간이므로 $(R, \mathscr{T})$도 T_2-공간이다. 그러나 A는 $(R, \mathscr{T})$에서 폐집합이고 $0 \notin A$이나 0을 가지는 임의의 개집합을 U라 하고 A를 포함하는 임의의 개집합을 V라 하면 $U \cap V \neq \phi$이므로 $(R, \mathscr{T})$는 T_3-공간이 아니다.

11. (힌트) $x \notin \overline{\{y\}}$일 때 정칙공간의 정의를 이용한다.

12. (힌트) ① $(R, \mathscr{T})$에서 폐집합들은 R, ϕ, $(-\infty, a]$ 뿐이다. 따라서 $(R, \mathscr{T})$가 정규공간임은 자명하다.

② $b \notin (-\infty, a]$일 때 정칙공간의 조건을 만족하는 서로소인 개집합이 없으므로 정칙공간이 아니다.

③ $a \neq b \in R$일 때 $a < b$라고 가정하자. 그러면 $a \in G$인 모든 개집합 G와 $b \in H$인 모든 개집합 H에 대해 $G \cap H \neq \phi$이므로 T_2-공간이 아니다.

연습문제 (8)

1. (힌트) ① $\mathscr{G} = \{(\frac{1}{n}, 1) | n \in N\}$는 $(0, 1)$의 개피복이나 유한부분피복을 갖지 않는다.

② $\mathscr{G} = \{(\frac{1}{n}, 3) | n \in N\}$은 $(0, 1]$의 개피복이나 유한부분피복을 갖지 않는다.

2. $\mathscr{G} = \{A_\alpha | \alpha \in \mathscr{A}\}$을 X의 임의의 개피복이라 하고 $\mathscr{G}$의 원소중 임의로 하나를 선택하여 $A_0(\neq \phi)$라고 하면 A_0는 개집합이므로 $X - A_0$는 유한집합이다. 이제 $X - A_0 = \{x_1, x_2, \cdots, x_n\}$이라 두고 $i = 1, 2, \cdots, n$에 대하여 $x_i \in A_i$인 A_i를 하나씩 선택하면 $\mathscr{G}' = \{A_0, A_1, A_2, \cdots, A_n\}$은 $\mathscr{G}$의 유한부분피복이 된다. 따라서 (X, C_f)는 컴팩트공간이다.

3. 위상공간 X의 유한개의 컴팩트 부분집합들을 $K_1, K_2, \cdots, K_n$이라 하고 $K = K_1 \cup K_2 \cup \cdots \cup K_n$이라 두자. $\mathscr{G} = \{A_\alpha | \alpha \in \mathscr{A}\}$를 K의 임의의 개피복이라 하면

$i=1, 2, \cdots, n$에 대하여 $\mathscr{G}$는 K_i의 개피복이므로 유한부분피복 $\mathscr{G}_i$가 존재한다. 그러면 $\mathscr{G}'=\mathscr{G}_1 \cup \mathscr{G}_2 \cup \cdots \cup \mathscr{G}_n$은 $\mathscr{G}$의 유한부분피복이므로 K는 컴팩트이다.

4. $E \cap F \subseteq E$이고 E는 컴팩트부분공간이다. F는 X에서 폐집합이므로 $E \cap F$는 부분공간 E에서 폐집합이다. 다시 E는 컴팩트공간이므로 $E \cap F$는 E에서 컴팩트이다. 그러므로 $E \cap F$는 X에서 컴팩트이다.

5. 여가산공간(N, C_c)는 이산공간이다. 왜냐하면 임의의 $n \in N$에 대하여 $\{n\}^c =N-\{n\}$은 가산이므로 $\{n\}$은 개집합이기 때문이다. 따라서 N이 무한집합이므로 컴팩트공간이 아니다.

(주의) X가 무한집합이면 이산공간 $(X, \mathscr{D})$는 컴팩트공간이 아니다.

6. $(\Rightarrow)$ A를 컴팩트라고 하고 $\mathscr{G}=\{U_\alpha \mid U_\alpha$는 A에서 개집합, $\alpha \in \mathscr{A}\}$를 부분공간 A의 임의의 개피복이라 하자. 그러면 부분위상의 정의에 의해 각 $\alpha \in \mathscr{A}$에 대해 $U_\alpha=V_\alpha \cap A$인 X에서 개집합 V_α가 존재한다. 그러면 $\{V_\alpha \mid \alpha \in \mathscr{A}\}$는 X상에서 A의 개피복이 되고 A가 X상에서 컴팩트이므로 유한부분피복 $\{V_{\alpha_1}, V_{\alpha_2}, \cdots, V_{\alpha_n}\}$이 존재한다. 그러면 $\mathscr{G}'=\{U_{\alpha_1}, U_{\alpha_2}, \cdots, U_{\alpha_n}\}$은 $\mathscr{G}$의 유한부분피복이므로 부분공간 A는 컴팩트공간이다.

$(\Leftarrow)$ 부분공간 A를 컴팩트공간이라 하고 $\mathscr{G}=\{V_\alpha \mid V_\alpha$는 X에서 개집합, $\alpha \in \mathscr{A}\}$를 X상에서 A의 임의의 개피복이라 하자. 그러면 $\{V_\alpha \cap A \mid \alpha \in \mathscr{A}\}$는 부분공간 A상에서 A의 개피복이 되고 부분공간 A가 컴팩트공간이므로 유한부분피복 $\{V_{\alpha_1} \cap A, \cdots, V_{\alpha_n} \cap A\}$가 존재한다. 따라서 $\mathscr{G}'=\{V_{\alpha_1}, \cdots, V_{\alpha_n}\}$은 $\mathscr{G}$의 유한부분피복이므로 A는 X상에서 컴팩트이다.

7. (힌트) ① $\mathscr{G}=\{G_\alpha \mid \alpha \in \mathscr{A}\}$를 A의 임의의 개피복이라 하면 $0 \in G_{\alpha_0}$인 G_{α_0}가 존재하고 $A-G_{\alpha_0}$에는 유한 개의 점만 존재한다.

② 수열 $\langle a_n \rangle$이 p에 수렴하면 p를 가지는 개집합은 A의 점 중에서 유한 개를 제외하고 모두 가진다.

8. 항등함수 $1_X : (X, \mathscr{T}) \to (X, \mathscr{T}^*)$는 전단사이고 $\mathscr{T}^* \subseteq \mathscr{T}$이므로 연속함수이다. 따라서 $(X, \mathscr{T})$가 컴팩트공간이고 $(X, \mathscr{T}^*)$가 T_2-공간이므로 1_X는 위상동

형사상이 된다. 따라서 $(X, \mathscr{T})$와 $(X, \mathscr{T}^*)$는 위상동형이므로 $\mathscr{T}=\mathscr{T}^*$이다.

9. (힌트) 위의 8번과 유사하게 증명된다.

10. (1) F를 X에서 폐집합이라고 하면 X는 컴팩트공간이므로 F는 컴팩트이다. f가 연속이므로 $f(F)$가 컴팩트이고 Y가 T_2-공간이므로 $f(F)$는 Y에서 폐집합이다.

(2) (힌트) $V=ff^{-1}(V)$와 f가 폐사상임을 이용한다.

(3) 보통위상공간 $(R, \mathscr{U})$의 두 부분공간 $Y=[0, 1]\cup\{2\}$, $Z=[0, 1]$에 대해 함수 $f: Y \to Z$, $f(y)=\frac{1}{2}y$ 라고 정의하면 f는 연속함수이고 Y는 컴팩트공간이고 Z는 T_2-공간이다. 그러나 f는 개사상이 아니다. 왜냐하면 $\{2\}$는 Y에서 개집합이나 $f(\{2\})=\{1\}$은 Z에서 개집합이 아니기 때문이다.

11. 각 $a\in A$에 대해 $a\in U$이고 X가 정칙공간이므로 $a\in V_a \subset \overline{V_a}\subset U$인 개집합 V_a가 존재한다. 그러면 $\{V_a | a\in A\}$는 A의 개피복이므로 유한부분피복 $\{V_{a_1}, V_{a_2}, \cdots, V_{a_n}\}$이 존재한다. 이제 $V=\bigcup_{k=1}^{n} V_{a_k}$라고 하면 $A\subset V\subset \overline{V}=\overline{\bigcup_{k=1}^{n} V_{a_k}}=\bigcup_{k=1}^{n} \overline{V_{a_k}}\subset U$이다.

12. $\mathscr{G}=\{G_\alpha | \alpha\in\mathscr{A}\}$를 X의 임의의 개피복이라 하면 X는 린델뢰프공간이므로 가산부분피복 $\mathscr{G}'=\{G_n | n\in N\}$을 가진다. 이제 X가 컴팩트 공간이 아니라고 가정하자. 그러면 $\mathscr{G}'$은 유한부분피복을 갖지 않으므로 $X-\bigcup_{i=1}^{n} G_i \neq \phi$이다. 그러므로 각 $n\in N$에 대해 $x_n\in X-\bigcup_{i=1}^{n} G_i$를 선택하여 수열 $\langle x_n\rangle$을 구성하자. 그러면 임의의 $x\in X$에 대해 수열 $\langle x_n\rangle$은 x로 수렴하지 않는다. 왜냐하면 $x\in X$이면 $x\in G_{n_0}\in\mathscr{G}'$인 개집합 G_{n_0}가 존재하고 $n\geq n_0$이면 $x_n\in X-\bigcup_{i=1}^{n} G_i$이므로 $x_n\notin G_{n_0}$이기 때문이다. 따라서 $\langle x_n\rangle$의 임의의 부분수열도 x로 수렴하지 않는다. 이것은 X가 수열 컴팩트공간이라는 사실에 모순이다. 그러므로 X는 컴팩트공간이다.

13. X가 국소 컴팩트 T_2-공간이므로 한점 컴팩트화 $(X_\infty, \mathscr{T}_\infty)$는 컴팩트 T_2-공

간이다. 따라서 정규공간이다. 또 E는 X에서 컴팩트이므로 $(X_\infty, \mathscr{T}_\infty)$에서 컴팩트이고 따라서 $(X_\infty, \mathscr{T}_\infty)$에서 폐집합이다. G는 X에서 개집합이므로 G는 X_∞에서 개집합이고 따라서 $X_\infty - G$는 X_∞에서 폐집합이다. 그러므로 E와 $X_\infty - G$는 X_∞에서 서로소인 폐집합이 된다. X_∞가 정규공간이므로 Urysohn의 보조정리에 의해 $f^*(E) \subseteq \{0\}$, $f^*(X_\infty - G) \subseteq \{1\}$인 연속함수 $f^* : X_\infty \to [0, 1]$이 존재한다. $f = f^*|_X$라고 두면 조건을 만족한다.

14. $\mathscr{G} = \{G_\alpha \mid \alpha \in \mathscr{A}\}$를 $X = [-1, 1]$의 임의의 개피복이라 하면 $0 \in X$이므로 $0 \in G_{\alpha_0}$인 $G_{\alpha_0} \in \mathscr{G}$가 존재한다. $\mathscr{T}$의 정의에 의해 $G_{\alpha_0} = (-1, 1)$ 또는 $[-1, 1)$, $(-1, 1]$, 또는 X이므로 $G_{\alpha_0}^c \subseteq \{-1, 1\}$이다. 이제 $-1 \in G_{\alpha_1}$, $1 \in G_{\alpha_2}$를 택하면 $\mathscr{G}' = \{G_{\alpha_0}, G_{\alpha_1}, G_{\alpha_2}\}$는 $\mathscr{G}$의 유한부분피복이 된다. 그러므로 $(X, \mathscr{T})$는 컴팩트 공간이다.

연습문제 (9)

1. $(X, \mathscr{T})$가 연결공간이므로 $(X, \mathscr{T})$에서 개집합이며 동시에 폐집합인 것은 X와 ϕ뿐이다. $\mathscr{T}^* \subset \mathscr{T}$이므로 $(X, \mathscr{T}^*)$에서 개집합이며 동시에 폐집합인 것은 X와 ϕ뿐이다. 따라서 $(X, \mathscr{T}^*)$는 연결공간이다.

2. (힌트) ϕ가 아닌 모든 개집합이 p를 가짐을 이용한다.

3. 적당한 무리수 r을 선택하면 $(-\infty, r)$, (r, ∞)는 $(R, \mathscr{U})$에서 개집합이므로 $(-\infty, r) \cap Q$, $(r, \infty) \cap Q$는 Q에서 개집합이다. 이제 $U = (-\infty, r) \cap Q$, $V = (r, \infty) \cap Q$라고 하면 $U \neq \phi \neq V$임은 명백하다. 또 U와 V는 부분공간 Q에서 개집합이며

$$\begin{aligned} U \cap V &= [(-\infty, r) \cap Q] \cap [(r, \infty) \cap Q] \\ &= [(-\infty, r) \cap (r, \infty)] \cap Q = \phi \cap Q = \phi \end{aligned}$$

이다.

$$\begin{aligned} U\cup V&=[(-\infty,\ r)\cap Q]\cup[(r,\ \infty)\cap Q] \\ &=[(-\infty,\ r)\cup(r,\ \infty)]\cap Q=(R-\{r\})\cap Q=Q \end{aligned}$$

이므로 $(U,\ V)$는 부분공간 Q의 분리가 된다. 따라서 Q는 비연결집합이다.

4. (힌트) 귀류법에 의해 여유한 공간 $(X,\ C_f)$가 비연결 공간이라고 가정하면 X의 분리 $(U,\ V)$가 존재한다. U와 V는 ϕ가 아닌 서로소인 개집합이므로 여기서 모순을 유도한다.

5. ($\Rightarrow$) 귀류법에 의해, $f: X \to (\{0,\ 1\},\ \mathscr{D})$가 전사인 연속함수라고 하면 X가 연결공간이므로 $f(X)=(\{0,\ 1\},\ \mathscr{D})$는 연결공간이 된다. 그러나 이산공간 $(\{0,\ 1\},\ \mathscr{D})$는 비연결공간이므로 모순이다.

($\Leftarrow$) 귀류법에 의해, X가 비연결공간이라고 가정하면 X의 분리 $(U,\ V)$가 존재한다. 이제 $f: X \to (\{0,\ 1\},\ \mathscr{D})$를 다음과 같이 정의하자.

$$f(x)=\begin{cases} 0, & x\in U \\ 1, & x\in V \end{cases}$$

그러면 f는 연속이고 전사이므로 모순이다.

6. $A=\{(x,\ 0)\mid x>0\}$, $B=\{(x,\ y)\mid y=\dfrac{1}{x},\ x>0\}$이라 하면 $A\neq\phi\neq B$이고 $\overline{A}=A\cup\{(0,\ 0)\}$이고 $\overline{B}=B$이다. 따라서 $\overline{A}\cap B=\phi=A\cap\overline{B}$이고 $X=A\cup B$이므로 $(A,\ B)$는 X의 분리이다. 그러므로 X는 비연결집합이다.

7. E를 유한집합이라 가정하고 $E=\{x_1,\ x_2,\ \cdots,\ x_n\}$이라 하자. 그러면 X는 T_1-공간이므로 각 $i=1,\ 2,\ \cdots,\ n$에 대해 $\{x_i\}$는 X에서 폐집합이고 $\{x_i\}=\{x_i\}\cap E$이므로 각 $\{x_i\}$는 부분공간 E에서 폐집합이 된다. 따라서 $\{x_i\}^c=\{x_1,\ \cdots,\ x_{i-1},\ x_{i+1},\ \cdots,\ x_n\}=\{x_1\}\cup\{x_2\}\cup\cdots\cup\{x_{i-1}\}\cup\{x_{i+1}\}\cup\cdots\cup\{x_n\}$은 E에서 폐집합이므로 $\{x_i\}$는 부분공간 E에서 개집합이다. 그러므로 부분공간 E는 이산공간이 되고 E가 두 점 이상을 가지므로 E는 비연결공간이다. 이것은 E가 연결부분공간이라는 사실에 모순이다.

8. $f(0)=0$이거나 $f(1)=1$이면 $\exists p=0$ 또는 1

이제 $f(0)>0$이고 $f(1)<1$이라 하고 함수 $g:[0, 1] \to R$을 $g(t)=t-f(t)$라고 정의하자. 그러면 g는 연속이다. 또 $g(0)=0-f(0)<0$, $g(1)=1-f(1)>0$이고 $[0, 1]$이 연결공간이므로 중간값 정리에 의해 $g(p)=0$인 $p\in[0, 1]$가 존재한다. 즉 $g(p)=p-f(p)=0$

그러므로 $f(p)=p$인 $p\in[0, 1]$가 존재한다.

(주의) 이 정리는 고정점 정리로 불린다.

9. $[0, 1]$과 S^1이 위상동형이라고 가정하면 위상동형사상 $f:[0, 1] \to S^1$이 존재한다. 그러면 $t\neq 0, 1$인 t에 대하여 $[0, 1]-\{t\}$와 $S^1-\{f(t)\}$는 위상동형이다. 그러나 $[0, 1]-\{t\}$는 비연결공간이고 $S^1-\{f(t)\}$는 연결공간이므로 이것은 모순이다.

10. K의 점을 두 개 이상 가지는 부분집합은 비연결집합이므로 K의 성분들은 단집합 $\left\{\frac{1}{n}\right\}$들이다.

11. X의 성분들을 $C_1, C_2, \cdots, C_n$이라 하면 $X=C_1\cup C_2\cup\cdots\cup C_n$이고 $i\neq j$이면 $C_i\cap C_j=\phi$이다. 따라서 각 $i=1, 2, \cdots, n$에 대해 $C_i^c=C_1\cup\cdots\cup C_{i-1}\cup C_{i+1}\cup\cdots\cup C_n$이고 성분들은 폐집합이므로 C_i^c는 폐집합이다. 그러므로 각 $i=1, 2, \cdots, n$에 대해 C_i는 개집합이다.

연습문제 (10)

1. $f_1\simeq f_2$이므로 호모토피 $F:X\times I \to Y$가 존재하여 $F(x, 0)=f_1(x)$, $F(x, 1)=f_2(x)$이고 $g_1\simeq g_2$이므로 호모토피 $G:Y\times I \to Z$가 존재하여 $G(y, 0)=g_1(y)$, $G(y, 1)=g_2(y)$이다.

$H:X\times I \to Z$를 $H(x, t)=G(f_1(x), t)$라고 하면 H는 연속이고

$$H(x, 0)=G(f_1(x), 0)=g_1(f_1(x))=(g_1\circ f_1)(x)$$

$$H(x,\ 1)=G(f_1(x),\ 1)=g_2(f_1(x))=(g_2\circ f_1)(x)$$

이므로 $g_1\circ f_1\simeq g_2\circ f_1$이다. ——①

$K: X\times I\to Z$를 $K(x,\ t)=(g_2\circ F)(x,\ t)$라고 하면 K는 연속이고

$$K(x,\ 0)=(g_2\circ F)(x,\ 0)=g_2(F(x,\ 0))=g_2(f_1(x))=(g_2\circ f_1)(x)$$
$$K(x,\ 1)=(g_2\circ F)(x,\ 1)=g_2(F(x,\ 1))=g_2(f_2(x))=(g_2\circ f_2)(x)$$

이므로 $g_2\circ f_1\simeq g_2\circ f_2$이다. ——②

그러므로 ①, ②에 의해 $g_1\circ f_1\simeq g_2\circ f_2$이다.

2. $x_0,\ x_1\in X$에 대해 $f: X\to X$를 $f(x)=x_0$라고 하고 $g: X\to X$를 $g(x)=x_1$이라고 하자. X는 호상연결공간이므로 호 $\alpha: I\to X$가 존재하여 $\alpha(0)=x_0$, $\alpha(1)=x_1$이다.

이제 $H: X\times I\to X$를 $H(x,\ t)=\alpha(t)$라고 정의하면 H는 연속이고 $H(x,\ 0)=\alpha(0)=x_0=f(x)$, $H(x,\ 1)=\alpha(1)=x_1=g(x)$이므로 $f\simeq g$이다.

3. $f\simeq g(\text{rel } A)$이므로 호모토피 $F: X\times I\to Y$가 존재하여 $F(x,\ 0)=f(x)$, $F(x,\ 1)=g(x)$이고 A의 각 원소 a에 대하여 $F(a,\ t)=f(a)=g(a)$이다. 이제 $H=h\circ F: X\times I\to Z$라고 하면 H는 연속이고

$$H(x,\ 0)=(h\circ F)(x,\ 0)=h(F(x,\ 0))=h(f(x))=(h\circ f)(x),$$
$$H(x,\ 1)=(h\circ F)(x,\ 1)=h(F(x,\ 1))=h(g(x))=(h\circ g)(x)$$

이다. 또 A의 각 원소 a에 대하여

$$H(a,\ t)=(h\circ F)(a,\ t)=h(F(a,\ t))=h(f(a))=h(g(a))$$

이므로 $h\circ f\simeq h\circ g\ (\text{rel } A)$이다.

4. 포함함수 $i: \{0\}\to R$은 연속이고 상수함수 $C: R\to\{0\}$ 역시 연속이다. 그리고 $C\circ i=1_{\{0\}}$이다. 이제 $F: R\times I\to R$을 $F(x,\ t)=tx$라고 정의하면 F는 연속이고 $F(x,\ 0)=0=C(x)=(i\circ C)(x)$, $F(x,\ 1)=x=1_R(x)$이므로 $i\circ C\simeq 1_R$이다. 그러므로 R과 $\{0\}$은 같은 호모토피형을 가진다.

5. $f \simeq_p g$이므로 호 호모토피 $F: I \times I \to X$가 존재하여

$$F(s, 0) = f(s),\ F(s, 1) = g(s),\ F(0, t) = f(0) = g(0),\ F(1, t) = f(1) = g(1)$$

이 성립한다. 이제 $G: I \times I \to X$를 $G(s, t) = F(1-s, t)$라고 정의하면 G는 연속이고

$$\begin{aligned} G(s, 0) &= F(1-s, 0) = f(1-s) = \bar{f}(s) \\ G(s, 1) &= F(1-s, 1) = g(1-s) = \bar{g}(s) \\ G(0, t) &= F(1, t) = f(1) = \bar{f}(0) = g(1) = \bar{g}(0) \\ G(1, t) &= F(0, t) = f(0) = \bar{f}(1) = g(0) = \bar{g}(1) \end{aligned}$$

이다. 그러므로 $\bar{f} \simeq_p \bar{g}$이다.

찾아보기

김 병 기

이학박사(고려대)
한국 수학올림피아드 출제위원
전국 대학생 수학경시대회 출제위원
EBS 위성 수학 클리닉 코너 강의
미시간 주립대 수학과 연구교수(visiting research prof.)
현 : 청주대학교 사범대학 수학교육과 교수
저서 : 미분적분학(공저), 대학수학(공저)

임용고시를 위한 **위상수학** (개정판)

개정판 4쇄 발행 2023년 6월 20일

지은이 김병기
펴낸이 오판근
펴낸곳 (주) 교우
주 소 서울시 동대문구 약령시로 8 교우빌딩 2층 (주)교우
전 화 02-925-2861 / **팩 스** 02-925-2860, **편집부** 02-925-2825
홈페이지&북스토어 www.kyowoo.co.kr / **이메일** kyowoo@kyowoo.co.kr

등 록 1994년 3월 24일 제1994-000013호
ISBN 978-89-8172-584-6 (93410)

Published by Kyowoo Co., Ltd. Printed in Korea

값 19,000원

교우미디어는 (주) 교우의 Imprint 사입니다.
수학정원·과학정원은 (주) 교우의 새로운 브랜드명입니다.

잘못된 책은 구입하신 서점에서 교환해 드립니다.